东莞人才发展报告 2021

东莞市人才工作领导小组办公室
东莞人才发展研究院 编

中国人力资源和社会保障出版集团
中国劳动社会保障出版社 中国人事出版社

图书在版编目(CIP)数据

东莞人才发展报告．2021/东莞市人才工作领导小组办公室，东莞人才发展研究院编．-- 北京：中国劳动社会保障出版社：中国人事出版社，2021

ISBN 978-7-5167-5076-6

Ⅰ.①东…　Ⅱ.①东…②东…　Ⅲ.①人才培养-研究报告-东莞-2021　Ⅳ.①C964.2

中国版本图书馆 CIP 数据核字(2021)第 205424 号

中国劳动社会保障出版社
中 国 人 事 出 版 社 **出版发行**

(北京市惠新东街 1 号　邮政编码：100029)

*

北京虎彩文化传播有限公司印刷装订　　新华书店经销

787 毫米×1092 毫米　16 开本　21.5 印张　251 千字

2021 年 11 月第 1 版　　2021 年 11 月第 1 次印刷

定价：68.00 元

读者服务部电话：(010) 64929211/84209101/64921644

营销中心电话：(010) 64962347

出版社网址：http://www.class.com.cn

A Report on the Development of Talents in Dongguan
CONTENTS
目录

综合发展篇

研究探索篇

特色工作篇

人才政策篇

综合发展篇

不断加强人才队伍建设　优化人才创新创业环境

——2020年东莞市人才发展综述

2020年，东莞坚持人才优先发展理念，深入学习贯彻习近平关于人才工作的重要论述，牢牢把握粤港澳大湾区建设和深圳建设中国特色社会主义先行示范区的重大历史机遇，围绕建设“湾区都市、品质东莞”的战略任务和价值追求，大力实施“十百千万百万”人才工程，不断加强人才队伍建设，改善人才创新创业环境，优化人才综合服务，加快打造创新创业人才高地和技能人才之都，取得较好成效。

全市人才队伍呈加速集聚的趋势，人才总量达235.25万人，同比增长20.43%；高层次人才15.59万人，同比增长23.57%；高端人才数量达906人，新增119人，同比增长15.12%，连续三年增速超过15%。引进硕士以上学历人才5.9万人，同比增长67%；引进博士以上学历人才705名，其中海外博士人才266名，人才结构持续优化。

一、坚持党管人才原则，人才工作开创新局面

（一）人才工作责任全面落实。深入学习贯彻习近平关于人才工作的重要论述，深入开展人才工作调研，为全市人才工作明确方向。

修订完善市人才工作领导小组工作规则，明确各成员单位职责分工，建立健全重大事项报告、重要情况通报和重点任务督办等制度，规范运作机制。将人才工作纳入党政领导班子综合考核指标体系和党委书记抓基层党建工作述职范围，进一步压实党委落实党管人才工作责任，加强对人才工作的统一领导。

（二）人才理论持续创新。结合东莞处于广州、深圳两个人才高地之间的实际，找准城市定位、产业发展重点等差异，开展《莞穗深人才政策体系对比研究》，提出优化东莞市人才政策体系、全面提升东莞市人才发展竞争力的意见建议，获得市领导批示好评。增强新冠肺炎疫情期间人才工作研究，撰写了《关于疫情对我市人才工作的影响情况》《疫情防控期间各地人才扶持政策亮点》，提出了疫情期间全市人才扶持政策措施的建议。开展《粤港澳大湾区人才需求与流动趋势研究报告（2019）》《东莞创新型高层次人才年度需求报告》《东莞市涉港（澳）人才政策对比分析》等课题研究，不断夯实全市人才理论研究基础。编写出版《东莞人才发展报告 2020》，总结全市人才工作特色做法。针对重点领域人才发展情况，深入开展了制造业、规划建设类等领域人才队伍研究。

（三）人才政治引领吸纳不断增强。加强新冠肺炎疫情期间对人才专家的人文关怀，通过电话、微信等方式联系慰问 900 多名高层次人才，邀请 20 多位高层次人才代表参加疫情人才慰问座谈会，向他们致以崇高敬意和衷心感谢，听取专家人才意见建议。联合中国银行东莞分行广泛宣传“战疫人才贷”专属融资服务项目，开通“战疫人才贷”专属绿色服务通道，协助 9 名高层次人才申报“广东战疫人才贷”。举办 2020 年东莞高层次人才国情研修班，38 名市级以上高层次人才参加，增进对国情党情的认识和了解。组织 48 名“百名博士党政国企人才计划”入选者参加 2020 东莞高层次人才同心行活动，通过参观海战博物馆、东莞展览馆等，让人才真切感受从赢弱到富强的国家变迁。开展“2020东莞专家人才昭通行活动”，组织交通投融资、农产品开发等领域11名专家人才到昭通开展人才扶贫协作，加大两地人才交流。坚决落实关心关爱医疗卫生人才措施，并向支援湖北的医疗队员和东莞抗疫一线医务人员发放临时性补助。一线医务人员考察入编255人、享受职称激励政策600人、享受子女教育优待政策279人。在“全国科技工作者日”走访慰问在疫情防控、科研攻关等领域做出重大贡献的院士、优秀科技工作者代表及科技企业骨干，积极宣传党的路线方针以及政府工作重点，加强与高层次科技人才联系。与南方+、东莞日报合作，对在东莞市创新创业的36名优秀人才进行深入采访和集中宣传，全面展示高层次人才在莞成长创业的奋斗历程。

（四）东莞人才故事有效传播。应邀在中国核心期刊《中国人才》杂志“一把手话人才”栏目发表梁维东同志署名文章《谋篇布局人才战略，东莞锻造“先进制造业之都”》，全面宣传东莞市围绕“产业链”构建“人才链”，通过“人才链”提升“产业链”的具体举措，形成以产业聚人才、以人才兴产业的良性互动局面。结合2020东莞高层次人才活动周，采取召开新闻发布会、拍摄宣传片、举办人才工作成果展、开发H5小程序和发布系列新闻报道等方式广泛宣传东莞市人才工作。活动周期间，共刊发134篇原创性报道，其中在中央、省直重点媒体刊播相关报道71篇。百度搜索关键词“2020东莞高层次人才活动周”相关结果达324万条。全年推送“智汇东莞”微信公众号有关全市人才政策、人才活动等信息近700条，并维护更新“人才政策雷达”，为人才提供精准推送服务。发放《人才政策速览》6000多册、编印《人才东莞》12期，全面提升东莞市人才政策的知晓度、影响力和使用率。

二、健全引才用人机制，人才队伍焕发生机活力

（一）大力推动人才政策优化整合。按照省委组织部部署要求，联合人力资源社会保障、科技等相关职能部门，开展全市创新科研团队、高层次医学专科团队、特色人才和创新创业领军人才等11项重点人才计划政策施行效果评估。按照全面对标对接广州和深圳、以服务对象为本的政策导向，结合全市人才计划政策施行情况，形成《关于优化整合我市人才计划意见的请示》，报省委组织部审定。围绕“十百千万百万”人才工程，《东莞市加强研发人才引进培养暂行办法》《东莞市战略科学家前沿技术创新中心组建实施办法》《关于加强推动东莞市人力资源实现高质量发展的实施意见》等政策也已形成了初稿，正在进行征求意见、会议审定等相关工作。

（二）奋力擦亮招才引智活动品牌。高规格举办高层次人才活动周，围绕“科技引领，才聚东莞”主题，组织开展了东莞高层次人才暨研发人才交流洽谈会、湾区技术经理人高峰论坛、海内外高层次人才项目路演、国际样品环境会议、中国散裂中子源极化中子研讨会和东莞人才之夜等16项25场活动，影响力和号召力不断增强。连续3年在东莞举办粤港澳大湾区院士峰会及市院士咨询委员会年会，出席院士累计超过270人次。他们围绕新兴重点产业领域建言献策、贡献智慧。市镇两级联合举办2020年海内外高层次人才东莞行活动，邀请海内外高层次人才专家40多人，线上线下相结合开展创新创业环境推介会、项目路演等一系列活动，线上线下观看人数1.3万多人，完成对接400余次，达成合作意向17项，达成签约项目2项。此外，还举办了名企名校行、创新创业大赛等特色品牌活动。

（三）分层分类推动人才平台建设。以市委名义出台《关于加快推进大湾区综合性国家科学中心先行启动区（松山湖科学城）建设

的若干意见》，大力推进松山湖科学城建设，为粤港澳大湾区国际科技创新中心建设贡献力量；重点依托中国散裂中子源、松山湖材料实验室等大科学装置和重大科研平台，大力引进高端人才，打造具有全球影响力的原始创新策源地；推进东莞理工学院新型高水平理工科大学示范校建设，引进专任教师119名，使教师总量达到1142名，其中，引进博士以上教师103名，占引进教师总量的比例达到86.55%；加强松山湖人才大厦高层次人才优质项目招引力度，新引进高层次人才优质项目25项；加快松山湖港澳青年创业基地建设，新增港澳青年创业项目20个，新增博士后工作站/流动站2个；构建海内外引才网络，新增国内人才工作站2个；修订海外人才工作站政策，形成《东莞市海外人才工作站建设实施方案》，进一步拓展海外招才引智渠道。

（四）努力推动人才评价激励机制改革创新。在地级市中首个承接卫生系列副高级职称评审权，卫生系列高级职称评审通过1607人，其中正高级职称301人、副高级职称1306人。支持有条件的行业学（协）会有序承接职称评审服务工作，2020年受理评审申报2649人，较去年增长26.2%。支持广东华中科技大学工业技术研究院和广东省智能机器人研究院开展职称自主评审，受理申报15人。

三、牢牢盯紧重点领域，各类人才队伍建设量质齐升

（一）“十百千万百万”人才工程扎实推进。自“十百千万百万”人才工程实施以来，各部门全力推进取得阶段性成效，已累计出台20个配套政策，公开招聘70名博士进入党政机关和企事业单位，累计引进600余名领军人才、9000多名硕士学历或副高级以上职称创新人才，累计推动132万人次提升学历技能素质，全力打造创新创业人才高地、技能人才之都。

（二）技能人才建设成效突显。开展劳动力学历技能素质提升系列工程，形成技能人才培养“1+10”政策框架，覆盖技能人才培养全链条、全过程。2020 年共推动 42.45 万人提升学历技能素质，其中学历提升 2.27 万人，技能培训 38.73 万人，素质提升 1.45 万人。新增设立 30 个技师工作站。联合市教育局建立市民素质提升教育平台，开设非全日制学历教育 32 个专业 452 门课程，257 门技能提升课程和素质课程，报名近 35.3 万人，拓展了人才便捷学习渠道。打造“一镇一品”产业人才培训品牌，开展特色项目和技能素质提升培训 16.21 万人次。优化技能人才自主评价工作，开发 69 个东莞技能培训课程标准、1 个国家职业技能标准。首次争取到 2 项世界技能大赛全国选拔赛、2 项国家技能大赛承办资格，承办项目数量仅次于广州、深圳。组队参加国家技能大赛，5 人获得奖项，3 人获得“全国技术能手”称号；组队参加广东省第一届职业技能大赛，获得 38 个奖项，8 人获“广东省技术能手”称号。开展工业机器人技术应用等 11 项市级技能竞赛，61 人获得“市技术能手”称号。

（三）教育人才队伍建设不断加强。2020 年，28 个省级名教师、名校（园）长工作室，215 个市级名师、名班主任、名校（园）长工作室共开展示范课、专题讲座 1550 场次，发表论文 350 余篇，主持 6 项国家级、50 项省级课题，教育科研成果获奖约 270 项；这些工作室共有培养对象 3700 余名，全年工作室培养对象示范课约 3000 节，发表论文 1000 多篇，取得科研成果 1770 余人/项次。共开设了 3 类卓越人才培训班，培养了骨干教师 25 名、骨干班主任 30 名、骨干校长 30 名。公开招聘 700 余名公办中小学教职员工，引进高层次和短缺专业人才近 30 人。对 130 多名市直属学校校长进行了考核。借助与华南师范大学合作“国家教师教育创新试验区”项目的机会，遴选近 260 位公办、民办学校校长后备干部进行了培训。

（四）医疗卫生人才队伍进一步优化。加大高层次医疗人才、高层次医学专科团队引进培养力度，引进暨南大学第一附属医院肾内科高层次医学团队和省人民医院心血管名医等 3 个专家团队，引进学科带头人 1 名。组织 37 家医院引进高层次人才 148 名。设立市医疗卫生健康事业发展专项资金，对 9 名医学领军人才、17 名杰出青年医学人才、30 名医学学科带头人和 539 名医学学科骨干进行补助。组织开展卫生专业技术资格、护士执业资格和执业医师资格考试工作，共有 155 名疫情防控一线医务人员享受提前一年倾斜政策报考。出台《东莞市公立医疗机构薪酬制度改革试点工作意见》《东莞市公立医院岗位总量核定办法（试行）》等薪酬制度改革文件，推动全市 41 所公立医院和 33 所社区卫生服务中心全面实施薪酬制度改革。举办卫生专业技术人员培训班（讲座）800 余场次，培训 17000 多人次，全科医生转岗（岗位）培训通过结业考核 947 人。建成全科专业住院医师培训基地临床技能中心 3 个、社区实践基地全科医生实训中心 4 个。

（五）青年人才建设取得突破。出台《东莞市青年发展规划（2020—2025 年）》，创新地将“青年人才”作为单独板块，结合东莞青年人才特点，聚焦当前东莞青年人才成长发展需求。采用“1+N”模式，建成东莞青年人才驿站 1 个市级总站和 6 个镇街（园区）分站，为青年人才提供免费临时住宿、政策推介、素质提升、团队组建、城市融入和职业规划指导等“一站式”服务。开展“展翅计划”行动，开发优质实习岗位 3967 个，以实习的方式加强对东莞的了解，为吸引学生毕业回归打下基础。积极配合省青联建设 3 个“粤港澳大湾区青年家园”，为港澳青年提供成长发展、公益志愿、创新创业等服务。积极发动全市及港澳青年报名参加青年创新创业大赛，持续挖掘港澳青年人才团队和创业项目进驻东莞市青年创新创业基地，推动更多优质湾区青创项目落户东莞。

四、全面构建综合服务保障体系，提升人才服务水平

（一）健全领导干部联系高层次人才制度。坚持领导率先垂范，以上率下，开展领导干部联系高层次人才活动，打通领导干部走访联系人才“最后一公里”。市镇村三级领导干部全面与人才建立联系，当好人才“服务员”。全年累计有828名市镇村领导干部联系走访了1323名高层次人才，推动协调解决人才工作、科研和生活问题711个。

（二）着力提升人才综合服务内涵。以创新创业人才服务中心、优才服务专区为主阵地，优才服务专区可为人才提供1727项政务服务，为人才提供“一站式”服务，提升了人才服务质量。出台《东莞市优才卡暂行办法》，围绕政务服务、安居保障以及子女入学等方面，为43类高层次人才提供24项便利服务，满足人才个性化发展需求，让人才引得进、留得下、发展得好。

（三）构建高品质人才保障体系。坚持“以人才为本”，从解决各类人才的切身需要入手，构建涵盖住房、教育、医疗、社保和文化等公共服务的人才服务保障体系，为人才提供高品质服务。扎实推进人才安居工程，出台《东莞市人才安居办法（试行）》，构建“实物配置+货币补贴”的人才安居保障方式。建立健全人才住房规划建设管理的工作机制，通过市属人才住房运营机构筹集人才住房，累计筹集人才住房4700多套，筹集建设运营9个租赁型人才住房项目，着力解决人才安居难题。推进“教育扩容提质千日”攻坚行动，提供各类人才子女入学保障，市教育局层面协调园区、镇（街道）提供义务教育学位指标超过1万个，专门用于解决各类人才子女入学问题。

深入实施人才强市战略　打造创新创业人才高地①

——东莞市人才工作实践

2011年，东莞出台《东莞市中长期人才发展规划纲要（2010—2020年）》（以下简称《纲要》），明确了东莞人才工作的奋斗目标和行动纲领，吹响了把东莞建设成为“人才向往与集聚之地”的冲锋号角。《纲要》实施以来，东莞深入学习贯彻习近平总书记关于人才工作的重要论述，牢固树立“人才是第一资源”理念，不断创新人才体制机制、完善人才政策体系、构建科研创新平台、强化人才服务保障、优化人才发展环境，加快人才集聚，推动东莞高质量发展。

一、广聚天下英才，迈向“先进制造业之都”

东莞历来高度重视人才，广纳各路英才，坚定不移地贯彻新发展理念，实施创新驱动发展战略和“人才强市”战略，推动产业发展和人才集聚的双向互动，加快制造业的转型升级和新旧动能转换，助力东莞产业链向价值链中高端攀升，推动东莞从传统的“世界工厂”转变为具有全球影响力和国际竞争力的“先进制造业之都”。

企业是创新的主体，人才是创新的灵魂。《纲要》发布以后，东

① 原载于2020年12月14日《东莞日报》。

莞先后出台了《东莞市成长型企业人才扶持试行办法》《东莞市企业人才子女入学暂行办法》《东莞市“倍增计划”试点企业骨干人才资助实施细则》等政策，切实加强企业人才队伍建设，助推企业加快形成自主创新能力。借助政策利好的东风，广东拓斯达科技股份有限公司（以下简称“拓斯达”）大力集聚各类优秀人才，引进了以华中科技大学宋宝教授为带头人的工业机器人控制系统应用研究与开发团队，并组建了一支880人规模的研发团队，不断强化企业自主研发能力，推动企业高质量发展。目前，拓斯达已成为一家登陆创业板的广东机器人骨干企业，获得授权专利468项（其中，发明专利25项），软件著作权66件，处于实质审查阶段的发明专利申请160件，产品远销30多个国家；公司创始人吴丰礼入选国家、广东省、东莞市多个重点人才工程项目。

多年来，东莞积极集聚各类人才，深入推进创新驱动发展战略，不断加强发展动能，使得经济社会发展保持稳中有进、进中向好态势。2020年东莞松山湖功能区投资推介会上，凯金新能源项目、阿里云项目、胜蓝科技项目等29个项目在活动现场举行集体签约仪式，协议投资额约350亿元。至此，全市已集聚了130多万户市场主体、60多万家企业，建成一批大科学装置和一流科研平台，人才资源总量达到235.25万人，其中高层次人才15.59万人，入选国家、省、市重点人才计划的高端人才906名，以产业聚人才、以人才兴产业的良性互动格局逐渐呈现。

二、搭建创新平台，聚才提升科技创新能力

东莞先后布局中国散裂中子源、南方光源、松山湖材料实验室等一批重大基础科学装置和创新平台，充分发挥科研创新平台人才集聚效应，集聚了一批学术造诣深厚、掌握前沿技术、产业化能力

突出的高层次创新创业人才，有力带动了东莞科技创新能力提升。

例如，中国散裂中子源首次打靶成功后，立即吸引了在海外工作的童欣博士回国发展。2018 年 9 月，童欣回国任职中国散裂中子源学术委员会副主任、极化中子中心暨样品环境系统负责人。依托东莞人才政策，童欣迅速组建起自己的科研团队，引进了 10 多名海外博士，其中还包括德国、埃及、印度等地的外籍专家。在 2020 年东莞高层次人才活动周中，童欣牵头发起国际样品环境会议，以视频形式邀请来自德国、法国、英国、日本及美国等国家的 100 多名专家参会，进行全球高端学术交流与研讨，这是该会议首次落户我国。

科研创新平台的布局建设，为东莞集聚大量科研创新人才的同时，有力带动了东莞科技创新能力提升，催生了原创性科研成果，促进科技成果落地转化，进而推动了东莞产业转型升级和高质量发展。据不完全统计，中国散裂中子源已为东莞引进一支包括陈和生院士在内的 300 多人规模的高端科研人才队伍，完成超过 200 项原创性课题研究，并在 *Science*、*Nature Communications* 等期刊发表文章 50 多篇，为国家的许多战略需求和高技术创新提供了技术支撑。松山湖材料实验室聚集了一支包括王恩哥、赵忠贤、汪卫华等 10 名院士在内、约 800 人规模的科技人才队伍，累计承担国家、省、市重大科研项目超过 40 项，在 *Nature* 等期刊发表高水平论文 330 多篇，注册成立产业化公司 19 家，大批科研成果走向实际应用。

三、完善政策体系，着力打造最优创新生态

《纲要》实施以来，东莞深入实施“人才强市”战略，密集出台系列人才政策，不断扩大政策对象范围、加大政策扶持力度、覆盖人才发展过程，逐步构建完善东莞人才政策体系，优化人才发展环境，着力打造最优创新生态。

2013 年起，东莞推出《东莞市特色人才特殊政策暂行办法》及相关配套政策，基本确立了以“特色人才”为核心的人才政策体系。市委市政府高度重视高层次人才，2014 年出台《东莞市市领导联系高层次人才制度》，建立领导干部常态化联系高层次人才机制，自上而下地在全社会营造尊才爱才、识才用才的浓厚氛围。6 年来，全市累计超过 1700 名市、镇领导干部走访联系了 4917 名高层次人才，推动解决人才工作、科研和生活问题近 3000 个。

2018 年，为全面落实中央和省委关于深化人才发展体制机制改革的意见，东莞出台《关于我市深化人才发展体制机制改革的实施意见》，提出 23 条人才体制机制改革措施，进一步推动“人才强市”战略的实施。同年，《东莞市“十百千万百万”人才工程行动方案》重磅推出，提出以更具吸引力的措施，全力引进国际顶尖人才（团队）和新时代创新人才，推动百万人才提升学历技能素质，系统推进人才安居、子女入学、创新创业等服务保障，把东莞打造成为创新创业的人才高地、技能人才之都。

2019 年，东莞市“十百千万百万”人才工程正式拉开序幕，各部门各司其职、各负其责，制定出台 20 余项配套政策。比如，2020 年推出《东莞市优才卡管理暂行办法》，向 43 类符合条件的人才发放“优才卡”，让他们享受医疗绿色通道、子女入学、安居保障、社会保险、停居留和出入境等 23 项便利服务。

据不完全统计，2010—2020 年，东莞市级层面累计出台人才政策 160 多项，累计投入各项人才工作资金 50 多亿元，基本完成了人才发展体系的建设，实现顶尖人才、高端人才以及基础人才的政策引导扶持全覆盖，人才发展战略进入具体化、精细化和个性化的纵深发展阶段。

2021年东莞市人才工作要点

2021年东莞市人才工作总要求是：坚持以习近平新时代中国特色社会主义思想为指导，全面贯彻落实党的十九大和十九届二中、三中、四中、五中全会精神，深入贯彻落实习近平总书记出席深圳经济特区建立40周年庆祝大会和视察广东重要讲话、重要指示精神，坚持党管人才原则，紧紧围绕省委、市委重大战略，加快人才发展体制机制改革和政策创新，全方位培养、引进、用好人才；激发人才创新活力，广聚海内外高层次人才，统筹推进各类人才队伍建设，促进区域人才协调发展；着力集聚爱国奉献的各方面优秀人才，为推动“湾区都市、品质东莞”建设不断迈上新台阶提供有力人才支撑。

2021年围绕强化人才工作统筹、优化人才引育用留机制、推进各支人才队伍建设、提升人才服务水平等四个方面，重点推动优化人才工作体系、加强人才政治引领吸纳、大力引进海外高层次人才、加速释放政策聚才效应、推进人才评价激励机制改革、加强专业人才队伍建设、实施“人才服务年”行动等工作落地实施，不断提升人才工作质量和效能。

一、强化人才工作统筹，构建人才工作新格局

1. 持续加强政治理论学习。深入学习贯彻习近平总书记关于人才工作的重要论述，推动人才工作“大学习、深调研、真落实”，不断增强人才工作围绕中心服务大局的能力。组织开展人才工作者业务培训班，全面提升基层人才工作者业务水平。

2. 持续优化人才工作体系。深化人才发展体制机制改革，充分激发各层次人才干事创业动力。健全完善人才工作领导小组工作机制，落实工作规则，加强工作统筹和协同攻坚，形成合力。积极优化人才工作考核评价体系，压实镇街抓人才工作责任。完善人才工作市镇联动工作机制，制定人才工作清单和任务清单，改进人才工作跟踪督导方式方法。加大与人力资源机构的合作力度，强化与“头部企业”人力资源部门的沟通联系，统筹整合人才工作社会资源，扩大人才工作“朋友圈”。

3. 持续深化人才工作顶层设计和战略研究。根据中央、全省人才工作会议精神，筹备召开全市人才工作会议，明确全市人才发展的重点任务和工作举措。编制新一轮东莞人才发展和各支人才队伍中长期规划，研究制定持续推动人才强市建设的意见和三年行动方案，发布年度人才资源统计公报。聚焦海外人才、专业人才、基层人才等群体，开展人才集聚和招引研究。紧贴与人才发展方向比较密切的行业领域，积极开展领域研究。加强东莞人才发展研究院的建设和管理，推动课题质量提升和成果转化。

4. 持续加强人才政治引领吸纳。深化拓展“弘扬爱国奋斗精神、建功立业新时代”活动，选树爱国奉献人才典型。完善领导干部走访联系高层次人才制度，建立“问候、问情、问需、问策”常态化工作机制，强化各级领导与联系人才对象的日常联系，及时掌握和

协调解决高层次人才工作、生活的痛点难点。继续办好高层次人才国情研修、同心行、专家人才交流协作等活动，激发各类人才的爱国奋斗热情。加强对人才的思想政治教育与能力素质培养，打造知识分子活动基地。

5. 持续加强人才工作宣传。结合建党100周年时间节点，加大人才工作宣传力度，立足人才视角，采用喜闻乐见的方式，深入挖掘报道各类优秀人才在莞创新创业的事迹，扩大“以才引才”力度。做好“智汇东莞”微信公众号内容的发布，完善改进“人才政策雷达”功能，加强人才宣传资源的统筹利用。集成整合人才政策，形成“政策一本通”，加强人才政策宣传，做到精准推送。

二、优化人才引育用留机制，激发人才发展生机活力

6. 以全球视野大力引进海外高层次人才。抓住全球人才流动新机遇，推动设立引进海外人才专项政策，加快引进培养一批具有国际水平的战略科技人才、科技领军人才、青年领军人才和高水平创新团队。建立行业主建、开放共享的“高精尖缺”海外人才引进目录库，探索建立“需求人才”和“人才需求”两张清单，实现用人需求有效对接。修订海外人才工作站政策，进一步发挥市国际技术转移中心和东莞（硅谷）海外创新中心等机构的作用，加强海外引才网络建设。进一步加强留学人员创业园建设，加大对留学归国人才创业的支持力度，支持滨海湾新区探索建立海外人才离岸创新创业基地。深化开展“海智计划”，促进国际科技和人才交流合作。组织开展“同心”品牌系列活动，做好海外人才和留学归国人才的团结引领。

7. 加速释放政策聚才效应。持续跟进上级部门对东莞政策优化调整的审定工作，不断完善政策体系，持续提升政策开放度和竞争

力。持续推进协调“十百千万百万”人才工程配套政策的出台，加快出台人力资源服务产业高质量发展扶持政策及一揽子配套实施细则、战略科学家前沿技术创新中心组建实施办法等政策。

8. 创新人才培养模式。强化“百名博士党政国企人才计划”入选者的培养力度，优化百名博士的培养路径，实现与年轻干部培养有效衔接。改进研究生联合培养工作模式，争取建设“全国工程专业学位研究生联合培养开放基地”。大力引进国内外一流大学来莞建设研究生院，支持本土大学加强学科建设，加强基础研究和技术人才培养。

9. 破除人才流动机制障碍。加大人才管理“放管服”力度，探索向机构、高校、企业等用人主体下放人才评价和认定权限，对已有较成熟评价机制单位的人才在东莞范围内予以采认。探索授权大科学装置和高校院所定向引荐源头创新团队。加强东莞人才政策与周边地区人才政策的有效衔接，不断破除人力资源要素在粤港澳大湾区的流动障碍。支持加快建设粤港澳人才合作示范区，推动香港、澳门专业人才在莞执业资格互认，鼓励港澳人才在莞创新创业。

10. 推进人才评价激励机制改革。推动各类资源的配置原则由以“激励人才为主”向“既激励人才又激励用人主体”转变，加大企业引才奖补力度，探索向一批倍增企业、国家高新技术企业、专精特新小巨人企业下放人才评价和认定权限，激活企业人才工作活力。打通人才成长渠道，加强高技能人才与专业技术人才职业发展贯通。鼓励企业、学校、培训机构等参与开发适应我市产业发展需要的工种、专项能力和培训课程，使更多东莞标准成为国家、省标准。推动社会第三方职业技能等级认定，引导和鼓励企业开展技能等级自主认定，探索企业职业技能等级认定与薪酬制度挂钩，提高职业技能等级认定与东莞产业发展契合度。优化落实产业发展与科技创新人才经济贡献奖实施办法、境外高端人才和紧缺人才认定及个人所得税财政补贴暂行办法、研发人才引进培养暂行办法等政策。

11. 强化东莞人才品牌和特色塑造。继续办好东莞高层次人才活动周、海内外高层次人才东莞行、“蓝火计划”博士生工作团、名企名校行等特色品牌活动，进一步提升城市品牌形象，做到精准引才、用心留才。扎实筹办院士峰会，发挥院士联合会东莞中心作用。继续做好“百名博士党政国企人才计划”专项招聘工作。开展全市事业单位集中招聘及规划建设领域人才招聘工作。

12. 加强人才载体和平台建设。以松山湖科学城建设为契机，依托松山湖港澳青年创新创业基地，打造国际化、年轻化、智能化的一流人才创新创业社区，发挥人才集聚和碰撞效应。进一步扩大我市博士后工作平台、博士工作站建站数量规模，新增博士后工作站、流动站 2 个；建立站际交流机制，加强平台单位及博士后、博士人才之间沟通交流，打造共同提升、共谋发展的博士后及博士文化圈。推进研究生联合培养工作站建设，挖掘东莞重点企业优质项目，累计培养研究生 2500 名，建成研究生联合培养工作站 45 个，促成研究生联合培养（实践）示范工作站建设。构建海内外引才网络，新增国内人才工作站 2 个。加强市发展战略院士咨询委员会等特色新型智库建设，强化科技社团的建言献策作用，加强高端学术交流平台建设。加快推进东莞理工学院高水平理工科大学示范校建设，争取引进高层次人才 30 人、青年博士 60 人，使在站博士后达 135 人。推动大湾区大学、香港城市大学（东莞）两所高水平研究型大学建设，着力形成高端人才和创新型人才集聚的“强磁场”。

三、统筹推进各支人才队伍建设，助力高质量发展

13. 优化实施重大人才工程。主动靠前配合做好国家、省重大人才工程，争取各类高层次人才申报、入选情况有较大幅度提升。做

好国家和省、市科技奖项入选和市优秀科技工作者评选工作。做好市级人才工程的推荐遴选工作，持续实施“十百千万百万”人才工程，推动人才结构优化提升。

14. 加强专业人才队伍建设。立足于支撑东莞高质量发展的实际与需求，区分不同行业不同类型人才队伍，梳理出台专业人才队伍政策，进一步引进和培育专业人才，不断扩大中间层次人才队伍存量，形成强大的专业人才支撑体系。制定出台东莞市制造业人才专项政策，打造以基础研究人才、应用型人才、高素质技能人才、技术转移人才、复合型管理人才等为主体的制造业人才队伍，巩固和扩大高端电子信息、先进装备等主导产业的人才资源优势，加速推进生物医药、新材料、集成电路等新兴产业的创新人才集聚东莞。

15. 持续发挥东莞技能人才优势。深化“技能人才之都”建设，立足500万产业工人，持续抓好培训和技能素质提升，建立技能与科研、生产、管理协同提升全要素生产率机制，建设“企业技能生态系统”。推进职业技能提升公共服务体系建设，优化技能人才供需服务，增强对技能人才的吸引力。办好技能竞赛，以世界技能大赛为牵引，立足产业发展需求开展职业技能大赛，推动东莞技能竞赛成为企业对接技能人才的重要平台。加强技工学校、培训机构、镇街协同创新中心、龙头企业、产业链企业的协同，促进产教融合、产学融合、产训融合。积极争创省级产教融合型试点城市。持续推进“粤菜师傅”工程，建设市级“粤菜师傅”培训基地5个、市级名厨工作室5个，培养粤菜师傅1000人次。大力实施“南粤家政”技能提升行动，家政服务培训10000人次。加大技师培养力度，新增技师工作站11个。实施“一镇一品”产业人才培训，累计培训15万人次。

16. 加强教师人才队伍建设。继续推动提高民办学校教师配备水平，推进高层次教师人才、短缺专业教师人才和青年教师人才的引

进工作。评选新一批名师、名班主任和名校长工作室主持人 250 名。组织工作室主持人任期（2019—2021 年）期满考核，推广工作室主持人研究成果。做好省级新一轮工作室主持人的遴选推荐工作。

17. 加强医疗卫生人才队伍建设。加大高层次医疗卫生人才和医疗团队引进力度，尽量简化手续，为实用型、紧缺类医疗卫生人才在莞工作生活提供绿色通道，吸引更多优秀卫生人才落地东莞。健全完善公立医疗机构薪酬制度改革政策体系和运行机制，实施院长年薪制改革，将编内编外人员一同纳入岗位管理，逐步实施同岗同酬。出台卫生健康人才培养提升政策，对现有东莞市名医评选、引进高层次医学专科团队和医学领军人才评选等有关人才政策进行优化整合。继续推进全科医学培训，逐步提升社区卫生服务队伍的整体素质。

18. 加强青年人才队伍建设。深化“圆梦计划”实施，继续资助 2000 名新生代产业工人实现素质提升。深入实施“青年同心圆计划”，建设一批大湾区青年家园。深度参与港澳青创阵地建设，发挥共青团资源整合优势，从人才、项目、资源和服务等方面入手，打造特色服务品牌。优化青年人才培养提升，抓紧出台《东莞市青年人才培养提升实施办法（试行）》，着力盘活全市青年人才“蓄水池”。加快推进青年人才驿站建设，实现全市片区人才驿站全覆盖，形成“1 个总站+9 个分站”的网络体系。

19. 统筹其他人才队伍协调发展。调整优化特色智库，汇聚一批在民生保障与公共治理领域作用突出的知识分子，完善智库管理办法、细化建言献策举措与路径。实施“东莞兜底民生服务社会工作双百工程”，推进全市社会工作专业人才职级评定工作，加快社会工作专业人才队伍建设。启动实施东莞市基层社会治理人才培育提升工程。推动农村实用人才发展和农业科研人才队伍建设，培育高素质、精勤农民。探索多元化电商人才培养体系，整合资源加强电子商务专业人才培养。继续做好“文艺名家创业基地”平台孵化、培育和扶持工作。

四、推动人才服务提质增效，营造良好人才发展氛围

20. 实施“人才服务年”行动，大力引育专业人才。完善线上线下人才综合服务平台建设，实现人才综合服务精准配套，增强人才的获得感和荣誉感，加大力度推进专业人才的引进、培育工作。做好优才卡政策配套体系出台，不断丰富优才卡服务内容和形式，推动政策落地实施。推动镇街（园区）服务企业、服务人才机制落地见效，不断优化提升人才综合服务品质。切实抓好《东莞市高端人才和企业人才子女入学实施办法》落实工作，优化人才子女入（转）学流程和手续。全面落实《东莞市人才安居办法（试行）》，指导镇街（园区）做好安居房配建规划和配租配售方案。

21. 建立人才服务协同机制。完善优才服务中心服务功能，打造兼具标准化日常服务、多样化专项服务和个性化精准服务的人才服务示范点，并逐步向全市推广；鼓励建立镇街优才服务专区（专窗），构建市镇两级联动的人才服务体系。加快推进人力资源服务业高质量发展，逐步推进人力资源产业向全产业链拓展，加快市人力资源服务产业园先行区建设，鼓励镇街结合产业特点建设各具特色的人力资源服务产业园，带动提升全市人力资源服务产业发展水平。

研究探索篇

人才引领制造业高质量发展研究

——以广东东莞市为例

制造业是国民经济的主体，是立国之本、兴国之器、强国之基。近年来，在全球新一轮科技革命和产业变革的浪潮中，包括美国、德国、日本等传统制造业强国相继提出“国家制造创新网络”“工业4.0”“工业价值链”等制造业发展战略，将发展制造业作为提升国家核心竞争力、抢占未来竞争制高点的重要策略。2015年，我国教育部等三部门印发了《制造业人才发展规划指南》，提出要坚持把人才作为建设制造强国的根本，走人才引领的发展道路。2020年，党的十九届五中全会强调，坚定不移建设制造强国、质量强国、网络强国和数字中国，推进产业基础高级化、产业链现代化，提高经济质量效益和核心竞争力。2019年年底，广东省印发了《关于推动制造业高质量发展的意见》（广东“制造业十九条”），并出台了《关于强化我省制造业高质量发展人才支撑的意见》，为东莞促进制造业高质量发展和人才队伍建设进一步指明了方向。

作为世界制造业名城，如何在产业层次与效益有待提升、高端要素集聚不足、产业空间约束趋紧等形势下，抢抓粤港澳大湾区、深圳中国特色社会主义先行示范区、广东省制造业供给侧结构性改革创新实验区等“三区叠加”历史机遇，推动制造业高质量发展，是东莞目前经济发展面临的重要任务。为贯彻落实中央和省委关于制造业高质量发展的决策要求，深入实施创新驱动战略，加快构建促进制造业高质量发展的人才支撑体系，助力东莞打造粤港澳大湾区先进制造业中心和全球先进制造创新领航城市，根据省委组织部工作部署，东莞市委组织部（市人才办）联合市工信局、人社局、东莞人才发展研究院等单位组成课题组，对东莞市制造业人才[①]发展状况开展了专项调研。

在对全市制造业相关人才政策和人才工作成效进行深入分析的基础上，课题组选取了2000余家制造业中具有代表性的企业作为分析对象进行了问卷调研，召开了5场相关职能部门、院校及25家代表性企业座谈会。并对重点企业进行了实地走访，结合各地制造业人才发展经验，总结出东莞制造业人才发展面临的需求及问题，提出了相应的对策和建议。

除对全市制造业整体人才发展情况进行分析之外，在研究对象方面，以广东省相关数据统计与政策界定范围为指导，在进行问卷调研、现场座谈、实地走访时，本课题结合东莞战略性产业集群布局思路，选取了东莞先进制造业为主要研究对象，即高端电子信息制造业、先进装备制造业、石油化工产业、先进轻纺制造业、新材料制造业和生物医药及高性能医疗器械等6大产业。

一、东莞制造业人才发展基本状况

（一）东莞制造业发展概况

作为国际制造名城，东莞制造业实力雄厚，具备比较完整的产业链和配套能力，制造业集聚规模优势突出。近年来，东莞制造业

① 本报告中，涉及东莞人才资源统计数据的，人才定义均为：在东莞工作或创新创业，具备大专以上学历、或具有职称、或具有技能等级等条件的，具有一定的专业知识或专门技能、进行创造性劳动并对社会做出贡献的人力资源中能力和素质较高的劳动者。

发展呈规模整体上升、提质提速的态势，主要特点如下[①]：

一是制造业基础较为雄厚，发展规模不断壮大。东莞工业门类较为齐全，产业配套完善，拥有工业门类34个，占全部41个工业大类的83%，形成了涉及6万多种产品的完整制造业体系。2019年全市规模以上工业增加值4465.31亿元，同比增长8.5%，占全省比重连续六年上升；规模以上工业企业总数突破1万家，位列全省第一。

二是现代产业体系逐步完善，创新驱动力逐渐增强。2019年全市先进制造业和高技术制造业占规模以上工业增加值比重分别达到54.2%（2420.01亿元）和42.2%（1883.32亿元），增速分别达到12.7%和20.6%，均大幅领先规模以上工业增加值增速。2019年，全市国家高新技术企业总数超过6200家，稳居全省地级市第一，3000多家规模以上工业企业设立研发机构；全市研发经费支出289.96亿元，研发投入占GDP比重达3.06%，首次超过全省平均水平，排名全省第三；全市各级重点实验室和工程技术研究中心比上年新增116个，累计达716个；全市专利申请量和授权量分别为20290件和8006件，居全省第三，科技成果转化能力得到提升。

三是电子信息制造业贡献突出，产业集群效应凸显。2019年，全市规模以上电子信息制造业增加值1704.47亿元，同比增长21.1%，占同期规模以上工业增加值的38.2%，继续引领制造业增长。2019年全市规模以上电子信息制造业企业1569家，基本形成包括上游硬件厂商、中游方案提供商和生产制造商以及下游品牌终端厂商的各环节协同发展的完整体系。电子信息产业成为全市首个产值超万亿的产业集群，智能手机制造高地的地位持续加强，华为、OPPO、vivo进入全球手机品牌“第一阵营”，智能移动终端产业集群入围国家先进制造业集群名单。

① 相关数据参考《东莞市现代产业体系中长期发展规划纲要（2020—2035年）》《2019年东莞市国民经济和社会发展统计公报》，以及东莞市统计局《2019年东莞经济社会发展十大亮点》。

四是优质企业数量增多，龙头引领效应显著。东莞入选 2020 年广东制造业 500 强企业达到 78 家（比 2018 年增加 41 家），首次跃居全省第二，进入广东省第一梯队。涌现了一批具有较高竞争力和较强带动能力的龙头企业，集聚华为、步步高等制造业龙头企业，拥有全球 500 强企业 4 家，培育超百亿元制造业企业 12 家。同时，一大批在细分领域拥有绝对市场占有率的“隐形冠军”集群正在崛起，如国内最大的覆铜板生产龙头企业生益科技、手机数据线生产规模位居全国前五的铭基电子、全球第三大连接器制造商富加宜等企业组成的“隐形冠军”集群。

（二）东莞制造业人才发展面临的形势与机遇

党的十九届五中全会提出，要坚持把发展经济着力点放在实体经济上，坚定不移建设制造强国。广东“制造业十九条”“1+20”战略性产业集群政策，吹响了推动制造业高质量发展的号角。当前，东莞正面临粤港澳大湾区、深圳先行示范区、广东省改革创新实验区“三区”叠加的重大历史机遇，打造粤港澳大湾区先进制造业中心成为历史赋予东莞的光荣使命。

一是大湾区建设促进区域人才协同发展。东莞处于粤港澳大湾区的核心区，是广深科技创新走廊的重要节点，具有得天独厚的地理优势。大湾区时代的到来将在很大程度上改变珠三角地区既有的城市群产业分工格局，为东莞创造了携手广深港参与世界级城市群竞争的重大历史机遇。随着深圳建设中国特色社会主义先行示范区的深入推进，东莞将承接更多深圳创新资源外溢，以共同建设综合性国家科学中心为牵引，加快构建区域创新共同体，合力打造具有全球影响力和竞争力的电子信息、智能制造等世界级先进制造业集群。区域经济、科技研发等层面的合作必将进一步促进区域人才流动和更深入的人才协同发展。

二是产业升级转型对人才素质提出更高要求。东莞制造业体系庞大、产业链发达，具有深厚的行业底蕴和良好的产业基础。作为广东省制造业供给侧结构性改革创新实验区，东莞肩负着为全省制造业高质量发展探路的重任，急需创造新改革红利、新人才红利、新科技红利，突出对技术、资金、人才等制造业供给侧方面的要素改革。2020年年初，东莞市委十四届十次全会强调，要深入推进产业体系升级工程，打好产业基础高级化、产业链现代化的攻坚战，加快建设创新创业人才高地和技能人才之都，加快建设先进制造强市。东莞产业链加快向价值链中高端攀升，制造业转型升级对包括技术技能人才在内的产业人才素质的全面提升提出了更高要求。

三是创新驱动发展赋予人才新使命。为深入实施创新驱动发展战略，东莞市积极参与综合性国家科学中心建设，以打造具有国际影响力的松山湖科学城为依托，加快构建源头创新、技术创新、成果转化及企业培育“四大创新体系”，完善从基础研究、应用开发到产业发展的创新链条，集聚了散裂中子源、南方先进光源等大科学装置，建设了一批新型研发机构，培育了一批创新型龙头企业和行业隐形冠军，初步完成了创新驱动发展的“硬件”布局。“创新是第一动力，人才是第一资源。”如何围绕产业链、创新链布局人才链，打造以高层次人才、研发人才、技能人才、技术转移人才和经营管理人才等为主体的制造业人才梯队，为创新驱动提供引领，为全市制造业高质量发展提供人才支撑，成为新时期东莞市制造业人才发展战略的内在要求。

（三）东莞制造业人才队伍特点

东莞市统计局数据显示，东莞2019年规模以上先进制造业企业有6428家，占同期规模以上工业企业的比例为60%。为充分了解全市制造业人才发展现状，在东莞人才资源统计的基础上，课题组面向全市 2047 家制造业领域的企业发放网络问卷，共回收有效问卷 1998 份（属于先进制造业的企业样本 1388 家）。

调研的样本企业中，规模以上工业企业有 1207 家，高新技术企业有 1005 家；在行业分布上，高端电子信息制造业 379 家，先进装备制造业 451 家，新材料制造业 290 家，先进轻纺制造业 179 家，石油化工制造业 65 家，生物医药及高性能医疗器械 24 家，其他制造业 610 家；在营业收入上，约 45%的企业营业收入在 2000 万元至 1 亿元之间（如图 1-1 所示）。

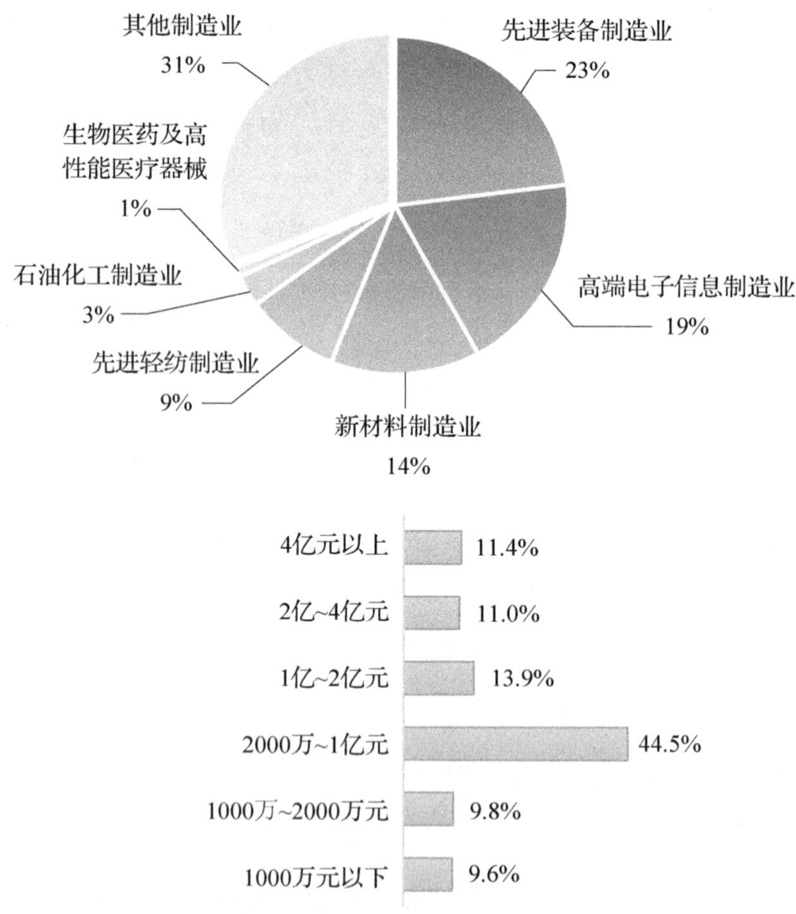

图 1-1 样本企业的行业领域和营业收入分布情况

参考东莞人才资源统计的标准，本报告所研究的“制造业人才”是指在东莞工作生活且具有专科以上学历、或初级以上职称、或职业技能等级的制造业企事业单位的从业人员。总体来看，东莞制造业人才队伍呈现出以下特点：

1. 制造业人才规模持续扩大。市统计局数据显示，2019 年东莞制造业从业人员总量为 422.43 万人，占同期全社会从业人员的 59.4%，其中从事先进制造业领域的从业人员有 160 万人，制造业具有较强的人力资源优势。根据东莞人才资源统计，截至 2019 年年底，全市制造业人才总量同比增长 22.6%，达 91.51 万人，其中，大专以上学历人才共 85.43 万人，专业技术人才 4.42 万人，技能人才（持证人员）10.79 万人（如图 1-2、图 1-3 所示）。

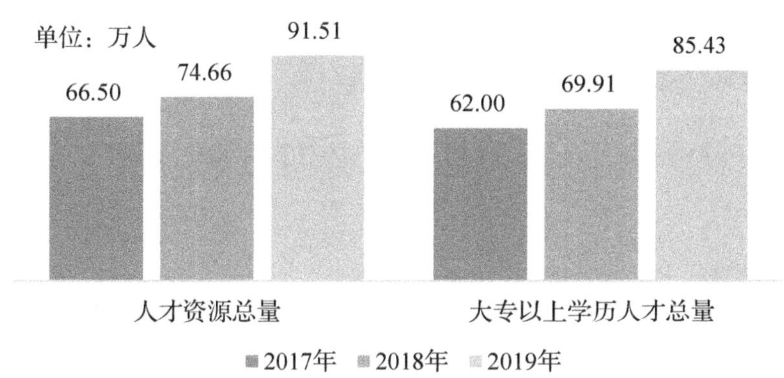

图 1-2　2017—2019 年东莞制造业人才资源增长情况

2. 制造业人才队伍学历结构优化明显。2019 年，全市制造业大专以上学历人才 85.43 万人，其中，本科学历人才 21.31 万人，同比增长 37.1%，硕士及以上学历人才 1.8 万人，同比增长 62%。制造业人才队伍学历结构优化明显，全市制造业大专以上学历人才占制造业从业人员的 20.22%，比 2018 年提高了 4.47 个百分点，制造业本科学历人才比例达 5.04%，比去年提高了 1.54 个百分点，硕士以上学历人才占比也有所提升（如图 1-4 所示）。

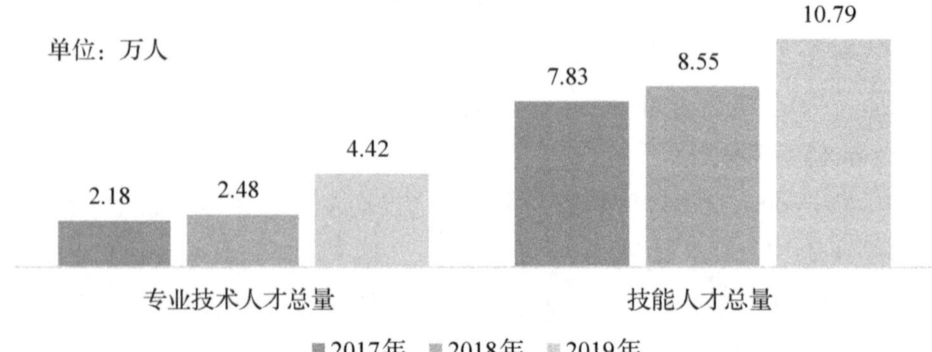

图 1-3　2017—2019 年东莞制造业专业技术人才及技能人才增长情况

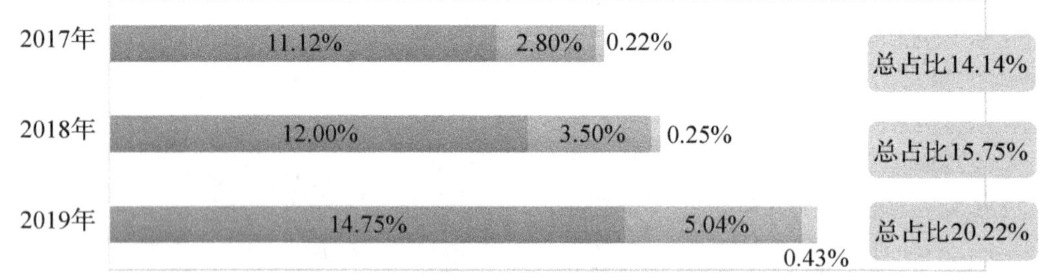

图 1-4　2017—2019 年东莞制造业各类学历人才占制造业从业人员的比例

根据问卷调查，在先进制造业样本企业中，企业在职人员 33.58 万人，具有大专以上学历的人才 6.68 万人。从产业领域来看，从业人数最多的是先进装备、高端电子信息两类制造业，其本科以上学历人才占各自产业从业人员的比例分别为 9.6%、7.4%，均高过全市制造业本科以上学历人才占比（5.5%），而生物医药高层次人才（硕士以上学历人才）占比最高（如图 1-5 所示）。

3. 制造业新兴产业领域集聚东莞近六成高端人才。2019 年，全市获得市级以上荣誉的高端人才 906 名，新增 119 人，同比增长 15.1%。其中，新能源、新材料、智能制造、电子信息及生物医药五

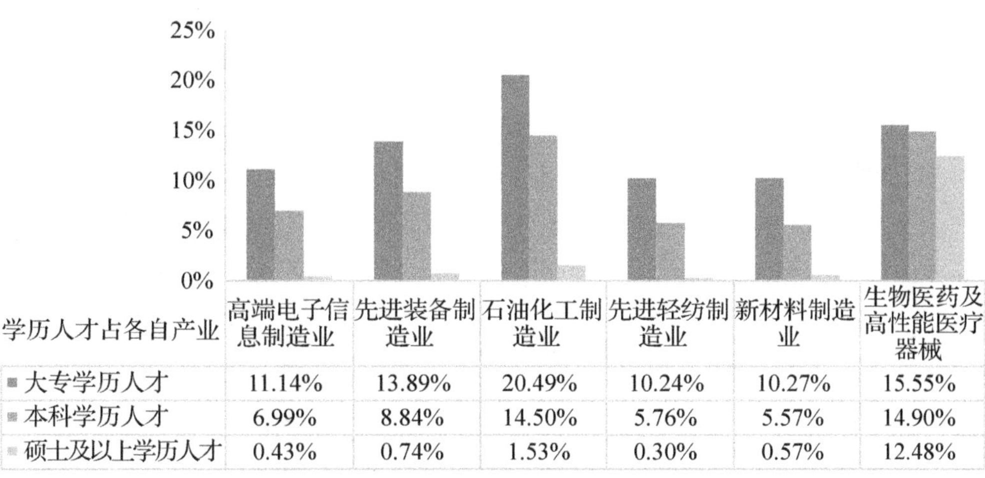

学历人才占各自产业	高端电子信息制造业	先进装备制造业	石油化工制造业	先进轻纺制造业	新材料制造业	生物医药及高性能医疗器械
大专学历人才	11.14%	13.89%	20.49%	10.24%	10.27%	15.55%
本科学历人才	6.99%	8.84%	14.50%	5.76%	5.57%	14.90%
硕士及以上学历人才	0.43%	0.74%	1.53%	0.30%	0.57%	12.48%

图 1-5　2017—2019 年东莞先进制造业样本企业的各领域人才学历结构

大新兴产业领域集聚高端人才共 448 人，占全市高端人才总量的 57.5%（如图 1-6 所示）。电子信息产业领域高端人才最多，达 155 人，占比 17.1%；其次是智能制造（112 人）、生物医药（108 人）、新材料（106 人）、新能源（40 人）。

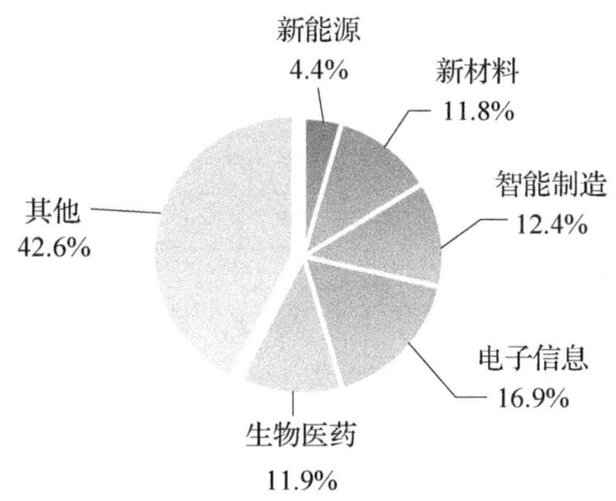

图 1-6　2019 年东莞高端人才领域分布状况

4. 制造业专业技术人才总量持续增长。根据东莞人才资源统计数据（见表1-1），在专业技术职称方面，全市制造业人才持有专业技术职称证书的比例为4.8%。其中，中高级职称人才1.39万人，同比增长62.43%，占制造业专业技术人才总量的31.59%。在技能人才方面，全市制造业人才持有技能等级证书的比例为11.79%。其中，高级工以上的高技能人才2.65万人，占制造业技能人才总量的24.56%。

表1-1　2017—2019年东莞制造业各类专业技术职称和技能等级人才分布比例

类别	级别	制造业人才分布比例			人才数量（人）
专业技术职称	职称	2017年	2018年	2019年	2019年
	正高级	0.77%	0.71%	0.69%	306
	副高级	1.68%	1.81%	2.24%	987
	中级	33.67%	32.14%	28.66%	12653
	初级	63.87%	65.35%	68.41%	30204
技能等级（持证人员）	技能等级	2017年	2018年	2019年	2019年
	高级技师	0.42%	0.44%	0.47%	504
	技师	1.06%	1.10%	1.26%	1358
	高级工	24.58%	24.15%	22.83%	24641
	中级工	23.08%	23.90%	24.94%	26920
	初级工	50.87%	50.41%	50.50%	54503

问卷调查数据显示，在样本企业中，技术人才约4.8万人，占企业人力资源总量的14.3%，其中属于研发岗位的有2.63万人。作为创新能力指标之一，研发人才占比居前三的领域分别为生物医药、先进装备制造和新材料（如图1-7所示）。

5. 制造业人员薪酬水平有所提升，薪酬竞争力较低。根据东莞劳动力市场工资指导价位目录，2019年度东莞制造业工资指导价位平均为5075元/月，与全行业平均水平基本持平，比2018年（4721

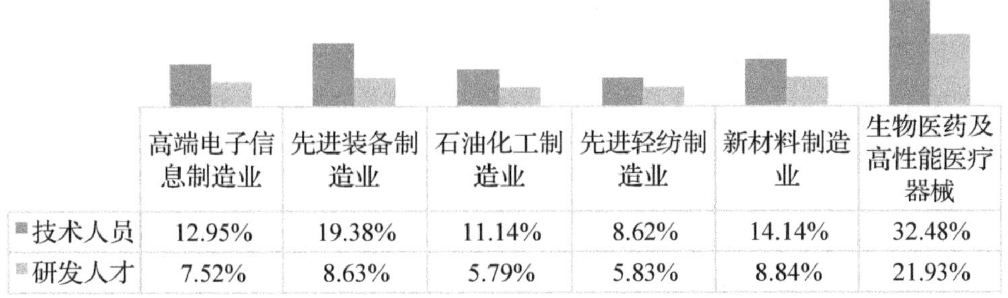

	高端电子信息制造业	先进装备制造业	石油化工制造业	先进轻纺制造业	新材料制造业	生物医药及高性能医疗器械
■技术人员	12.95%	19.38%	11.14%	8.62%	14.14%	32.48%
■研发人才	7.52%	8.63%	5.79%	5.83%	8.84%	21.93%

图 1-7　东莞先进制造业样本企业各领域的技术人员与研发人才的比例

元/月）增长了 7.5%，但仅为同期金融业（18112 元/月）的 28%，相对落后于软件和信息服务业（7409 元/月）。与 2019 年同期周边城市相比[①]，深圳、珠海等周边城市（分别 6186 元/月、6006 元/月）整体制造业平均工资价位比东莞高近 20%。

（四）东莞制造业人才需求情况

为充分了解东莞先进制造业企业的人才需求情况，课题组以主流网络人才招聘数据[②]作为对比数据，结合本次问卷调查样本数据，分析全市先进制造业企业人才需求的情况及特点，相关结论如下：

一是先进制造业人才需求总量呈逐步上升趋势。主流网络人才招聘数据显示，2020 年前三季度东莞先进制造业月均在线职位数 2.09 万个，与 2019 年同期相比减少 464 个，同比下降 2.2%。第三季度末，全市先进制造业企业发布在线职位数 2.49 万个，同比增长 14.2%。对比近两年的数据，2019 年至 2020 年每季度末全市先进制造业企业发布的在线职位数，可以看出全市先进制造业人才需求呈

① 数据来自各地人社局发布的劳动力市场工资指导目录，其中，深圳、珠海等地的目录提供行业工资平均值。

② 具体指前程无忧网，目前国内市场份额最大的人才网络招聘媒体。资料来源于东莞人才发展研究院的《2019 粤港澳大湾区人才需求与流动趋势研究报告》。

逐步上升趋势（如图 1-8 所示）。从产业领域来看①，电子信息产业人才需求最多，2020 年前三季度月均在线职位数 9914 个，占同期先进制造业月均在线职位数的 47.5%。电子信息和先进装备制造产业的人才需求占同期先进制造业人才总需求的 85.5%。（如图 1-9 所示）。

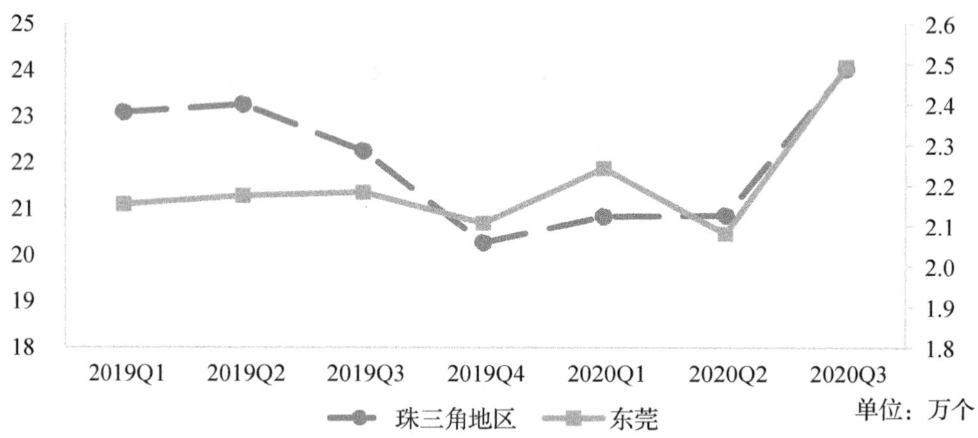

图 1-8　2019—2020 年每季度末东莞先进制造业企业在线职位需求数量趋势

二是先进制造业人才的学历要求明显提升。数据显示，与 2019 年同期相比，2020 年东莞先进制造业企业对本科及以上学历人才的需求提高明显，2020 年前三季度全市先进制造业月均发布需求本科及以上学历的在线职位数 3982 个，职位占比 19.09%，比去年同期增长 3.82 个百分点（如图 1-10 所示）。硕士以上学历的在线职位需求数 159 个，数量同比增长 20%。从产业领域来看，生物医药产业对人才的学历要求最高，本科及以上职位需求比例超 25%，而新材料及石油化工产业学历要求提高较为明显，本科及以上职位需求比例同比增长 5 个百分点（如图 1-11 所示）。

① 因先进轻纺制造业含纺织、服装、食品、家具、家电等行业，涉及范围较广，主流网络人才招聘数据不全，故此处不作统计对比。先进制造业中新材料及石油化工产业领域交叉的企业较多，故此处合并讨论。

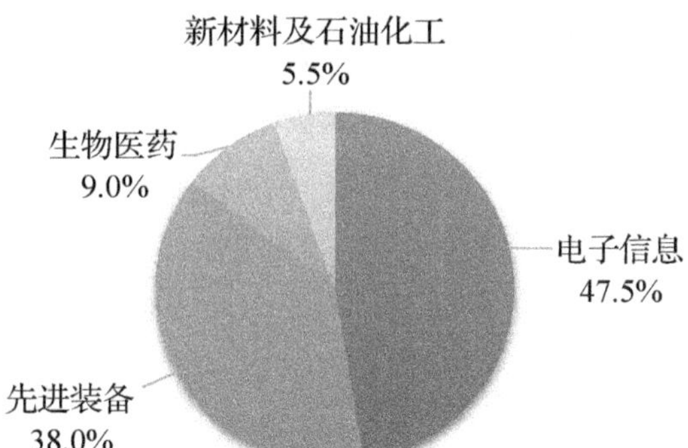

图 1-9　2019—2020 年东莞先进制造业各重点产业领域企业月均在线职位占比

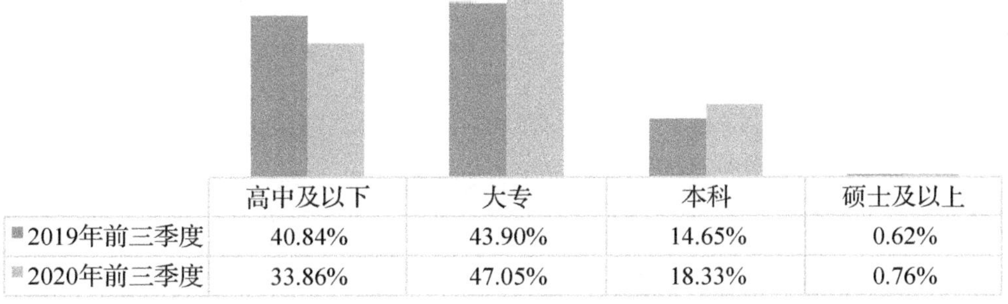

	高中及以下	大专	本科	硕士及以上
2019年前三季度	40.84%	43.90%	14.65%	0.62%
2020年前三季度	33.86%	47.05%	18.33%	0.76%

图 1-10　2019—2020 年东莞先进制造业企业发布在线职位的学历结构对比

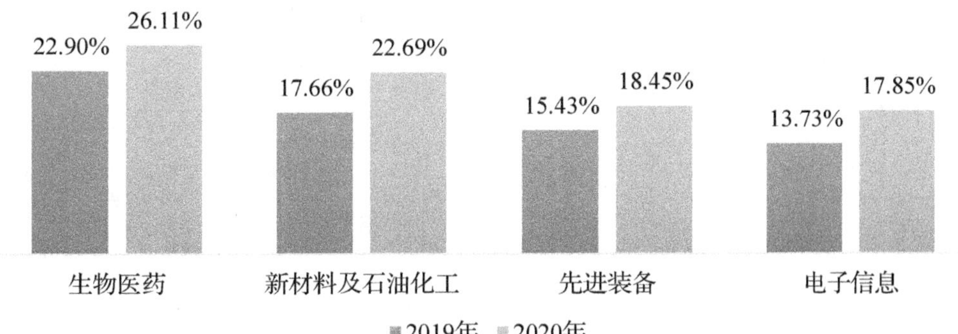

图 1-11　2019—2020 年东莞先进制造业各领域企业对本科以上学历需求的在线职位比例

三是先进制造业紧缺岗位多数要求技术类人才。问卷调查数据显示（见表1-2），先进制造业样本企业的紧缺急需岗位共3631个，其中，技术类紧缺岗位数量需求最多（1288个），占比35.5%，共需求5742人；其次为技能类岗位（28.3%、7801人）、营销类岗位、管理类岗位、软件类岗位。从产业领域来看，电子信息和生物医药产业的技术类紧缺岗位需求相对较多，其技术岗位需求数量占比均超40%。

表1-2 东莞先进制造业样本企业对各类型紧缺急需岗位的需求结构分布

领域	技术类	技能类	软件类	管理类	营销类	其他
先进制造业各类型紧缺岗位需求数量的比例，其中：	35.47%	28.34%	5.40%	10.36%	12.97%	7.46%
高端电子信息制造业	42.53%	22.31%	6.43%	11.81%	10.11%	6.81%
先进装备制造业	35.44%	30.04%	7.22%	7.98%	13.23%	6.08%
新材料制造业	32.88%	31.09%	2.54%	11.06%	14.65%	7.77%
先进轻纺制造业	22.67%	33.75%	2.52%	13.10%	15.11%	12.85%
生物医药及高性能医疗器械产业	41.79%	31.34%	4.48%	7.46%	10.45%	4.48%
石油化工制造业	27.20%	28.00%	2.40%	12.00%	20.00%	10.40%
岗位需求人数总计（人）	5742	7801	781	1268	1872	871

四是先进制造业对高技能人才的需求较为强烈。问卷调查数据显示，1388家样本先进制造业企业中，有人才需求的企业样本882家，共需求6.13万人，平均每家企业需求约70人。其中，技能类人

才共需求1.9万人，对高级工以上级别或同等水平的高技能类岗位需求约0.6万人，高技能人才需求占全部技能岗位需求人数的31%。从产业领域看，东莞的优势主导产业对人才的技能要求较高，如先进装备制造业、高端电子信息制造业的高技能人才需求比例分别达46%和31%（如图1-12所示）。

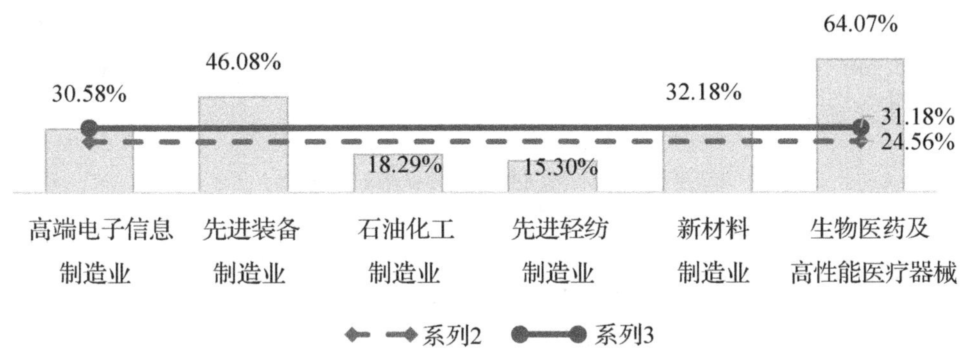

图1-12　东莞先进制造业样本企业对高技能人才需求占技能需求的比例

二、东莞制造业人才发展的工作成效

近年来，东莞以打造粤港澳大湾区先进制造业中心为目标，积极探索人才与产业深度融合发展模式，大力引进和培养各类制造业人才，制造业人才发展取得了较为显著的成效。

（一）构建多层次制造业人才政策体系，区域竞争力较强

1. 构建政策体系，覆盖各类型制造业人才。东莞从顶层设计着手，先后出台了“特色人才特殊政策”等50多项人才政策，形成了覆盖领军型、学历型、专业技术型、技能型等各类制造业人才的立体化政策体系，并重点实施“十百千万百万”人才工程，着力打造“技能人才之都”，全面实施百万劳动力素质提升工程。

2. 聚焦产业发展，加大产业人才团队扶持力度。东莞紧扣重点产业，着力提升优质人才（团队）项目的扶持力度，对顶尖战略科学家团队的资助最高可达 1 亿元，各类市级创新团队项目资助最高 2000 万元，扶持力度比肩广州、深圳两地。全市累计引进省市创新科研团队 91 个（省级 38 个），连续多年稳居全省地级市第一。此外，基础型人才政策具有较强区域竞争力，对创新人才提供综合补贴（最高 30 万元）和素质提升补贴，并按双倍标准补贴重点企业的骨干人才和研发人才（见表 2-1、表 2-2）。

表 2-1　　莞穗深三市对创新创业团队的扶持力度

<table>
<tr><th colspan="2">东莞</th><th colspan="2">广州</th><th colspan="2">深圳</th></tr>
<tr><th>项目层级</th><th>资助力度</th><th>项目层级</th><th>资助力度</th><th>项目层级</th><th>资助力度</th></tr>
<tr><td>战略科学家团队</td><td>最高 1 亿元</td><td rowspan="3">创新创业领军团队</td><td>人才经费：最高 300 万元</td><td>海外高层次人才团队</td><td>最高 1 亿元（平均 2000 万元）</td></tr>
<tr><td>市引进创新科研团队</td><td>最高 2000 万元</td><td rowspan="2">项目资助：最高 3000 万元</td><td>高层次创新创业预备项目团队</td><td>最高 500 万元</td></tr>
<tr><td>高层次医学专科团队</td><td>最高 500 万元</td><td>高水平医学团队</td><td>800~1500 万元</td></tr>
</table>

表 2-2　　莞深佛三市对基础性创新人才的扶持力度①

<table>
<tr><th colspan="2">类别</th><th>东莞</th><th>深圳</th><th>佛山</th></tr>
<tr><td rowspan="3">人才引进补贴</td><td>博士</td><td>20 万元</td><td>3 万元</td><td>20 万元</td></tr>
<tr><td>硕士</td><td>6 万元</td><td>2.5 万元</td><td>2.7 万元</td></tr>
<tr><td>本科</td><td>不低于 1 万元
（市“倍增计划”企业翻倍）</td><td>1.5 万元</td><td>1.8 万元</td></tr>
</table>

① 由于广州市级政策未向基础性人才提供资金补贴，此处不做比较。

续表

<table>
<tr><th colspan="2">类别</th><th colspan="2">东莞</th><th>深圳</th><th>佛山</th></tr>
<tr><td rowspan="4">人才引进补贴</td><td>正高级</td><td colspan="2">30 万元</td><td rowspan="8">（注：宝安、盐田等区出台相关政策）</td><td>30 万元</td></tr>
<tr><td>副高级</td><td colspan="2">20 万元</td><td>20 万元</td></tr>
<tr><td>中级</td><td colspan="2">6 万元</td><td>2.7 万元</td></tr>
<tr><td>初级</td><td colspan="2">不低于 1 万元
（市“倍增计划”企业翻倍）</td><td rowspan="5">（注：南海等区出台相关政策）</td></tr>
<tr><td rowspan="4">素质提升补贴</td><td>正高级</td><td>5 万元</td><td rowspan="4">属于研发人才的翻倍资助</td></tr>
<tr><td>副高级</td><td>4 万元</td></tr>
<tr><td>博士</td><td>4 万元</td></tr>
<tr><td>硕士</td><td>2 万元</td></tr>
</table>

（二）开拓制造业人才引进新模式，人才裂变效应突显

1. 建立招才引智工作特色品牌。一是连续 5 年高规格举办“东莞高层次人才活动周”，1500 多名海内外制造业高层次人才受邀参会，参与人次超过 3 万，达成项目合作意向近 240 项。二是举办高水平科技人才活动，连续 3 年成功举办“粤港澳大湾区院士峰会暨广东院士高峰年会”，持续开展“院士专家企业行”“海内外高层次人才东莞行活动”等招才引智活动。三是打造企业组团引才活动品牌，连续 8 年举办“东莞名企名校行”，组织近 800 家次制造业企业到武汉、西安、长沙等高校云集的城市招引高校毕业生。

2. 创新团队成建制人才引进模式。通过团队“捆绑”引进，高层次人才队伍呈“滚雪球”式迅速壮大。一是依托重大平台打包引进高端团队，如依托散裂中子源，吸引了多个院士团队前来创新创业，集聚了约 400 名中子应用领域的人才；依托松山湖材料实验室，引进了高端科研人才 409 人，汇集了中科院专家 60 人。二是发挥新型研发机构的引才作用。至 2019 年年底，20 家校（院）地共建的新

型研发机构累计引进培育人才6万多人，引进了博士人才500多人，高级职称人才400多人。三是形成“人才引进+成果转化”模式，通过12个制造业领域的市创新科研团队，累计引进制造业高端人才71人，预计项目结束后取得经济效益5亿元以上。

案例2-1 重大平台引进新材料领域高端团队

松山湖材料实验室是广东省首批启动建设的4个省实验室之一。揭牌2年多以来，充分利用松山湖科学城的资源优势，实验室已拥有王恩哥院士、赵忠贤院士、汪卫华院士等在内的10位院士，还成功引进陈东敏、赵金奎等多名海外高层次人才，集聚了20多个高水平创新团队。目前，实验室已引进24个创新样板工厂团队，注册成立了19家产业化公司，分布在松山湖、塘厦、大岭山等镇街（园区），科技成果开始进行产业化。2020年，实验室的先进陶瓷与复合材料技术产业化项目还获得了东莞首个重大科技成果转化立项。

案例2-2 引进一支团队，带来一个产业

光大集团合作引进的甘子钊院士团队建立起了国内首个氮化镓外延片衬底材料生产企业中镓公司，他们与北京大学光电研究院合作，将一大批半导体行业相关企业先后培育起来。由团队技术分化建立的中图公司，其研发的新型图形化蓝宝石衬底年产能超过4500万片，成为该产品全球规模最大的制造商。10年来，他们与院士团队深度合作，逐渐引进培育了100多名半导体领域的研发人才，获批110多项专利，为东莞半导体行业带来了质的突破。

（三）打造立体化制造业人才培养体系，产才融合持续深化

1. 注重东莞特色，培养本土制造业高层次人才。开展本土科技

人才培养工程（市高层次人才特殊支持计划），每年遴选一批聚焦产业、扎根东莞的本土领军人才（科技领域20名）。选树具有“工匠精神”的高技能人才，着重业绩和成果，电子信息、智能制造等领域累计选树400名首席技师和10名莞邑工匠。

2. 提升莞商素质，加强制造业企业管理人才培训。为提升制造业企业家的综合素质，开办莞商定制班，为全市倍增企业开展经营管理者素质提升培训，累计资助42家企业。建立常态化企业家培训机制，依托莞商学院举办企业发展论坛15场、民营企业家面对面活动100多场，累计培训3万多人次。

3. 立足东莞制造，推行技能人才特色培训模式。推进“技能人才之都”建设，财政投入累计超4亿元，建立技师工作站102个，完成素质培训120多万人次。推行企业新型学徒制培训，2019年以来共有70家企业开展新型学徒制培训，参加培训的备案职工近5700人，集中在机械、数控、自动化等行业。开展“一镇一品”产业人才培训，2018年以来共培养35万人次，形成松山湖机器人、虎门服装以及石碣电子信息等特色培训品牌。

4. 优化专业学科，稳步推进制造业人才储备。东莞设有普通高校（9所）、中等职业院校（20所）、技工院校（8所）共37所，在校生总数21万人，整体专业学科建设与全市产业方向基本吻合（见表2-3）。据不完全统计，全市高校共设置理工类及医学类专业161个，占全部专业数的43%，其中电气机械类专业数量最多（41个），占理工类及医学类的比例25.5%，其次分别为计算机类、生物医药类（含医学）、建筑类、电子信息类等专业。部分高校紧扣产业前沿优化调整学科，如东莞理工学院与松山湖材料实验室共建材料学科，东莞职业技术学院新增多个智能装备应用型专业等（如图2-1所示）。

5. 契合产业需求，开发协同育人培养模式。一是建设名校研究生培养（实践）基地，目前共有130所国内外高校1700多名理工类研究生来莞进行培养（实践）。二是开创现代产业学院新模式。东莞理工学院通过协同育人方式建设了华为、西门子等9个现代产业学院，培养了1200多名应用型工科人才，就业专业对口率达82%。三是推进校企合作“东莞范本”。全市中职学校与近1000家企业签订校企合作协议，与华为、京东等世界500强企业深度合作，设立了共建基地、教学工厂、职教集团等形式多样的模式，被省教育厅誉为校企合作广东模式的“东莞范本”。

案例2-3 现代产业学院打通校企合作“最后一公里”

目前，现代产业学院主要有校企、校政企、校校所和校校企等多种模式，其中，长安先进制造学院是校政合作模式的代表。该学院由东莞理工学院和长安镇政府合作共建，长安镇提供办学场地、基础设施、部分教学仪器设备，并每年支持750万元的办学经费，吸引了OPPO、vivo等龙头企业参与培养。学生在“校园+工业园”的产业化环境中，引入企业实习实训导师，完成半年到一年的实践环节学习，毕业设计选题100%来自生产实际。目前，长安先进制造学院每年为长安镇的3C产业和模具产业提供1000人次的高端技术培训，为地方制造业升级转型提供持续的智力支持。

表2-3 东莞高校、职业院校的教育资源情况（截至2020年9月）

类别	院校数量	在校生数量	制造业相关的专业建设
普通高校	总共9所，其中公办学校3所，民办学校6所	在校生总数约12.5万人	工科专业133个，工科学科的本专科在校生总数4.3万人
中等职业院校	总共20所，其中公办11所、民办9所	在校生5.72万人	全市中职学校共开设80多个专业，基本覆盖支柱产业和新兴产业

续表

类别	院校数量	在校生数量	制造业相关的专业建设
技工院校	总共8所，其中东莞市技师学院为市属公办院校，其他7所为民办技工学校（1所省属学校）	全市7所市属院校在校生近2.8万人	全市技工院校具备了中级工、高级工、预备技师、技师等完善的办学层次结构

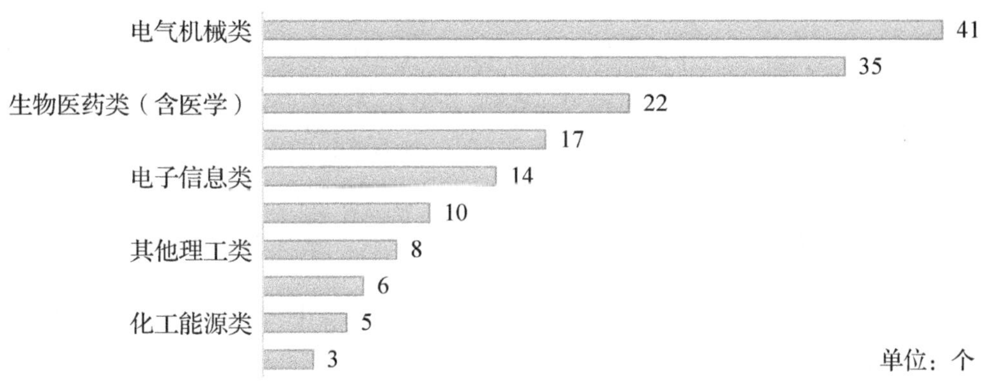

图 2-1　东莞普通高校理工类及医学类专业点数分布情况（按产业领域分）[①]

（四）完善制造业人才评价激励机制，人才活力不断增强

1. 加快“东莞标准”开发，建立社会化人才评价机制。加快开发东莞技能培训标准，现已开发认证52个东莞职业技能培训课程标准，聚焦机械模具制造业（17个）、智能制造（8个）、电子电器通讯（7个）等重点产业。全面开展技能等级认定，目前已有两批次共14家企业开展职业技能人才自主评价，并鼓励市场主体参与开发适应产业发展的工种、专项能力和培训课程。推进职称评审社会化评价，目前共有11个社会组织和用人单位承接职称评审权（分布在

① 近两年来，东莞新增了3个材料学专业，智能制造工程、精密机械等多个先进装备领域专业，以及大数据、工业互联网等制造业信息化相关专业。

建筑、工程、化工、水利和电力等领域），3个单位开展了自主评审。

2. 健全激励机制，激发产业人才创新活力。建立经济贡献奖励机制，如开展特色人才个税补贴、推进境外高端人才和紧缺人才个税补贴、出台产业创新人才贡献奖励以及研发人才经济贡献奖等政策。加强科技成果转化，设立东莞市科技成果转化引导基金，建设知识产权质押融资工作体系，2019年全市专利权质押融资登记项目共73项，涉及金额超30亿元，位居全省第三。完善技能人才的成长机制，每年举办工业机器人、智能楼宇等10多项技能竞赛，2018年以来吸引3432人参赛，709人获奖。东莞承办世赛全国选拔赛和国赛的项目数量仅次于广州、深圳，排在全省第三位。

（五）构筑制造业人才发展生态圈，人才磁场效应显著

1. 优筑“创新圈”，打造产业创新人才培育基地。一是高水平打造松山湖科学城。目前松山湖科学城范围内已建成中国散裂中子源、4所高校以及26个新型研发机构，吸引了300多家高新技术企业和近3万名工程师创新创业。二是高品质搭建科研平台。建成重点实验室和工程技术研发中心716个，新型研发机构33个，累计引进培育人才6万多人。三是高质量搭建科技人才载体。累计建设29个院士工作站，建成70个博士后平台，累计招收博士后420人。

2. 巧筑“培育圈”，打造产业人才储备载体。高标准建设创新型大学，在滨海湾新区高起点、新机制筹建新型研究型大学——大湾区大学；积极筹建香港城市大学东莞校区，在松山湖科学城建立国际一流水平大学校园。支持本地高校的高水平建设，推动东莞理工学院加快建成新型高水平理工科大学，支持东莞职业技术学院建设一流高职院校。

3. 广筑“孵化圈”，建设新兴产业的人才孵化基地。累计建成天安数码城、中集智谷等科技企业孵化器122个，建设众创空间81

个，加速吸引新兴产业的人才扎根东莞。由李泽湘团队建立的松山湖国际机器人产业基地已孵化出李群自动化、逸动科技、松灵机器人等90多家科技企业，孵化成功率近80%；建设松山湖国际机器人研究院，培养了近400名青年科技人才，助力松山湖打造粤港澳大湾区的机器人产业集群。

4. 匠筑“服务圈”，优化产业人才发展综合环境。一是营造产业人才交流氛围。通过东莞市科学技术协会，设有58个市级学会（协会、研究会）、200多个企业科协，服务近20万名科技工作者；鼓励行业协会开展制造业人才培训，近三年共完成64个公共服务项目，培训人数近5000人次。二是健全人才安居服务机制。逐步构建分层次、分类型、多元化的人才安居体系，新就业人才可申请入住公租房，或享受市属住房租赁企业房源最长3年、每年6000元的租金优惠。三是人才入户向技能人才倾斜。对职业院校和技工院校的毕业生、高技能人才，满足条件即可申请入户，无社保年限要求。四是完善人才子女入学保障。实施“高端人才和企业人才子女入学”政策，截至2019年，市教育局层面共协调约4.3万个义务教育学位指标用于专门解决各类人才子女入学问题。五是打造高效便利的政务环境。以东莞优才服务中心、创新创业人才服务中心、高层次人才服务专区为主阵地，为人才提供“一站式”服务。

三、东莞制造业人才发展面临的问题与挑战

当前，东莞市经济发展正不断从要素驱动向创新驱动转变，制造业的转型升级已进入新旧动能转换的关键节点，综合来看，东莞制造业人才发展还面临以下问题与挑战：

（一）制造业人才队伍素质结构有待提升

1. 存量人才的学历和技能有待提升。总体来看，东莞制造业从

业人员数量已较为庞大①，但制造业人才（91.5万人）占从业人员的比例仅两成（21.7%）。制造业人才队伍结构性不足问题较为明显：本科以上学历的制造业人才（23.1万人）占学历人才总量的27%，低于全市总体水平12.4个百分点；大专以上学历的制造业人才（85万人）占制造业从业人员的比例为20.2%，与广东省的制造业人才发展要求存在差距②。制造业高技能人才占技能人才总量的24.6%，与宁波（2019年，28.15%）、苏州（2019年，34.3%）、深圳（2018年，31.2%）等地的高技能人才占比相比还存在一定差距。

2. 人才结构与产业需求契合度不够。当前，东莞制造业的转型升级对高素质人才需求更为迫切。根据调研，先进装备、新材料、高端电子信息等样本企业中，对大专以上学历人才、高技能人才的需求数占各自产业对学历、技能人才需求总数的比例均超30%，高于纺织、家具等传统产业的需求（15%~20%）。与之对比，东莞现有受过高等教育的制造业从业人员比例（20.2%）相对不高，超过一半的制造业技能人才仍处于初级工水平，整体人才结构与产业升级带来的人才需求尚有一定差距。

（二）制造业人才政策体系不够完善

1. 专项产业人才政策缺失。作为制造业名城，东莞尚未出台针对制造业整体或个别重点产业的专项人才政策，现有人才政策体系对新兴产业领域的聚焦程度不够，相关举措缺少对先进制造业和优势传统制造业的统筹兼顾。在制造业信息化程度不断提高的背景下，东莞人才政策迫切需要加强对智能制造领域的经营管理、软件信息等服务型人才的关注。作为对比，部分制造业先进城市已出台产业

---

① 如前所述，2019年东莞市制造业从业人员约422万人，占同期全社会从业人员的59.4%。

② 广东出台《关于强化我省制造业高质量发展人才支撑的意见》，提出到2025年，广东打造总量超过1350万人的制造业人才队伍，其中，从业人员受过高等教育比例达到30%以上，高技能人才占技能人才比例达到35%以上。

人才政策，如宁波出台了“制造业人才提升三年计划”“新材料产业人才发展行动计划”等专项政策，合肥出台了“优秀人才支持重点产业发展政策”吸引细分领域的人才。

2. 产业政策对行业人才的引导相对缺乏。东莞产业政策体系对人才队伍建设的重视程度还不够，产业人才扶持对象主要集中在总部企业、倍增企业等骨干人才，对制造业的总体覆盖范围相对有限。此外，产业专项政策对人才的扶持措施不多，较为缺少对细分行业人才的引进和培养举措。作为对比，深圳在集成电路产业、工业设计等 10 多项政策中注重产才融合，提出优先资助专业团队、建立专家人才库、增设特色学科专业等措施；上海出台了“上海制造行动计划”并提出名家汇聚专项行动，打造产业“人才梦之队”。

（三）制造业人才开发机制尚需健全

1. 产业人才的引进渠道有待拓宽。一是招才引智活动靶向性不高。有近 40%的受访企业希望政府部门能搭建制造业领域的专场招聘活动，部分研发投入较高的企业对大数据精准引才有较强的需求。另外，较多受访企业认为东莞“名企名校行”招聘活动的区域性聚焦不够，希望重点瞄准广东省高校。二是人力资源服务产业不够发达。东莞人力资源服务产业虽然起步较早，但总体发展水平不高，在相对高端的人才猎聘、人才测评等方面仍不能满足制造业企业需求。

2. 人才培养能力尚不能满足产业需求。一是高层次创新人才培养能力有待加强。目前全市只有东莞理工学院和广东医科大学能开展研究生学历教育，且开设的硕士学位专业较少，如东莞理工学院仅获得 3 个硕士授权点。二是应用型人才供给有限。如东莞本专科高校在校生规模仅为广州的 10%左右，职业院校在校学生规模不足广州的 20%。据不完全统计，2019 年全市有 20%左右（约 1 万人）

的院校毕业生进入制造业，就业留莞率约60%，但本地培养的应用型人才依然不能满足制造业对人才的庞大需求。三是青年技能人才的培养受到多方因素制约。技工院校尤其是民办类学校受到办学场地的制约，较难扩大办学规模和增加专业设置。此外，社会上还普遍存在"重白领轻蓝领"的观念壁垒，同时技工教育与学历教育的"立交桥"尚未完全打通，学生就读意愿不高。四是产业发展对学科专业建设提出更高要求。虽然全市院校增设了新材料、智能制造等与新兴产业相关专业，但是省市战略性产业集群规划对人才培养提出了更高要求，尤其是微电子专业、智能机器人、新能源等前沿学科领域。

3. 产业人才评价体系有待完善。一是现有的人才评价体系未能适应产业新发展要求。部分人才配套政策的申请要求（如学历、职称）不太适用于技能型人才，而深圳、宁波等城市在企业人才评价上突出"以贡献论英雄"的导向。二是人才社会化评审能力有待提升。虽然东莞逐步将部分职称评审工作交给社会组织承担，但还面临着评审委员会专业化程度不够高、专业分类不够精准、评审程序较为烦琐等不足。三是技能人才多元评价体系不健全。目前社会化职业技能等级认定面临着两大主要问题：第一，引导支持力度不足，前期的大量开发工作缺乏经费支持，不能有效调动企业积极性；第二，衔接问题，即水平评价类职业资格证书在2020年12月后将退出国家目录，原有的鉴定所（站）将面临如何处理的问题。

（四）制造业人才需求面临"两缺三难"

随着产业升级转型，东莞制造业人才需求从"用工荒"的老问题，逐渐演变为高素质人才需求"两缺三难"的新挑战。

1. "两缺"：从人才需求特征看，一是应用型技术人才和高技能人才呈结构性短缺。根据调研，样本企业超六成的紧缺岗位需求集中在技术工程师等岗位，需求的高技能人才占技能人才需求比例达30%。二是企业经营管理人才呈质量性紧缺。受访企业表示，企业管理人员素质普遍不高，他们大部分来自内部培养，而本地中高级管理人才较为匮乏，需求集中在项目管理、产品管理等复合型管理岗位上。

2. “三难”：从人才开发趋势看，一是研发技术人才引进难。调查显示，样本企业的紧缺岗位总需求中有 35%为研发技术类，有31%的企业表示研发岗位招聘难。二是生产类人才留住难。有51%的样本企业反映生产类人才的流失已成常态，尤其是工作未满 3 年的青年技工。三是人才梯队培育难。有超一半（54%）的企业反映技术技能人才的培养周期较长，容易出现人才“青黄不接”，而“育才难”还体现在员工参与培训的积极性不高（41%）和缺乏优质培训资源（33%）等（如图 3-1 所示）。

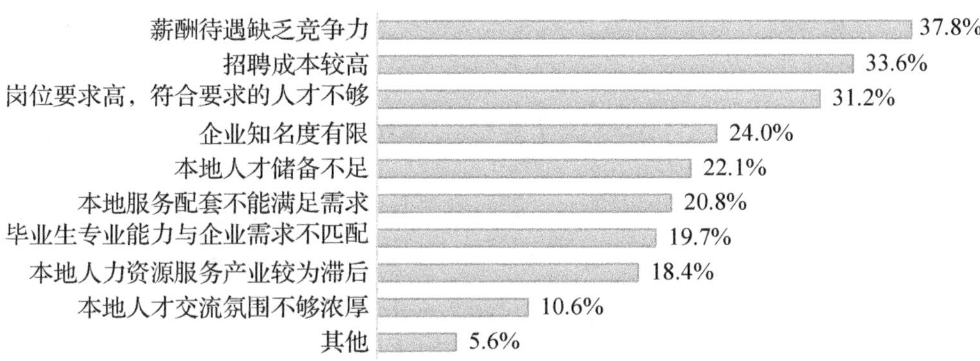

图 3-1 东莞制造业企业在人才引进方面面临的主要问题

究其原因，在客观上，首先，东莞存在本地人才供给能力有限、生活服务配套尚需改善、技术蓝领认可度不够高等客观因素制约。其次，部分产业在莞布局时间较晚，导致行业人才储备不足，如东莞芯片产业正处初步发展阶段，而长三角地区的芯片产业集群则具备先发优势，集聚了大量微电子专业领域的人才。另外，广州、深圳两地的人才虹吸效应使得企业引才成本高涨，有 33%的受访企业表示只能被动地高薪聘才和高薪留才。在主观上，一些制造业企业管理层的用才思维跟不上产业转型，部分企业不愿大笔投资培训职工。在样本企业中，每家企业年度培训经费平均为 13.5 万元，其中前 10 名龙头企业的经费占比达 16%，中小型企业更多依靠“以工代训”和基础业务培训（如图 3-2 所示）。

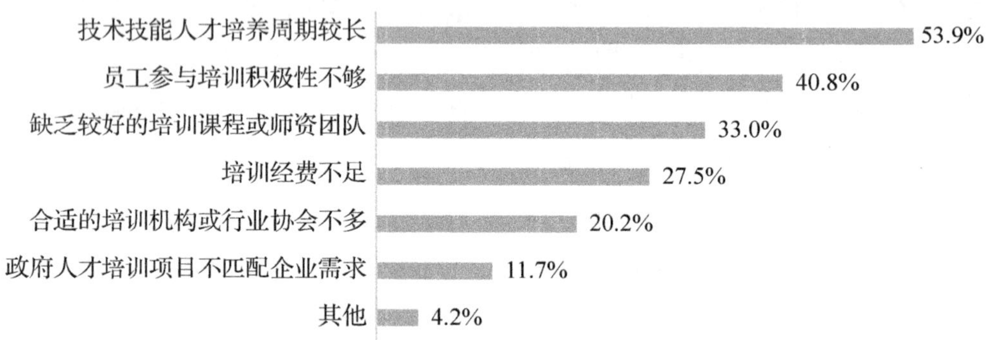

图 3-2　东莞制造业企业在人才培养方面面临的主要问题

（五）制造业人才发展综合环境有待优化

1. 缺乏有引领性的制造业品牌建设活动。虽然近年来东莞成功打造了“高层次人才活动周”等人才品牌，但在制造业领域仍缺少具有区域影响力的特色品牌。作为对比，上海开展了上海制造产业“人才梦之队”行动集聚全球高端人才；深圳提出了打造“设计之都”引导工业设计人才集聚。作为制造业名城，东莞需要在打造引领制造业发展的品牌活动方面多下功夫，探索如何发挥龙头企业和大科学装置的优势，为打造粤港澳大湾区先进制造业中心提供品牌引领。

2. 人才政策宣传力度不足。调研显示，制造业企业对东莞人政策知晓度普遍不高。究其原因，一是人才政策宣传不够系统化，虽然已有“人才政策雷达”公众号等媒介，但是宣传形式较为单一，专场宣传少、新媒体利用不够充分。受访企业反映，外地高校学生普遍对东莞的产业现状与城市定位还缺乏认知，人才政策的熟悉程度很低。二是企业关注人才政策积极性不高。较多制造业企业没有安排人力资源部门主动了解人才政策，内部没有建立与人才工作部门对接的渠道。

3. 制造业人才交流生态圈有待培育形成。一是行业人才交流平台不多。全市行业协会约有 200 多家，数量仅为深圳的 1/3，而深圳、苏州等地已建立以博士、技能人才等为代表的专业人才交流平台。受访企业反映，东莞制造业人才交流氛围不够浓厚，特别是在生物医药、新材料等先进制造业，因行业整体力量较为薄弱，行业内的人才交流、技术抱团等需求就更为强烈。二是行业协会的带动作用不够明显。虽然有部分制造业协会开展了人才培训工作，但在促进科技交流、学习考察、联谊交流等方面有所欠缺。前期调研中，超半数的博士后、企业研发人才都对组建专业学会、人才联盟、人才社区等有较大的需求。

另外，随着“湾区都市、品质东莞”建设的推进，如何加强在交通、教育、医疗、安居等方面的供给，免去人才创新创业的后顾之忧，使制造业人才能够“引得进、留得住、用得好”，也一直是东莞人才工作面临的重要任务。

四、促进东莞制造业人才发展的对策建议

结合前述问题分析，课题组建议要立足东莞市制造业发展面临的新机遇与新要求，以习近平总书记出席深圳经济特区建立 40 周年庆祝大会和视察广东重要讲话重要指示精神为指引，认真贯彻落实全省推动制造业高质量发展大会精神，抓好制造业人才发展的顶层

设计工作，以建设制造强市，推进制造业产业基础高级化、产业链现代化为目标，实施“东莞制造—人才领航”战略，打造东莞制造业人才建设品牌，为促进东莞市制造业人才发展提供战略引领。具体建议如下：

（一）完善制造业人才政策体系，促进人才与产业深度融合

1. 构建立体化制造业人才政策体系。科学谋划各产业领域人才资源开发目标，建立立体化制造业人才政策体系。一方面，要制定制造业人才专项政策，巩固和扩大高端电子信息、先进装备等主导产业的人才资源优势，加速推进生物医药、新材料、集成电路等新兴产业的创新人才集聚东莞。另一方面，要在产业政策中融入人才扶持措施，强化人才与产业的深度融合，实现“产业引人、产业育人、产业用人、产业留人”。

2. 促进人才链与产业链、创新链有机衔接。抓住粤港澳大湾区大学、香港城市大学（东莞校区）建设及东莞理工学院建设高水平理工大学、综合性国家科学中心建设带来的机遇，结合全市新型研发机构、企业研发中心等既有创新载体优势，创新产学研合作模式，探索建立东莞制造业人才发展联盟，促进创新链、产业链、人才链的有机融合。以制造业规划和产业需求为引导，依托“人才联盟”资源优势，通过建设高端人才集聚平台、产教融合育人平台、技术成果转化平台、技能人才培训平台等系列人才载体，打造以基础研究人才、应用型技术人才、高素质技能人才、技术转移人才、复合型管理人才等为主体的制造业人才梯队，为全市制造业高质量发展提供坚实的人才支撑。

（二）开创招才引智新路径，发挥市场主体引才作用

1. 搭建具有东莞特色的招才引智平台。一是组团引才要进一步

"走出去"。持续提升东莞"名企名校行"品牌知名度和引才实效，建立制造业专场招聘机制，结合本地应用型人才需求旺盛的特点，突出专业化、小型化、区域化和精细化，特别要将省内名校纳入制造业人才招聘的主阵地。二是精准引才要科学"请进来"。利用"互联网+"和大数据推动引才服务精准化，结合区域人才流动大数据，多形式、分门类举办电子信息、新材料、生物医药等制造业专场招聘会，提升人才引进的针对性和靶向性。

2. 全方位激发市场主体的引才积极性。切实发挥用人单位、社会组织等市场主体的引才作用。一是调动企业人才工作积极性。借助中介机构、新型媒体等社会力量在企业内部开展政策宣传，实现人才政策宣讲常态化。建立企业人才工作联络员机制，定期组织专员例会交流、业务培训等活动，畅通人才工作部门与企业的沟通渠道。二是发挥人力资源服务机构的人才输送作用。鼓励人力资源服务机构为制造业企业开展技能人才的开发和输送，吸引各地技工院校应届毕业生来莞实习实训，可按照实习毕业生的留莞数量和技能等级给予不同档次的引才补贴支持。

（三）拓展人才培养新渠道，优化人才梯队培养方式

1. 开创科技创新人才培养新局面。一是加强名校研究生基地的建设。围绕名校研究生基地，逐步形成从短期专项培训到专业学位深造的立体培养体系，打造成为多学科、全方位、多形式的教育载体。二是发挥重大平台的协同育人作用。依托大科学装置、高新技术企业、院校等多方主体，采用多方共建方式打造一批工程创新实践中心、人才发展中心和职工培训中心。三是开展创新人才培训专项。以产业为导向、以项目为纽带、以行业为依托，联合高校、科研院所，定期开展制造业创新人才专项培训。鼓励新型研发机构探索"研究院+研究生院"模式，为东莞引入更多人才与教育资源。

2. 构建适应产业发展的专业技术人才培养模式。一是做好制造业人才需求跟踪工作。采用大数据技术动态跟踪制造业的人才需求情况，并定期发布人才需求报告，引导全市院校招生向制造业重点领域倾斜。二是紧扣产业动态优化学科专业。鼓励高校、职业院校建立学科专业动态调整机制，主动适应新技术、新工艺、新装备的趋势，增设如微电子、智能机器人、区块链等前沿学科，强化行业特色学科专业建设。三是创新院校人才培养模式。推动东莞职业技术学院申办本科层次职业教育试点，在东莞理工学院大力培养新工科专业人才，将两所高校打造成为东莞“工程师摇篮”。加快现代产业学院的建设，探索“校企联合”办学模式，鼓励企业与高校打造以制造类专业为主的二级学院（系）。

3. 打造高技能人才培养的“东莞样本”。一是促进校企合作形式不断创新。开创多样化的校企联合育人模式，探索职业教育集团化办学，大力推广校企共办“技能人才培养基地”模式。二是鼓励制造业企业参与人才培养。探索推动制造业龙头企业深度参与东莞紧缺急需相关专业的教学标准、培养方案等教学资源开发以及制定人才评价标准。三是推广职教新模式。在全市范围内推广东莞技师学院的“技能+学历+国外证书”培养、校企双制培养、多专业融合“学业+创业”培养等职教新模式，打造国家技能人才培养的“东莞样本”。

4. 推动重点产业经营管理人才素质提升。一是充分发挥莞商学院的人才培养作用。推动企业经营管理人才培训工作的系统化和全面化，多层次完善企业家知识结构，提升企业家创新创业意识。二是加强行业协会的育人作用。鼓励制造业行业协会为企业提供定制化的素质提升服务，引导各类行业协会开展中高层管理人员专题培训，培养技术与经营能力兼备的复合型管理人才。三是加快职业经理人引进和培育的力度，鼓励熟悉战略经营、善于资本运作、精通企业管理的高级职业经理人才参加各类培训。

5. 持续完善职业教育培训机制。一是全面推进学习型企业建设。推动东莞市制造业企业普遍设立人才培训中心、企业学院，实现职工培训全覆盖，促进职工教育培训常态化、组织化。二是探索建立个人学习账号和学分累计制度。依托全市高校、职业院校在制造业相关专业领域开展学习成果认证、积累与转换试点。三是优化“互联网+”技能培训平台。整合东莞市现有培训资源，优化“管易学”“技能莞家”等线上学习平台。

（四）健全人才评价激励机制，开拓创新人才使用模式

1. 建立技术技能人才评价的“东莞标准”。一是探索实施职称评审“绿色通道”。对符合条件的高层次人才、科技型企业家等，可直接申报高级专业技术职称。贯通高技能人才与工程技术人才职业发展通道，符合条件的高技能人才也可参加工程系列专业技术人才职称评审。二是加快推进技术技能人才的“东莞标准”开发。争取参加在智能制造、高端电子信息等优势制造业取得国家职业标准的开发，进一步提升东莞“技能人才之都”的品牌知名度。三是要积极开展职业技能等级认定。在全市制造业重点企业全面推广职业技能等级认定，并遴选一批机构作为社会培训评价组织的调研对象，探索开展技能人才社会评价模式。

2. 加大对技术技能人才的表彰激励。一是营造尊才爱才的社会氛围。每年在全市遴选若干名优秀技术技能人才并在社会媒体通报表彰，引导形成尊重创新、尊重技术的人才工作氛围。二是提高技术技能人才的职业荣誉感。加大对“莞邑工匠”“科技精英”“技术能手”等技术技能人才的成才经历宣传力度，每年编辑出版《莞邑工匠》等系列图书，提升技术技能人才获得感、荣誉感和社会认同感。

3. 加强对本地制造业人才资源的盘活使用。一是建立制造业“以才育才”机制。充分发挥全市高端人才的指导作用，开设“特色人才学堂”“莞邑工匠学堂”等品牌性课程，提升全市技术技能人才素质。二是建立产业专家指导机制。引导全市制造业企事业单位建立首席技术专家、首席技师“双首席”机制，强化用人主体对人才的重视。全市各专业镇需要建立产业技术专家咨询委员会机制，为当地制造业战略布局、人才培育等提供决策咨询。三是促进信息化人才队伍建设水平。适应“智能制造”的信息化要求，加强技术人才、技能人才和管理人才的信息技术能力提升。

（五）提升人才服务保障水平，营造人才发展综合环境

1. 进一步加强东莞人才政策宣传力度。大力宣传东莞制造业人才政策，要对省、市及各镇街（园区）的人才政策进行系统梳理，定期更新，并通过制作全市人才政策宣传片、人才政策图解等形式，助力企事业单位招才引智。要把人才政策宣讲列为基层人才工作考核指标，引导基层人才工作部门通过下园区、下企业等方式对人才政策进行精准宣讲，将人才政策“送上门”。要将制造业企事业单位“人才工作联络员”作为基层“人才政策宣讲员”进行培训，定期进行人才政策知识学习。

2. 进一步理顺相关政策申报流程。在东莞人才政策雷达的基础上，借助市政府大数据平台，建立全市统一的人才政策（服务）申报平台。全面优化相关政策（服务）申报流程，开展“一站受理、一站办结”线上服务，通过各部门信息共享，杜绝申报资料重复提供。及时提供申报反馈，限时提供申报结果，提升人才政策落地执行效率，优化服务办理流程。

3. 促进人力资源服务产业快速健康发展。加快推出人力资源产业发展的扶持政策，积极对接广州、深圳和港澳，引进培养一批国

内外知名的人力资源服务机构，并以市区和松山湖为两大突破口，逐步推进人力资源产业向全产业链拓展。特别要充分利用广州和深圳两地建设国家级人力资源服务产业园、人力资源服务机构云集的优势，大力促进广州、深圳服务型企业在东莞建立分支机构，完善人力资源服务产业链，更好地为东莞制造业提供人才服务。

4. 搭建制造业专业人才交流合作平台。加强工程师协会、技师协会等研发创新型人才组织建设，引导制造业专业人才建立首席技术专家协会、首席技师协会等组织。通过政府购买服务方式，逐步赋予该类组织人才政策宣讲、教育培训、职业技能鉴定、项目申报、举办创新创业大赛、技能大赛、人才评选、人才交流等职能，实现“人才服务人才”，打造东莞制造业人才“生态圈”。

5. 加强人才综合配套服务保障。在人才安居方面，各镇街（园区）要加快落实东莞市人才安居相关政策，通过各种人才房配建、配租、货币补贴等形式，解决制造业企业人才安居问题；有条件的镇街，要在人才集中安居的区域建设人才社区，促进人才沟通交流。在人才子女教育方面，教育部门要根据学位需求增长情况，科学谋划学位供给，不断提升教育质量，及时推广市内先进地区（如松山湖）办学经验，打好引才留才用才的“教育牌”。在综合服务方面，企业所在镇街（园区）也要在医疗、交通、生活配套等各方面及时听取企业及人才关切，做好人才服务保障工作，使“湾区都市、品质东莞”建设落到实处。

东莞高校人才培养与产业发展需求状况研究

高校毕业生是青年人才资源最重要的组成部分，是赢得未来人才竞争、推动创新发展的重要储备力量。随着外部人才竞争的日趋激烈，各地开始聚焦本土青年人才资源，如武汉提出“百万大学生留汉创业就业计划”，西安推出“百万大学生留西安就业创业5年行动计划”，南京实施“青年大学生‘宁聚计划’”等。近年来，在市委、市政府的高度重视下，东莞高校办学规模日益壮大、水平不断提高，湾区大学、香港城市大学（东莞）筹建工作稳步推进，为共青团东莞市委员会青年人才培养提供了良好的条件。2019年年末，9所在莞高校全日制在校生超过12万人，输出毕业生3万余人，为东莞产业发展提供了重要人才支撑。但东莞高校人才培养与产业发展是否匹配，留用情况是否符合预期等问题仍有待研究。

为此，共青团东莞市委员会联合东莞人才发展研究院开展了深入调查研究，从“供给侧”和“需求侧”的视角切入，通过查阅文献、书面访谈（11个单位）、召开座谈会（2场）、发放网络问卷（3215份）、网络数据追踪（3个主流招聘网站）等多种方式获得数百万条数据信息，并结合国家相关标准、东莞产业发展方向、原始数据，对数据进行归类梳理和比对分析。在此基础上，系统分析了东莞高校人才培养与重点产业需求情况，深入挖掘高校人才培养与产业人才需求的契合度、东莞高校毕业生的留莞意愿和职业发展意向，提出提升东莞高校对产业发展人才支撑的建议。

相关数据获取具体方式如下：一是通过参阅文献，获得 22 个城市的人口和高校人才培养情况的相关数据，以及东莞产业发展相关经济指标；二是通过书面访谈，获得 9 所在莞高校专业设置及在校生数据（2019—2020 年度），以及 2016—2019 年的就业信息系统原始数据（11.23 万人超过 100 万条信息）；三是通过网络数据追踪，获得东莞重点产业领域（6 大产业）和重点企业（354 家“倍增计划”试点企业）的在线职位需求数据，以及各职能岗位和创新型高层次人才需求情况；四是通过召开座谈会（2 场）和发放网络调查问卷（3215 份），获得在校生留莞意愿和职位发展意愿。

一、东莞高校人才培养和供给能力分析

（一）东莞高校人才培养规模总体较小

2019—2020 学年，东莞共有 9 所普通高等院校，全日制在校生 12 万余人，占常住人口的 1.47%，毕业生 3 万余人。

从在校生数量看，在大湾区城市（不含香港、澳门，下同）中，东莞排在第 4 位，与佛山（12.99 万）、珠海（12.93 万）、深圳（11.3 万）位列第二梯队，广州（114.09 万）独占第一梯队（如图 1-1 所示）；在 15 个新一线城市中，东莞排在倒数第 1 位，仅为倒数第 3 位苏州（24.9 万）的一半，为第 1 位武汉（115.62 万）的 1/10（如图 1-2 所示）。

从在校生占常住人口的比重看，在大湾区城市中，东莞仅排名第 6，低于广州（7.45%）、珠海（6.39%）、中山（2.40%）、肇庆（1.67%）、佛山（1.59%）等市（如图 1-3 所示）；在 15 个新一线城市中，东莞排在最后 1 位，比排在前 3 位的郑州（10.42%）、南京（10.33%）、武汉（10.31%）分别低 8.95%、8.86%、8.84%，人才

培养规模与东莞发展定位不相适应（如图 1-4 所示）。

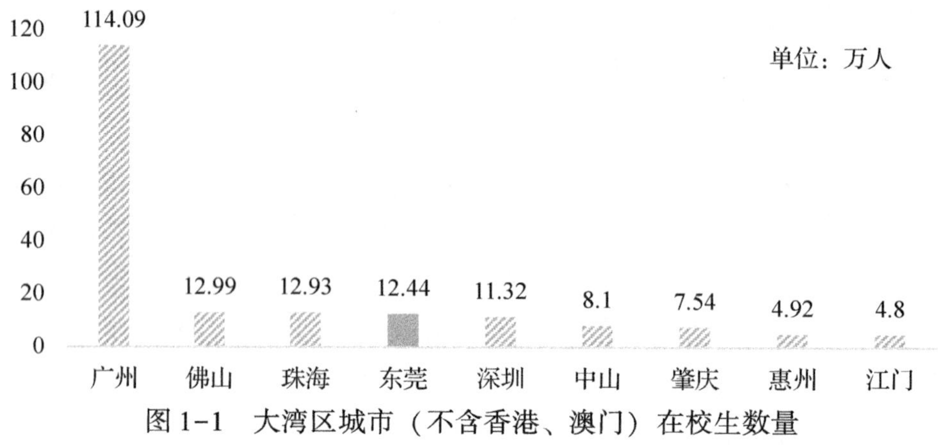

图 1-1 大湾区城市（不含香港、澳门）在校生数量

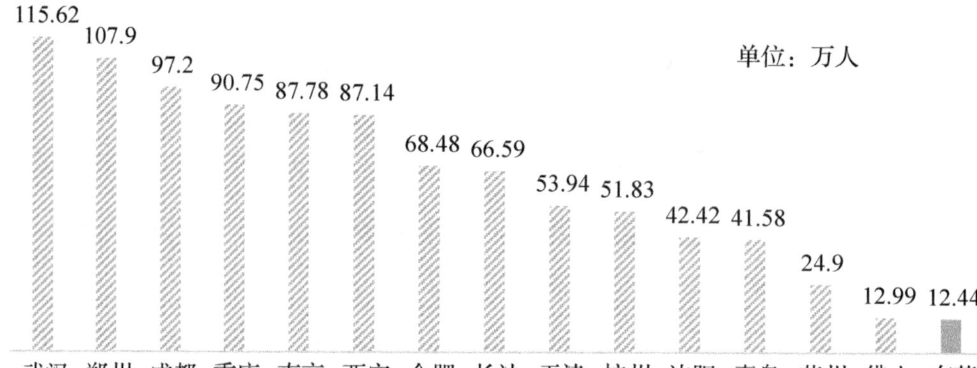

图 1-2 新一线城市在校生数量

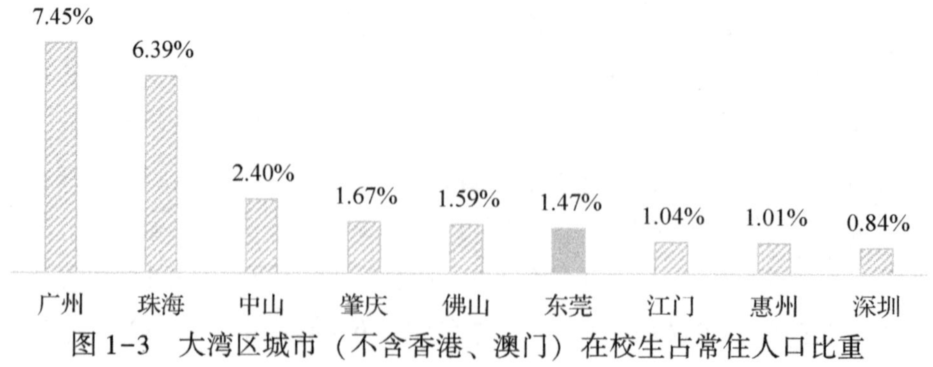

图 1-3 大湾区城市（不含香港、澳门）在校生占常住人口比重

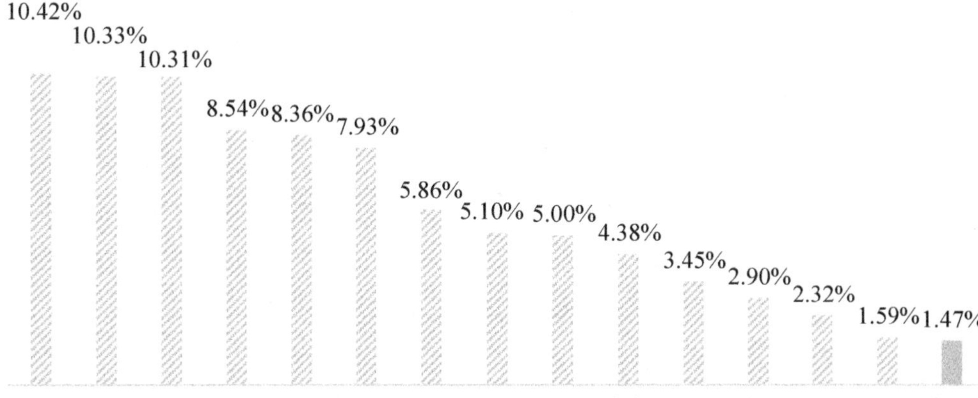

图 1-4　新一线城市在校生占常住人口比重

（二）东莞高校研究生培养能力不足

2018 年，东莞理工学院确定为新增硕士学位授予单位，并于 2019 年正式开始独立招收硕士研究生，实现本土高校硕士点零突破。目前，东莞理工学院共有硕士学位授权点 11 个（一级学科硕士点 1 个，二级学科硕士点 10 个），其中计算机科学与技术专业（104 人）、环境工程专业（156 人）已招录全日制在籍研究生 260 人，机械工程专业于 2021 年正式开始招生，土木工程、电子信息等 8 个专业将于 2022 年启动招生工作。与此同时，东莞理工学院还与部分市外高校开展研究生联合培养工作，现联合培养研究生在校生 244 人（硕士 239 人，博士 5 人）；广东医科大学将部分研究生专业办学重心倾向到东莞校区，进一步强化了东莞高校研究生培养能力。但总体来看，东莞高校全日制在籍研究生数量仍然十分稀少，独立培养研究生的能力较为不足。

（三）东莞高校生源主要来自省内城市

以 2016—2019 年毕业生为例，东莞高校中东莞生源占比

30.64%；省内市外生源占比 65.14%（如图 1-5 所示），数量排名前五的分别是茂名（6.70%）、湛江（5.90%）、广州（5.28%）、汕头（4.74%）和梅州（4.61%）；省外生源占比 4.22%。从时间看，毕业生中东莞生源共 3.44 万人，2016—2019 年东莞生源毕业生数量分别为 8944 人、9088 人[①]、8658 人和 7703 人，分别占当年毕业生总量的 37.51%、31.70%、29.79%和 25.10%（如图 1-6 所示），东莞生源占比呈明显的下降趋势。从院校看，东莞职业技术学院毕业生中东莞生源占比最高（55.66%），广东医科大学为 4.80%，中山大学新华学院东莞生源仅占 2.88%（如图 1-7 所示）。

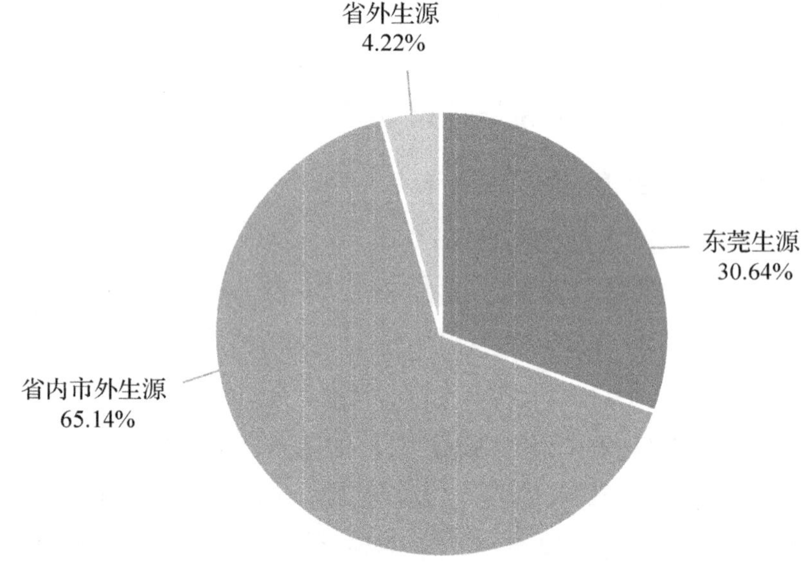

图 1-5 2016—2019 年东莞高校毕业生生源结构

① 2017 年中山大学新华学院毕业生生源地缺失，从其他年份东莞生源比例看，2017 年中山大学新华学院东莞生源为 100～200 人之间，2017 年东莞生源毕业生实际数量和占比应略高于 9088 人和 31.70%，但因为数据不确定且数值相对小，故忽略不计。

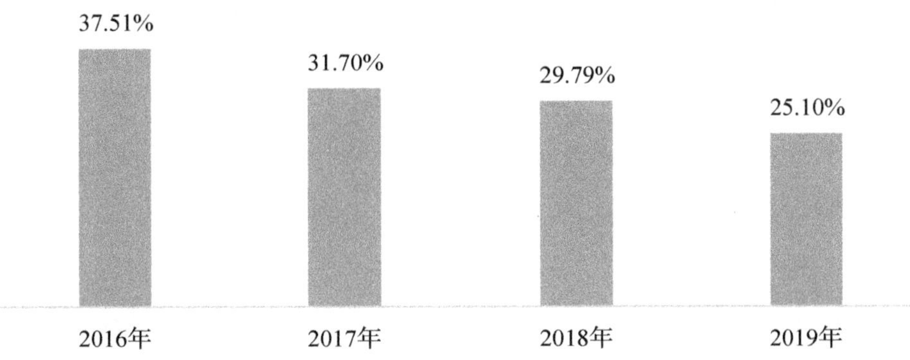

图 1-6　2016—2019 年东莞高校毕业生中东莞生源占比

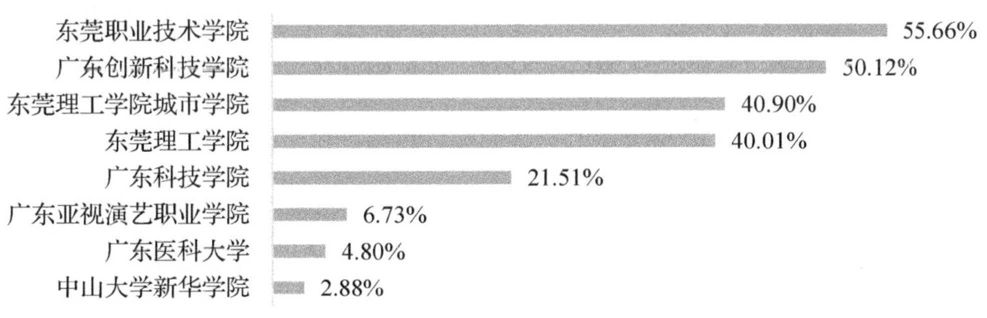

图 1-7　2016—2019 年东莞各高校毕业生中东莞生源占比

（四）东莞高校本专科生培养偏重人文社科

2019—2020 学年，东莞 9 所普通高校共开设全日制本专科专业 351 个[①]，在校生 12.17 万人。其中本科专业 186 个（占比 52.99%），涉及 9 个学科门类（一级学科）52 个专业类别（二级学科），在校生 9.02 万人（占比 74.06%）；专科专业 165 个（占比 47.01%），涉及 16 个学科门类 46 个专业类别，在校生 3.16 万人（占比 25.94%）（如图 1-8 所示）。课题组根据《普通高等院校本科专业目录》《普

① 同一院校同一专业同时开始本专科专业，记为 2 个专业点；同一院校同一学历层次的同一专业设置不同方向（学制）的，记为 1 个专业点。

通高等院校高等职业教育（专科）专业目录》和各院校各专业的人才培养方向，以专业门类为基础，将351个专业分为21个专业类别，并归纳为理工类、医药卫生类、人文社科类3大专业方向。东莞高校本科及专科人才培养特点如下：

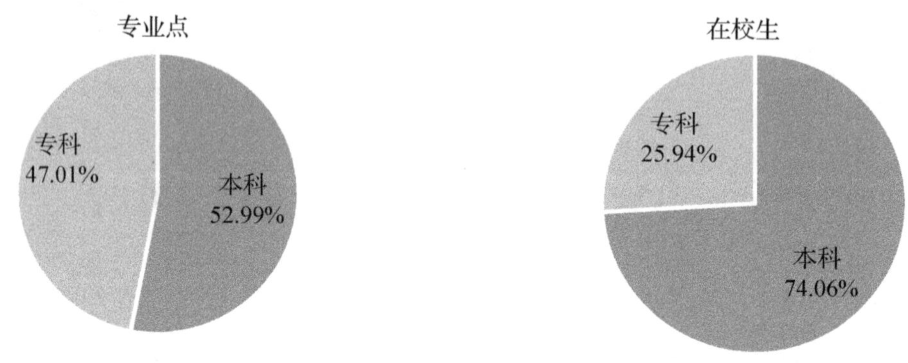

图1-8　东莞高校本专科专业点和在校生数量占比图

1. 人文社科类专业占比过半，具体专业类别中计算机类专业数量最多。

东莞高校本专科专业设置中，理工类专业点138个（本科72个，专科66个），占比39.32%；医药卫生类专业点23个（本科16个，专科7个），占比6.55%；人文社科类专业点190个（本科98个，专科92个），占比54.13%。从院校看，东莞理工学院（50个，均为本科专业）和广东科技学院（50个，本科32个，专科18个）开设专业数量最多（如图1-9所示）。从具体专业类别看，计算机类专业数量最多（42个），专业布点数量排在前五的还有财经类、机械类、工商管理与贸易类、医药卫生类；直接对应东莞新兴产业发展方向的计算机类、机械类、医药卫生类、电子信息类、材料与化学化工类等5大重点专业类别共布点122个（本科70个，专科52个），占比34.76%（如图1-10所示）。

2. 人文社科类在校生占比过半，具体专业类别中财经类在校生最多。

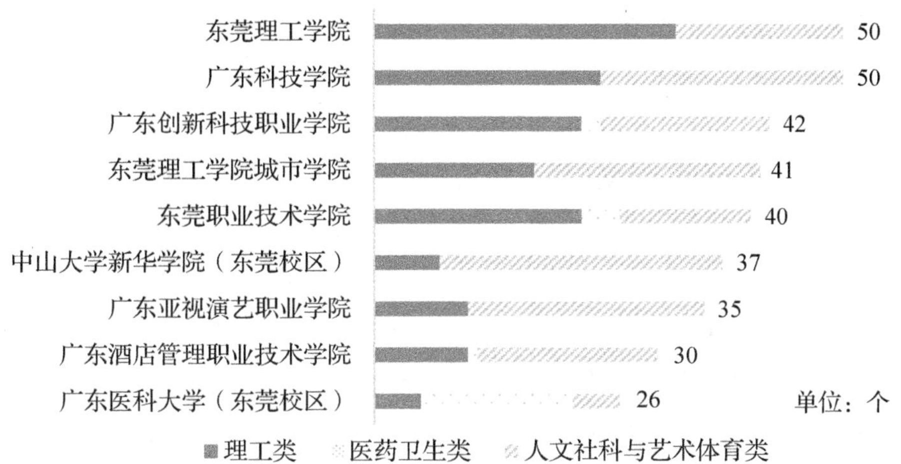

图 1-9 东莞各高校专业设点情况

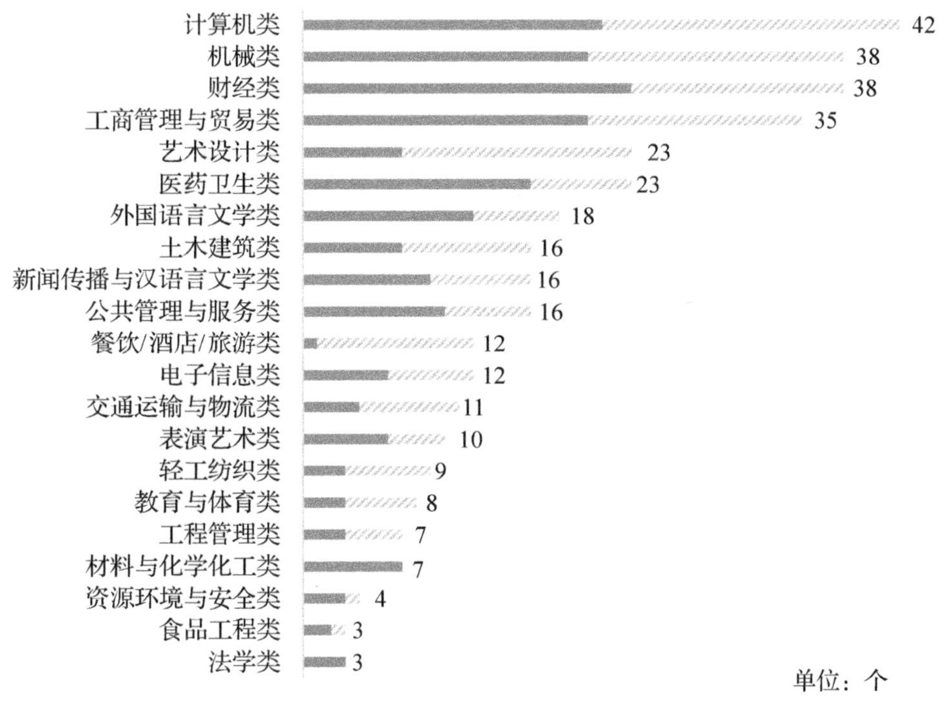

图 1-10 东莞高校各专业类别设点数量

东莞高校本专科在校生中，理工类在校生 4.3 万人（本科 3 万人，专科 1.3 万人），占比 35.32%；医药卫生类在校生 1.12 万人（本科 1.08 万人，专科 0.04 万人），占比 9.2%；人文社科类在校生 6.76 万人（本科 4.94 万人，专科 1.82 万人），占比 55.49%。从院校看，东莞理工学院城市学院在校生数量最多（2.16 万人），仅东莞理工学院和东莞职业技术学院理工类在校生数量占比过半（如图 1-11 所示）。从具体专业类别看，财经类专业在校生人数最多（1.9 万人），在校生人数超过 1 万人的还有计算机类、工商管理与贸易类、医药卫生类等 3 个专业类别。直接对应东莞新兴产业发展方面的计算机类、机械类、医药卫生类、电子信息类、材料与化学化工类等 5 大重点专业类别在校生 4.56 万人（本科 3.53 万人，专科 1.04 万人），占比 37.49%（如图 1-12 所示）。

3. 理工类专业单一专业点人才培养容量[①]偏低。

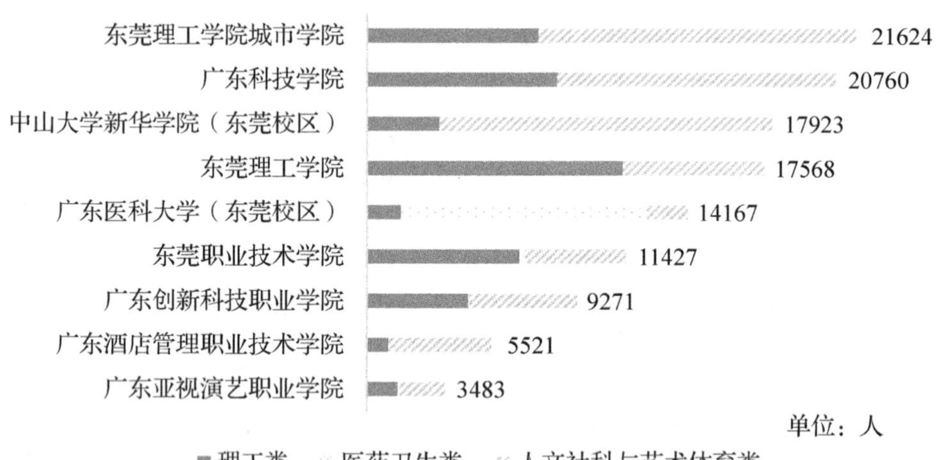

图 1-11 东莞高校各校在校生数量

① 单一专业点人才培养容量：一个专业点在读学生人数。

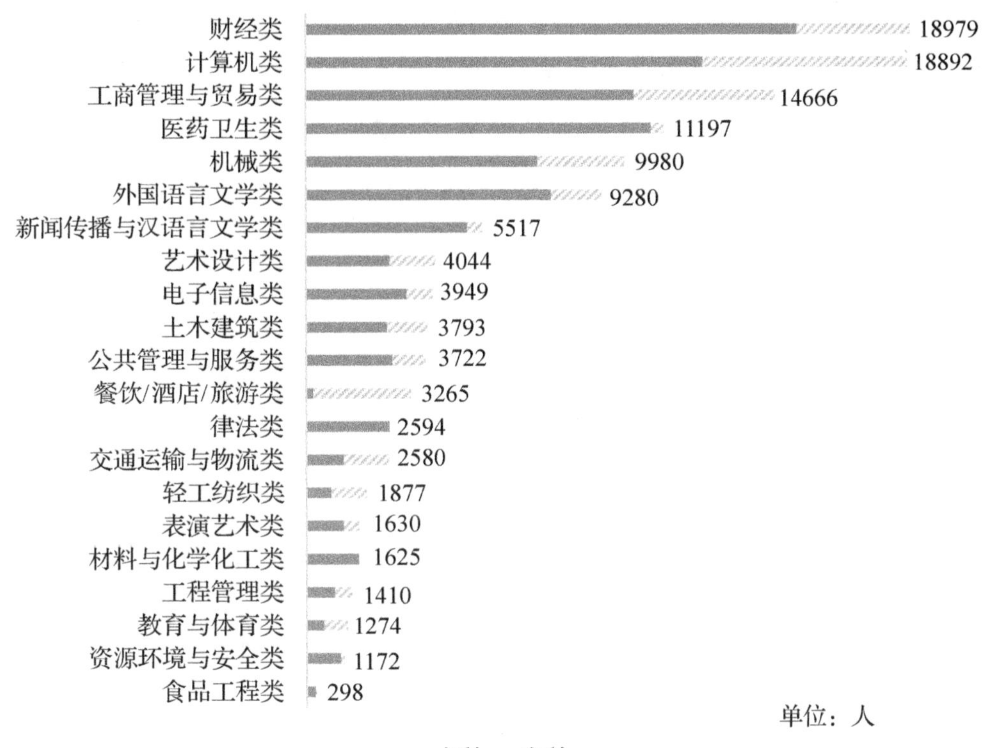

图 1-12　东莞高校各专业类别在校生人数

东莞高校本专科平均每个专业点在读学生 347 人（本科 485 人，专科 191 人），约为 8 个班级[①]；其中理工类专业平均每个专业点在读学生 312 人（本科 416 人，专科 197 人），低于医药卫生类（487 人，本科 675 人，专科 56 人）和人文社科类（356 人，本科 504 人，专科 198 人）。从院校看，广东医科大学（东莞校区）平均每个专业点在读学生数量最多（545 人），广东亚视演艺职业学院最少（100 人）（如图 1-13 所示）。从具体专业类别看，单一专业点人才培养容量最高专业类别的是法学类（865 人，约为 20 个班级），排在前五的

① 按每个班级 40~45 人计算。

还有外国语言文学类、财经类、医药卫生类和计算机类；电子信息类、机械类、材料与化学化工类仅排在第 8、11、15 位，理工类专业单一专业人才培养容量偏小，与东莞市产业发展方向不匹配（如图 1-14 所示）。

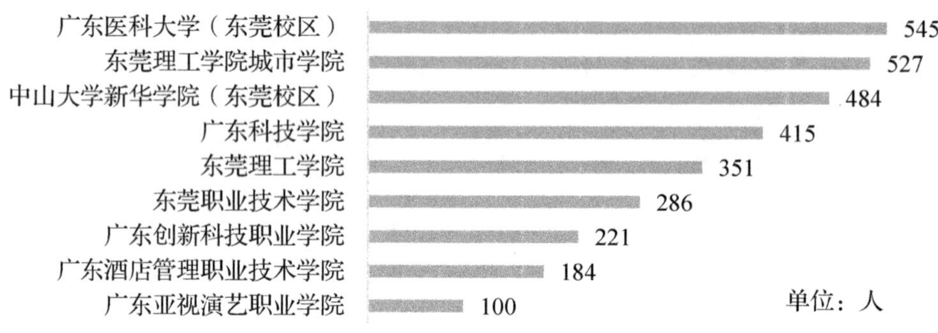

图 1-13　东莞高校各校平均每个专业点在读学生人数

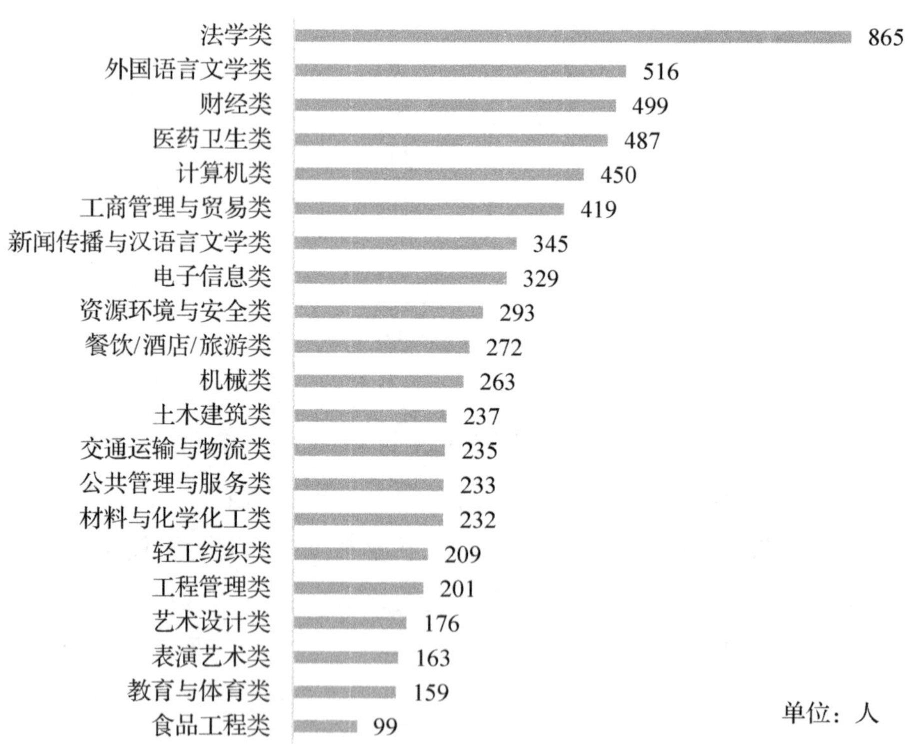

图 1-14　东莞高校各专业类别单一专业点人才培养容量

二、东莞重点产业人才需求状况分析

为更好地了解东莞市重点产业对人才的需求状况，课题组采用每季度动态跟踪的形式，在前程无忧、智联招聘、智通人才等 3 大主流招聘网站上连续跟踪我市的在线职位情况，总结东莞产业人才需求的特点。

（一）东莞重点产业发展方向概述

东莞以制造业立市，工业实力雄厚，已形成了电子信息、装备制造、纺织服装、食品饮料、纸制品业、文玩制造、家具制造、化工制造、包装印刷等“五大支柱、四大特色”产业体系。2019 年，全市完成工业增加值 5361.50 亿元，占全市生产总值（9482.50 亿元）的 56.54%；其中规模以上工业“五大支柱”产业增加值占比 30.67%（2907.86 亿元），规模以上工业“四大特色”产业增加值占比 3.95%（374.69 亿元）（见表 2-1）。近年来，东莞以粤港澳大湾区、深圳建设中国特色社会主义先行示范区、广东省制造业供给侧结构性改革创新实验区“三区”建设为契机，全力打造大湾区先进制造业中心和全球先进制造创新领航城市。2020 年，东莞正式发布《东莞市现代产业体系中长期发展规划纲要（2020—2035 年）》，提出大力发展新一代信息技术、高端装备制造、新材料、新能源、生命科学和生物技术等 5 大新兴产业，构筑东莞产业体系新支柱，预计到 2025 年新兴产业总产值将超过 40000 亿元，增加值占 GDP 比重超过 32%；同时加快发展现代服务业、超前布局未来产业、提升发展传统产业（见表 2-2）。

表 2-1　2019 年全市规模以上工业“五大支柱、四大特色”产业相关指标

重点产业领域		企业数量（家）	工业增加值		从业人数（万人）
			工业增加值（亿元）	占 GDP 比例	
五大支柱产业	电子信息制造业	1648	1496.61	15.78%	73.77
	电气机械及设备制造业	2771	827.41	8.73%	62.88
	纺织服装鞋帽制造业	1152	295.85	3.12%	29.08
	食品饮料加工制造业	146	101.63	1.07%	3.72
	造纸及纸制品业	371	186.36	1.97%	7.26
四大特色产业	玩具及文体用品制造业	409	124.00	1.31%	15.74
	家具制造业	460	90.27	0.95%	7.95
	化工制造业	360	84.76	0.89%	3.45
	包装印刷业	224	75.66	0.80%	5.53

表 2-2　东莞市重点新兴产业（五大领域十大产业）发展预期性指标

五大领域	十大产业	2025 年预期产值（亿元）
新一代信息技术产业	新一代人工智能	>24000
	新一代信息通信	
	智能终端	
高端装备制造业产业	工业机器人	>11000
	高端智能制造装备	
新材料产业	先进材料	>2000
新能源产业	新能源汽车	>2000
	高性能电池	
生命科学和生物技术产业	生物医药	>1000
	高端医疗器械	

（二）重点产业人才需求状况分析

1. 信息技术与电子信息产业人才需求最为旺盛[①]。

2020 年，东莞市重点产业领域[②]月均发布在线职位 6.96 万个，占全市月均在线职位总量（8.42 万个）的 82.59%。从学历层次看，重点产业领域在线职位中要求博士和硕士学历的占比 0.63%，要求本科学历的占比 15.62%，要求大专学历的占比 39.51%，要求大专及以上学历的职位占比超过一半（55.76%）。从产业领域看，信息技术与电子信息产业月均在线职位数量最多（2.94 万个），占全市月均在线职位总量的 34.89%；其次分别是现代服务业（1.86 万个）、装备制造业（1.03 万个）、能源环保业（0.53 万个）、金融业（0.37 万个）、生物与新医药（0.23 万个）（如图 2-1 所示）。从细分行业看，重点产业领域中电子技术/半导体/集成电路月均在线职位数量最多（1.32 万个，占比 19.04%），排在前五的还有机械/设备/重工（0.7 万个，占比 10.02%）、互联网/电子商务（0.58 万个）、计算机

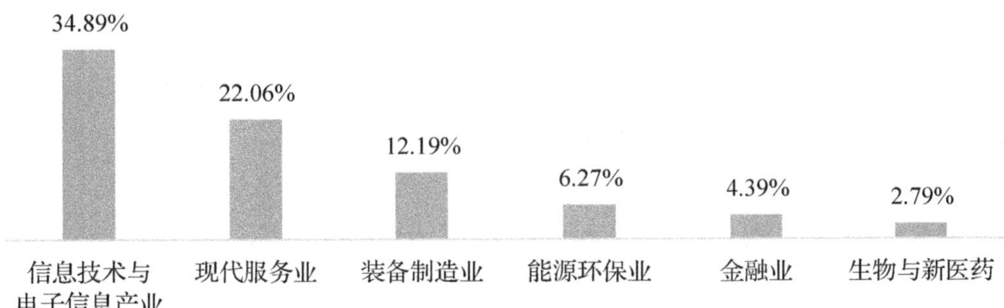

图 2-1　6 大重点产业领域月均在线职位数量占比

---

① 数据来源：2020 年，东莞人才发展研究院每季度末在前程无忧招聘网站上连续跟踪粤港澳大湾区城市（不含香港、澳门）6 大重点产业领域的在线职位情况（统计近一月在线职位情况），同一职位每月只记一次。

② 重点产业领域：包括信息技术与电子信息产业、现代服务业、装备制造业、能源环保业、金融业、生物与新医药等 6 大产业。

软件（0.53 万个）、教育/培训/院校（0.37 万个）等 4 个行业（如图 2-2 所示）。

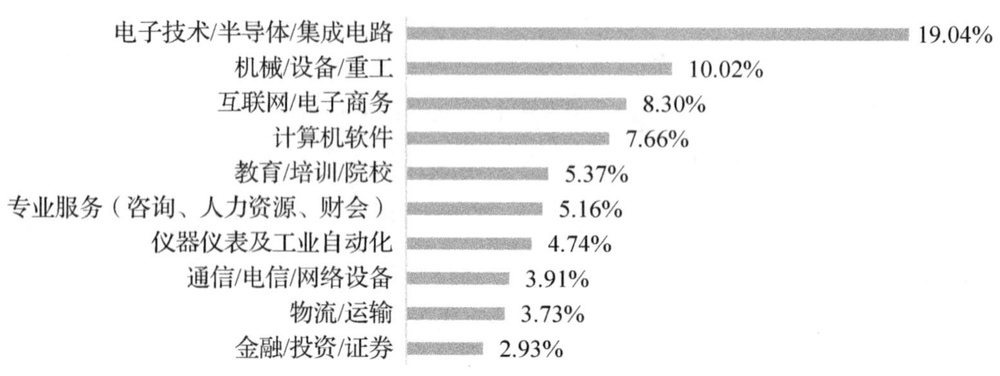

图 2-2　月均在线大学生职位数量排名前十的细分行业

2. 技术类岗位在线职位数量占比超过 1/3①。

以前程无忧实时在线职位为例，2020 年 11 月 20 日东莞企事业单位要求大专以上学历的实时在线职位 6.58 万个，其中要求大专学历的职位占比 73.10%（4.81 万个），本科学历的占比 26.01%（1.71 万个），硕士学历以上的占比 0.89%（587 个）。从岗位职能看，技术类岗位②职位数量累计占比 36.09%，其中计算机与电子信息类（14.31%）和机械与能源化工类（12.40%）职位数量最多（如图 2-3 所示）。从不同职能岗位学历要求看，法学类职位学历要求最高，要求本科以上学历的职位占比 67.35%；要求本科以上学历的职位占比超过 30%的还有教育与体育类、计算机与电子信息类、财经类、外国语言文学类和医药卫生类等 5 类职位。此外，要求硕士以上学历的职位中，约 8 成为计算机与电子信息类、机械与能源化工类、医药卫生类等专业技术岗位（如图 2-4 所示）。

① 数据来源：2020 年 11 月 20 日，课题组在前程无忧招聘网站上采集的实时数据。

② 技术类岗位：包括计算机与电子信息类、机械与能源化工类、土木建筑类、艺术设计类、医药卫生类、轻工纺织类、资源环境与安全类等岗位类别。

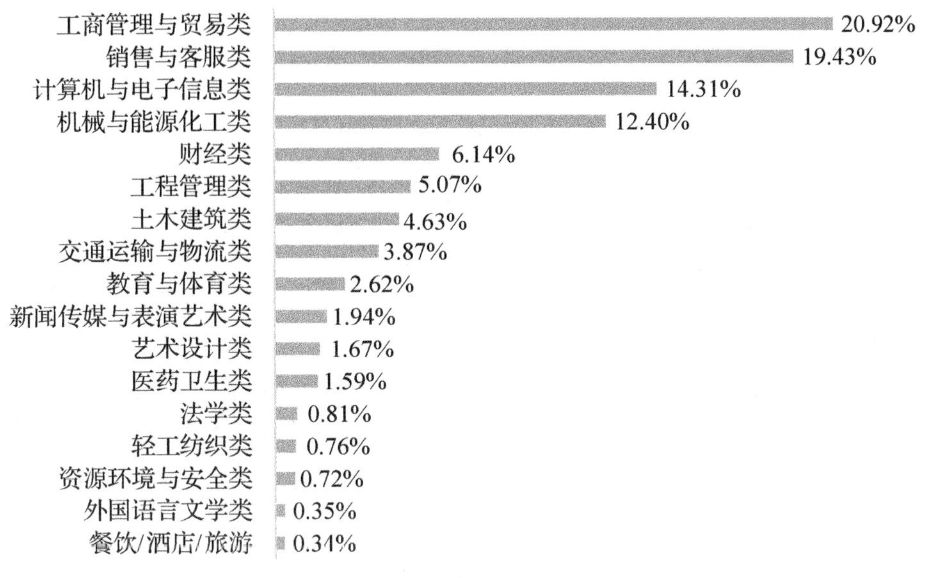

图 2-3 各职能类别在线职位数量占比

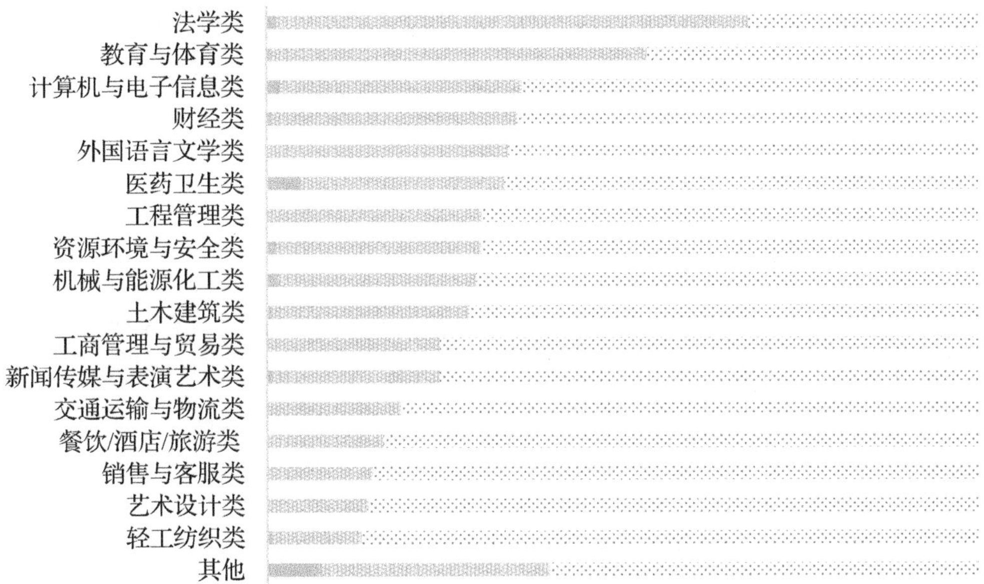

图 2-4 不同职能类别在线职位学历需求结构

（三）重点企业人才需求状况分析①

“倍增计划”对东莞产业高质量发展具有引领作用，故以“倍增计划”试点企业人才需求为代表，分析东莞重点企业人才需求情况。课题组选取学历要求为大专以上、工作经验在3年以下、工作地点在东莞市内的在线职位（以下简称“在线毕业生职位”），深入剖析东莞重点企业人才需求情况。

1. 技术类人才需求旺盛，以电子信息与机械类人才为主。

以2019年8月为例，“倍增计划”试点企业发布在线毕业生职位2666个，招聘毕业生5265人，其中研究生需求人数占比0.87%，本科毕业生占比25.89%，大专毕业生占比73.24%。从岗位序列看，研发与生产技术类和IT技术类等技术类岗位人才需求占比近半（46.93%），市场营销与销售类岗位人才需求（25.05%）也十分旺盛（如图2-5所示）。技术类岗位人才需求中，电子信息与机械类人才需求最多（65.12%），计算机类人才（15.70%）也存在较大需求，

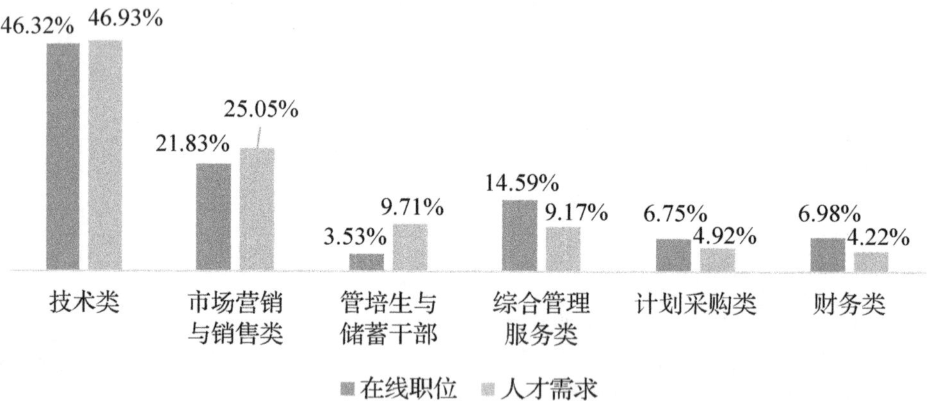

图2-5 “倍增计划”试点企业各岗位序列在线职位及人才需求结构

① 2019年下半年，东莞市“倍增计划”试点企业（含名誉试点、市级试点，以下简称“倍增企业”）累计发布在线职位4.83万个次，月均在线职位8042个（大专以上学历要求4707个），其中8月份在线职位数量最多，故以8月份数据作为分析蓝本。

二者占技术性岗位人才需求总量的比例为 80.82%，占倍增企业人才需求总量的比例为 37.93%（如图 2-6 所示）。

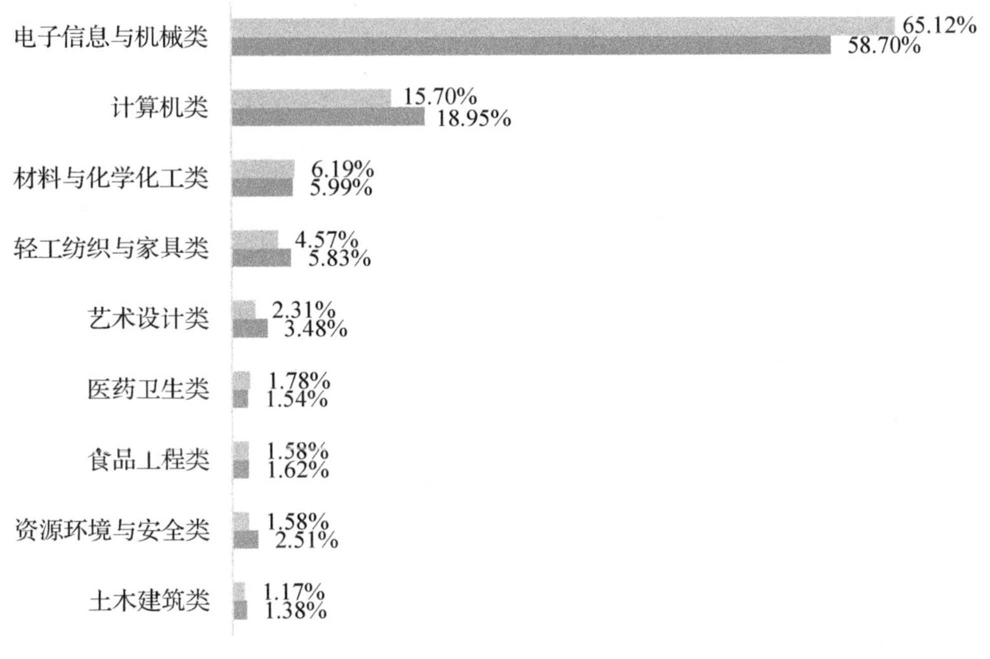

图 2-6 “倍增计划”试点企业技术类岗位类别及人才需求结构

2. 技术类岗位薪资水平较高，计算机类平均月薪近万元。

“倍增计划”试点企业在线毕业生职位平均薪资为 7326 元，中位数为 6500 元，其中月薪水平在 4000～7999 元的职位数量占比 64.42%，8000 元及以上的占比 31.28%（如图 2-7 所示）。从岗位序列看，技术类岗位薪资水平相对较高（8040 元/月），月薪在 8000 元及以上的职位数量占比 42.31%；市场营销与销售类（7522 元/月）岗位平均薪资水平略低于技术类岗位（如图 2-8 所示）。技术类岗位中，面向计算机类人才的岗位薪资水平最高（9503 元），月薪在 8000 元以上的岗位占比 52.14%（如图 2-9、图 2-10、图 2-11 所示）；其次分别是电子信息与机械类、轻工纺织与家具类、材料与化学化工类、土木建筑类、艺术设计类、资源环境与安全类、医药卫生类以及食品工程类（见表2-3）。

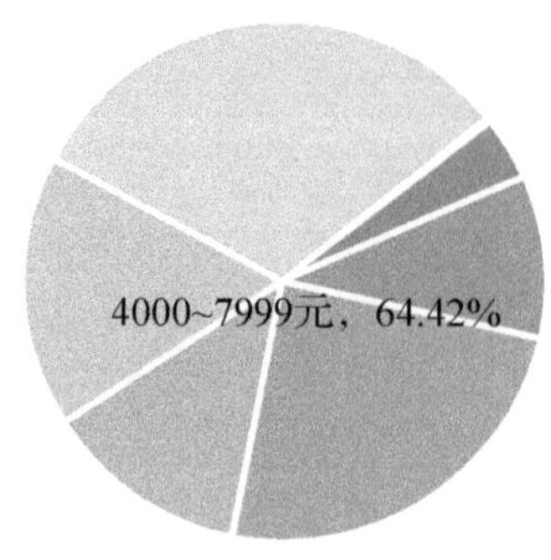

图2-7 “倍增计划”试点企业在线毕业生职位薪资结构

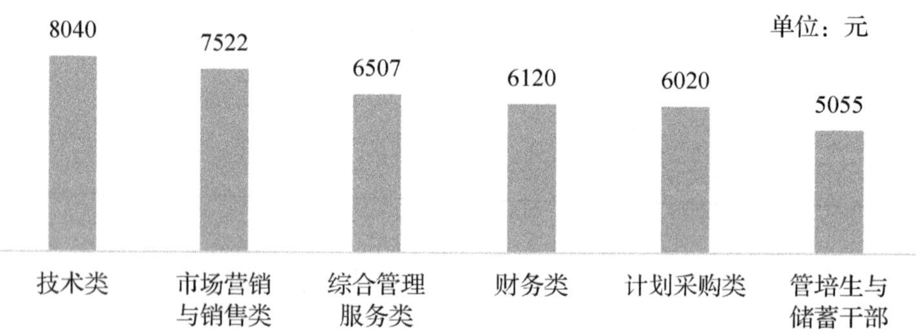

图2-8 “倍增计划”试点企业各岗位序列在线职位平均薪资水平

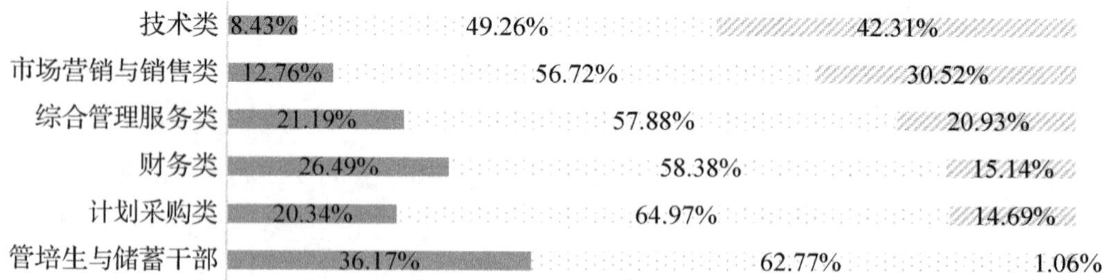

图2-9 “倍增计划”试点企业各岗位序列薪资结构

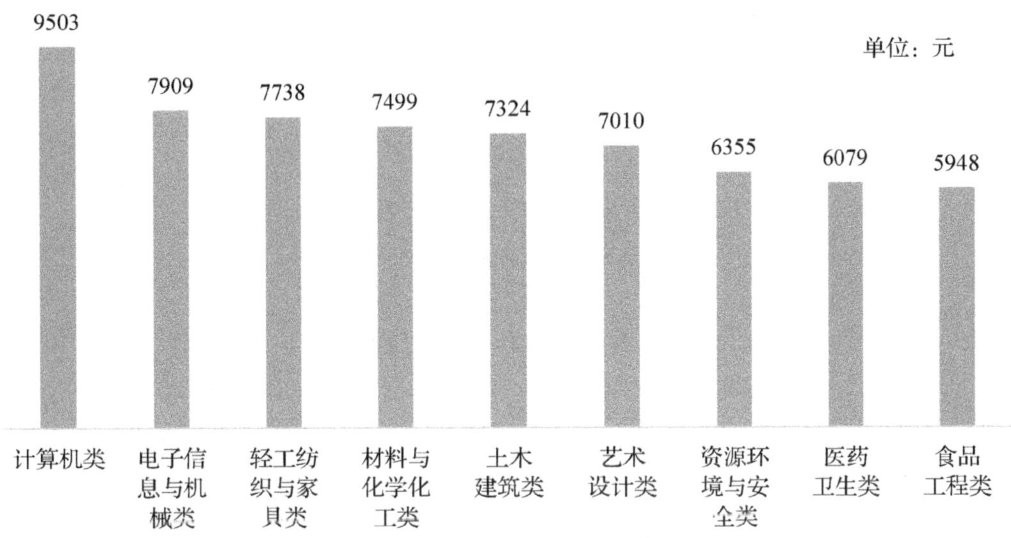

图 2-10 “倍增计划”试点企业各类技术类岗位平均薪资水平

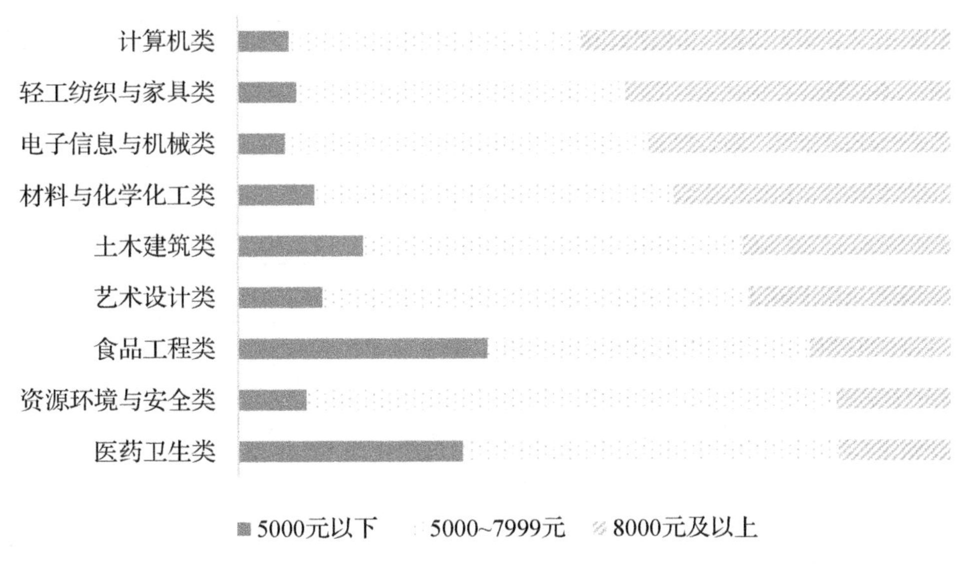

图 2-11 “倍增计划”试点企业各类技术类岗位薪资结构

表 2-3　　各岗位序列涵盖岗位类别和对应专业类别

岗位序列	涵盖岗位类别	对应专业
研发与生产技术类	研发岗位	对应专业
	生产技术岗位	
IT 技术类	计算机系统软件开发工程师、数据库与算法工程师、系统软件运营维护工程师	计算机类
市场营销与销售类	电子商务岗位、营销策划岗位、业务销售岗位	工商管理与贸易类
管培生与储蓄干部	管培生、储干	—
综合管理服务类	法务	律法类
	翻译	外国语言文学类
	报价工程师、体系工程师	工程管理类
	中高层管理岗位、行政专员/助理、文员、人力资源岗位、后勤管理岗位	工商管理与贸易类
计划采购类	PMC 主管/专员、采购岗位	对应行业
	仓储物流岗位	交通管理与物流类
财务类	财务、会计、报关员、审计、证券代表	财经类

（四）创新型高层次人才[①]需求情况

引进和培养创新型高层次人才，实现“高端引领”，是我市人才队伍建设的重要内容。2019 全年东莞市企事业单位发布在线硕博人才需求职位累计 1092 个[②]。具体情况如下：

① 本报告将创新型高层次人才定义为“具有硕士及以上学历的人才”。

② 该报告中的人才需求仅包含招聘单位在 3 大主流招聘网站发布的在线职位需求情况，不含企业内推、外包或在自有网站发布的招聘需求，以及机关事业单位发布的招考公告。

1. 学术/科研类单位对硕博人才需求最旺盛。

2019 年，东莞市企事业单位在 3 个招聘网站发布硕博人才在线职位 3967 次[①]，月均在线职位 330 个，需求 643 人。经过比对去重[②]得出，全年共 448 家单位发布在线职位 1092 个（招聘 2057 人），其中博士职位 128 个（招聘 210 人），硕士职位 964 个（招聘 1847 人）[③]（如图 2-12 所示）。从行业类别看，448 家招聘单位分属 40 个不同行业类别，其中学术/科研类单位（26 家）发布的在线职位（139 个）和人才需求（229 人）最多，包括学术/科研、电子技术/半导体/集成电路在内共有 8 个行业类别的硕博人才需求超过 100 人。全市共 144 家高新技术企业和“倍增计划”企业发布了在线职位 392 个，

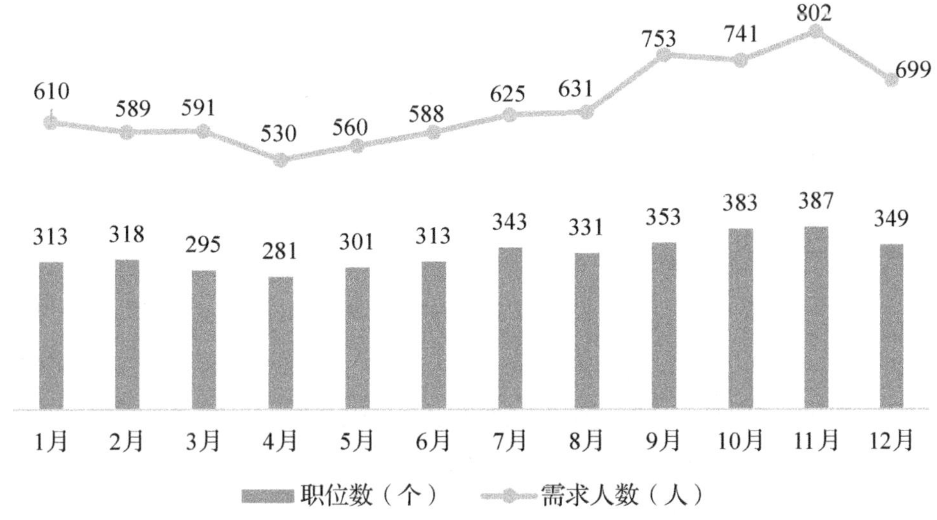

图 2-12　2019 年 1—12 月东莞硕博人才在线职位数量和需求人数

① 每个职位每月记一次。

② 排除同一个职位在线多个月份的情况，即每个职位只计算一次。

③ 招聘人数一栏填写“若干”或“n”的，按 1 人计算；少部分职位最低学历要求放宽至本科或以下（即优先招聘硕士学历人才，优秀的、或有工作经验的、或有职称的本科毕业生亦可考虑），仍按硕士学历计算。

招聘硕博人才 765 人，占在线职位总量的 35.9%和招聘总人数的 37.19%（如图 2-13 所示）。

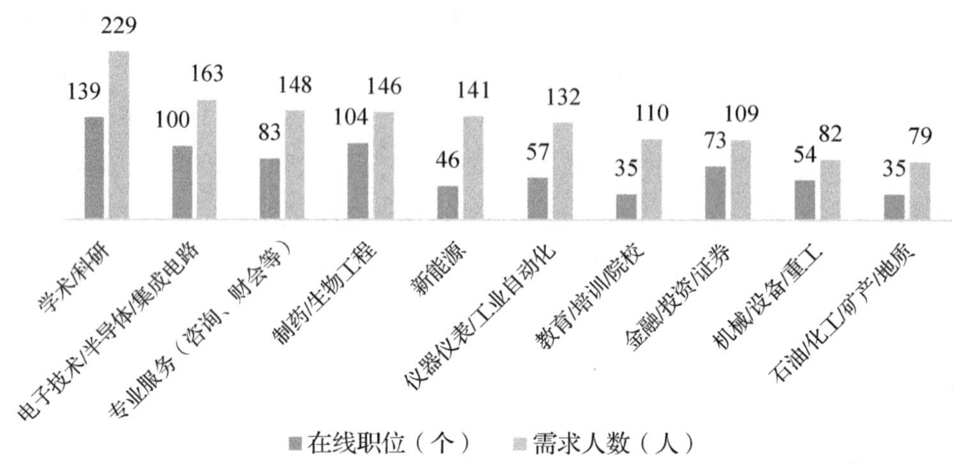

图 2-13　2019 年东莞硕博人才需求数量排名前十的行业

2. 材料类专业背景硕博人才需求最大。

2019 年，东莞市硕博人才在线职位中，有明确专业背景要求（或优先招录）[①] 的职位共 877 个（占在线职位总量的 80.31%），其中面向理工类专业背景的职位共有 703 个（80.16%，招聘 1333 人），面向人文社科学生的职位 216 个（19.78%，招聘 337 人）。从具体专业类别看[②]，面向理工类专业背景的在线职位中，面向材料类专业的职位数量最多（212 个），其需求人数（417 人）比面向人文社科类

① 本报告专业类别划分以《普通高等学校本科专业目录（2020 年版）》为基础，对各职位说明书中明确（或优先招录）的专业背景进行划分，包括哲学、经济学、法学、教育学、文学、历史学、理学、工学、农学、医学、军事学、管理学和艺术学等 13 个学科；因理学、工学、医学 3 个学科彼此交织重叠，故这 3 个学科合并计算，此处“其他学科”指除理学、工学、医学以外的学科；因同一职位可能同时面向不同学科背景的人才进行招聘，故在分类表述中，对该类职位及其需求人数进行重复计算。

② 专业类别：学科门类下设的一级学科，理学下设 12 个专业类别，工学下设 31 个专业类别，医学下设 11 个专业类别；因具体职位人才需求的专业类别难以与《普通高等学校本科专业目录（2020 年版）》一一对应，故在《普通高等学校本科专业目录（2020 年版）》基础上，结合实际情况，将理学、工学、医学下设的专业类别划分为材料类、化学化工类、机械类、生物医药与医学类、计算机类、电子信息类、自动化类、物理学类、数学类、其他理工科类。

专业背景的职位的总需求人数（337 人）还多出 80 人；其后分别是化学化工类、机械类、生物医药与医学类、计算机类、电子信息类、自动化类、物理学类和数学类。

3. 超八成在线职位的月薪①在 8000 元及以上。

2019 年，东莞市硕博人才在线职位的平均月薪为 1.59 万元，中位数为 1.1 万元，其中薪资水平低于平均值的职位占比 62.91%（687 个，招聘 1356 人）②。具体来看，月薪超过 8000 元的职位数量占比 76.10%，其中月薪在 8000~14999 元的职位数量最多（455 个，占比 41.67%）。年薪最高的是东莞材料基因高等理工研究院副院长一职（最高可达 150 万元/年），顶薪③达到 100 万元/年的职位共有 11 个（如图 2-14 所示）。

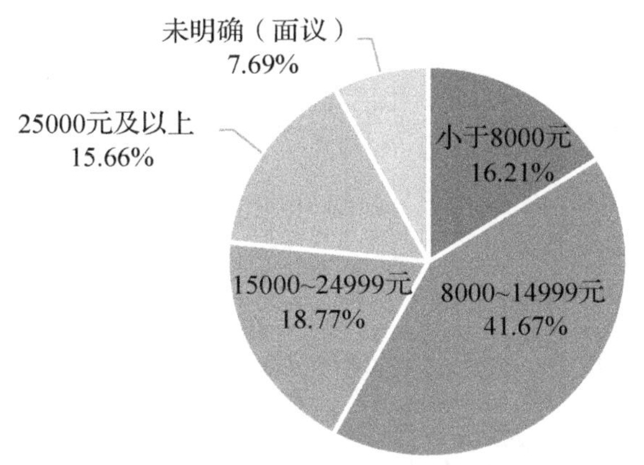

图 2-14　2019 年东莞硕博人才在线职位薪资结构

① 职位薪资取该职位在线显示薪资区间的平均值，特别说明除外；因部分职位薪资为年薪，故所有职位薪资均转换成年薪后再除以 12。

② 职位薪资平均数和中位数计算不含未明确薪资水平的职位。

③ 顶薪指该职位能给到录用者最高的薪资。

三、东莞高校人才培养与重点产业人才需求契合度分析

（一）高校专业设置与重点产业发展方向存在一定偏离

“十三五”期间，东莞第二产业增加值占 GDP 的比重持续上升，2019 年再次超过 50%，产业结构调整为 0.3∶56.5∶43.2（如图 3-1 所示）。东莞高校专业设置中，针对二、三产业的专业布点①分别占比 31.9%（112 个）和 68.1%（239 个），与东莞产业结构存在较为明显的偏离。比如，电子信息类专业布点（12 个）和在校生数量（3949 人）仅占全市总量的 3.4%和 3.2%，远低于电子信息产业在东莞 GDP 中比值（2019 年规模以上电子信息企业增加值占 GDP 的 15.8%）。

51.40% 50.20% 52.70% 53.80% 53.80% 53.40% 53.20% 52.30% 51.10% 56.50%
43.20%
48.20% 49.40% 46.90% 45.90% 45.90% 46.30% 46.50% 47.40% 48.60%

0.40% 0.40% 0.40% 0.30% 0.30% 0.30% 0.30% 0.30% 0.30% 0.30%

2010年 2011年 2012年 2013年 2014年 2015年 2016年 2017年 2018年 2019年

第一产业 第二产业 第三产业

图 3-1　2010—2019 年东莞三次产业占比

从重点新兴产业领域看，直接对应 5 大新兴产业领域的计算机类、电子信息类、机械类、材料与化学化工类、医药卫生类等 5 个重点专业类别（简称“重点专业”），专业布点（34.76%）和在校

① 第二产业对应专业类别包括电子信息类、机械类、材料与化学化工类、土木建筑类、轻工纺织类、资源环境与安全类、食品工程类、医药卫生类。

生数量（37.49%）占全市总量的比重，与《东莞市现代产业体系中长期发展规划纲要（2020—2035年）》提出的“到2025年新兴产业增加值占GDP比重超过32%”基本吻合。但从具体产业领域看，在5大产业领域增加值占比与重点专业占比基本吻合的前提下，新一代信息技术产业2025年预期产值占5大新兴产业领域的60%，但直接对应专业数量仅占重点专业的50.1%；高端装备制造业产业和新能源产业预期产值占比32.5%，直接对应专业占比21.9%；新材料预期产值占比5%，直接对应专业占比3.7%；生命科学和生物技术产业预期产值占比2.5%，直接对应专业占比24.5%，东莞高校专业设置与新兴产业领域发展重点存在一定偏离（见表3-1）。此外，智能制造、新信息技术、新能源、生物工程等高新产业需要的新工科专业仅设置7个专业点，未能满足现代产业发展需求。

表3-1　东莞未来重点发展的新兴产业与对应专业类别

<table>
<tr><th rowspan="2">五大领域</th><th rowspan="2">十大产业</th><th colspan="2">2025年预期</th><th rowspan="2">对应专业</th><th colspan="2">专业布点</th><th colspan="2">在校生</th></tr>
<tr><th>产值（亿元）</th><th>占五大新兴产业比重</th><th>（个）</th><th>占重点专业布点比例</th><th>（万人）</th><th>占重点专业在校生比例</th></tr>
<tr><td rowspan="3">新一代信息技术产业</td><td>新一代人工智能</td><td rowspan="3">超过24000</td><td rowspan="3">60%</td><td rowspan="2">计算机类</td><td rowspan="2">42</td><td rowspan="2">34.4%</td><td rowspan="2">1.9</td><td rowspan="2">41.4%</td></tr>
<tr><td>新一代信息通信</td></tr>
<tr><td>智能终端</td><td>电子信息类</td><td>12</td><td>9.85</td><td>0.4</td><td>8.7%</td></tr>
<tr><td rowspan="2">高端装备制造业产业</td><td>工业机器人</td><td rowspan="2">超过11000</td><td rowspan="2">27.5%</td><td rowspan="4">机械类</td><td rowspan="4">38</td><td rowspan="4">31.1%</td><td rowspan="4">1.0</td><td rowspan="4">21.9%</td></tr>
<tr><td>高端智能制造装备</td></tr>
<tr><td rowspan="2">新能源产业</td><td>新能源汽车</td><td rowspan="2">超过2000</td><td rowspan="2">5%</td></tr>
<tr><td>高性能电池</td></tr>
</table>

续表

<table>
<tr><td rowspan="2">五大领域</td><td rowspan="2">十大产业</td><td colspan="2">2025 年预期</td><td rowspan="2">对应专业</td><td colspan="2">专业布点</td><td colspan="2">在校生</td></tr>
<tr><td>产值（亿元）</td><td>占五大新兴产业比重</td><td>（个）</td><td>占重点专业布点比例</td><td>（万人）</td><td>占重点专业在校生比例</td></tr>
<tr><td>新材料产业</td><td>先进材料</td><td>超过 2000</td><td>5%</td><td>材料与化学化工类</td><td>7</td><td>5.7%</td><td>0.2</td><td>3.7%</td></tr>
<tr><td rowspan="2">生命科学和生物技术产业</td><td>生物医药</td><td rowspan="2">超过 1000</td><td rowspan="2">2.5%</td><td rowspan="2">医药卫生类</td><td rowspan="2">23</td><td rowspan="2">18.9%</td><td rowspan="2">1.1</td><td rowspan="2">24.5%</td></tr>
<tr><td>高端医疗器械</td></tr>
</table>

（二）在校生专业结构与职能岗位人才需求结构不吻合

从在校生专业结构与在线职位职能结构看，在不计销售与客服类岗位的情况下，人文社科类在校生占比（55.49%）远高于对应岗位在线职位数量占比（47.96%），特别是财经、外国语言文学、新闻传媒与表演艺术、餐饮/酒店/旅游等 4 类专业的人才供给明显饱和，比如财经类专业在校生占比（1.9 万人，15.59%）与其对应岗位在线职位数量占比（6.14%）的偏差值达到 9.45%；理工类在校生占比（35.32%）低于对应岗位在线职位数量占比（47.04%），机械、材料与化学化工、土木建筑等专业的人才基本处于供不应求的状态；医药卫生类在校生占比（9.20%）高于对应岗位在线职位数量占比（1.98%），主要是广东医科大学作为一所医学专业院校，人才培养形成了规模（见表 3-2）。

表 3-2　　在校生专业结构与在线职位职能机构比对

A	B	C	D	E
岗位类别	在线职位占比	对应专业类别	在校生占比	D-B
销售与客服类	一般不限专业			
工商管理与贸易类	25.96%	工商管理与贸易类	15.10%	-10.86%
机械与能源化工类	15.39%	机械类、材料与化学化工类	9.53%	-5.86%
工程管理类	6.30%	工程管理类	1.16%	-5.14%
交通运输与物流类	4.80%	交通运输与物流类	2.12%	-2.68%
土木建筑类	5.74%	土木建筑类	3.12%	-2.63%
教育与体育类	3.26%	教育与体育类	1.05%	-2.21%
资源环境与安全类	0.90%	资源环境与安全类	0.96%	0.06%
轻工纺织类	0.95%	轻工纺织类	1.54%	0.59%
计算机与电子信息类	17.76%	计算机类、电子信息类	18.76%	1.00%
法学类	1.01%	法学类	2.13%	1.12%
艺术设计类	2.07%	艺术设计类	3.32%	1.25%
餐饮/酒店/旅游类	0.42%	餐饮/酒店/旅游类	2.68%	2.26%
新闻传媒与表演艺术类	2.40%	新闻传播与汉语言文学类 表演艺术类	5.87%	3.47%
翻译类	0.43%	外国语言文学类	7.62%	7.19%
医药卫生类	1.98%	医药卫生类	9.20%	7.22%
财经类	7.61%	财经类	15.59%	7.97%
其他	3.01%	—	0.24%	-2.77%

具体来看，在不计销售与客服类岗位的情况下，共有 11 种职能岗位在线职位数量占比，与相应专业在校生数量占在校生总量的比重存在较大偏离（超过 2 个百分点，详见表 3-2）。其中，对应工商管理与贸易类、工程管理类的职能岗位在线职位数量占比，虽远高于其在校生数量占总量的比重，但因其在招聘过程中对专业限定较

松，人才供给已渐趋饱和；对应计算机类、电子信息类的职能岗位在线职位数量占比，与其在校生数量占总量的比重基本相当，主要是因为计算机类专业在校生数量较多，电子信息类专业人才培养规模仍有待扩大。

（三）人才培养学历层次与市场实际需求存在一定偏差

2019 年，东莞企事业单位累计发布在线硕博人才职位 1092 个，招聘具有硕士以上学历人才 2057 名，但东莞高校目前在籍研究生不到 1000 人，培养人数远低于需求人数。其次，东莞企事业单位需求最为旺盛的是材料类、化学化工类、机械类等专业的硕士研究生，而东莞高校已招录硕士研究生培养方向主要为环境工程、计算机和医药卫生类，人才培养专业结构与市场需求存在偏离。

同时，随着高校毕业生数量持续攀升和产业结构不断升级，招聘岗位对应聘人员的学历要求不断提高。以计算机专业为例，东莞职业技术学院（简称“东职”）学生反映，东职计算机专业人才培养方向为前端工程师和后端工程师，但在东职校园招聘会上基本没有该类岗位，而该类别岗位在网络招聘上最低要求为本科，专科学历学生基本找不到专业对口的岗位。软件和信息服务业企业的 HR 表示，在招聘过程中，基本不会给大专及以下学历应聘者发面试邀请。

（四）在校生意向就职镇街与产业发展区域分布不协调

问卷结果显示，意向留莞发展的毕业生绝大部分倾向到主城区和松山湖高新区发展，受访对象中有 58.25% 意向到南城发展，52.20%意向到松山湖发展，48.54%意向到东城发展；仅少部分意向到镇街发展，有 14.64%意向到虎门发展，14.41%意向到厚街发展，10.23%意向到长安发展，14.19%意向到其他镇街发展[①]，这与东莞

① 问卷中该题为不定项选择题，受访对象可同时选择 2 个镇街（园区），故该处为人次数占比。

产业发展的区域分布不协调。以“倍增计划”试点企业在线毕业生职位人才需求为例，南城（4.12%）、东城（5.93%）和松山湖（10.39%）的“倍增计划”试点企业人才需求仅占比20.44%，而其他镇街的占比79.56%；又比如倍增企业（含荣誉企业、试点企业、协同倍增企业）的镇街分布，东莞倍增企业分布在南城（3.21%）、东城（4.88%）和松山湖（6.14%）的仅占比14.23%，分布在其他镇街的占比85.77%；再比如高新技术企业的镇街分布，东莞高新技术企业分布在南城（4.89%）、东城（7.18%）和松山湖（5.10%）的仅占比17.17%，分布在其他镇街的占比82.83%。

四、东莞高校学生留莞意愿及职业发展意向分析

为深入了解东莞高校毕业生留莞情况，在校生留莞意愿和职业发展意愿，课题组深入分析了2016—2019年东莞高校毕业生去向，并赴东莞理工学院和东莞职业技术学院召开2场座谈会，向9所东莞高校应届生（本科四年级、大专三年级）和在籍研究生发放电子调查问卷，共收回有效问卷2809份（87.4%）。

（一）高校毕业生留莞情况分析

2016—2019年，东莞高校累计输出本专科毕业生11.23万人，其中就业（10.62万人）的占比94.62%，升学（3417人）的占比3.04%，其他去向（2624人）占比2.34%。具体情况如下：

1. 东莞高校毕业生留莞率为45.67%，且呈逐年下降趋势。

2016—2019年东莞高校输出毕业生中，留在莞穗深三市发展的占比71.47%（8.02万人），其中留在东莞发展的共5.13万人，留莞率为45.67%（如图4-1所示）。从时间轴看，东莞高校输出毕业生的留莞率呈逐年递减趋势。2016—2019年，东莞高校输出毕业生人

数从 2.38 万人增至 3.07 万人，但每年留莞发展的人数相对稳定在 1.28 万人左右，留莞率从 52.60%下降至 41.68%，约下降 11 个百分点，这与东莞生源占比逐年降低具有重要关联。与此同时，到穗深两市发展的毕业生占比从 23.81%上升至 28.15%，穗深两市人才虹吸效益愈加明显。①

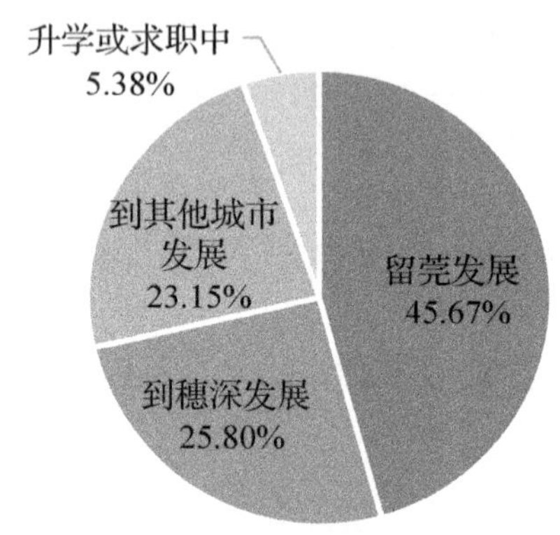

图 4-1　2016—2019 年东莞高校毕业生去向

留莞发展的毕业生中，东莞生源占比 59.78%（3.06 万人）；省内市外生源占比 36.39%（1.87 万人），其中茂名、湛江、梅州、揭阳、汕头、惠州和河源等市均有超过千名毕业生留莞发展；省外生源占比 2.91%（0.15 万人）。②

从不同生源的留莞率看，东莞生源留莞率约 89.10%，到市外发展的大部分集中在穗深两市；省内市外生源的留莞率为 27%，其中粤东西北等地生源留莞率（31.36%）明显高于珠三角地区生源（17.59%），深广佛三市留莞率最低，与毕业生生源地经济发展情况具有明显关联；省外学生的留莞率为 31.47%。此外，到莞穗深以外城市发展的，约七成回到其生源地所在城市发展（如图 4-2 所示）。

① 2016—2019 年东莞高校毕业到广深两市发展的人数占比分别为 23.81%、24.10%、26.64%和 28.15%。

② 有 0.92%（472 人）生源地不详。

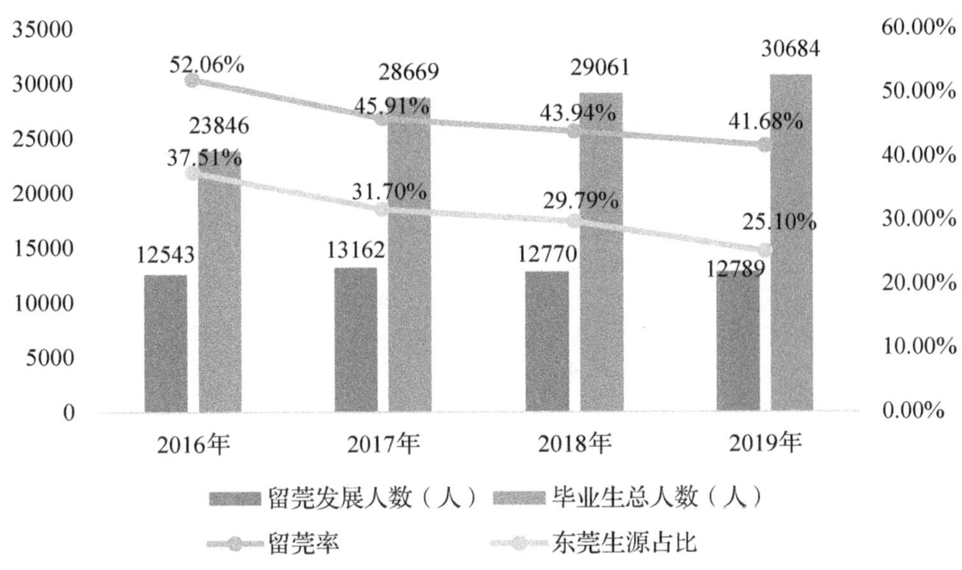

图 4-2　2016—2019 年东莞高校历年毕业生数量、留莞人数及留莞率

2. 理工类专业毕业生占比仅 30.75%，但留莞率相对较高。

2016—2019 年东莞高校输出毕业生中，人文社科类学生占比 60.88%（6.83 万人），理工类学生占比 30.75%（3.45 万人），医药卫生类学生占比 8.37%（0.94 万人）。

留莞发展的毕业生中，人文社科类学生占比 63.73%（3.27 万人），理工类学生占比 34.29%（1.76 万人），医药卫生类学生占比 1.98%（0.1 万人）；排在前五名的具体专业类别分别是财经类、工商管理与贸易类、机械类、计算机类、外国语言文学类（如图 4-3 所示）。

从不同专业的留莞率看，理工类学生的留莞率（50.92%）略高于人文社科类学生（47.80%），医药卫生类学生留莞率仅 10.82%；从具体专业类别看，教育类专业留莞率最高（74.08%），机械类、材料与化学化工类、资源环境与安全类、电子信息类等专业类别毕业生留莞率也排在前列，留莞率超过 50%的 9 个专业类别中有 5 个

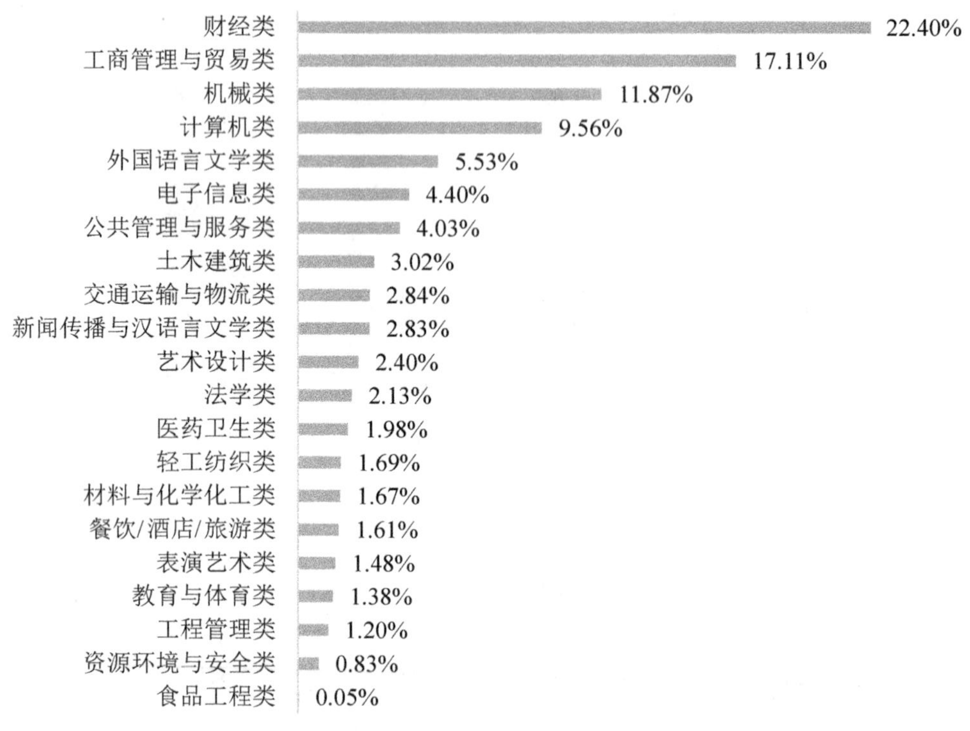

图 4-3　留莞发展高校毕业生的专业结构比例

属于理工类，这与东莞市重点产业发展方向相符（如图 4-4 所示）。

3. 东莞理工学院和东莞理工学院城市学院留莞发展的人数最多，两校留莞率约 65%。

2016—2019 年东莞高校输出毕业生中，本科生占比 70.65%（7.93 万人），专科生占比 29.35%（3.3 万人），其中东莞理工学院城市学院输出毕业生数量（2.01 万人）最多。

留莞发展的毕业生中，本科生占比 62.87%（3.22 万人），专科生占比 37.13%（1.9 万人），其中东莞理工学院城市学院（1.3 万人）和东莞理工学院（1.15 万人）两校学生占比近半（47.82%）（如图 4-5 所示）。

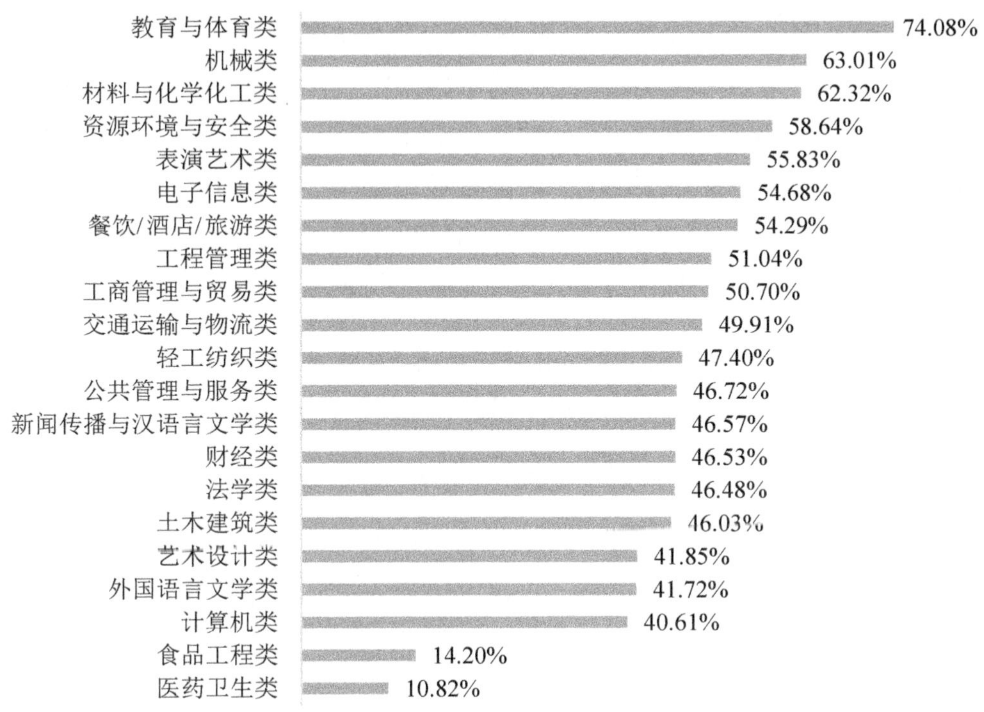

图 4-4 东莞不同学科背景高校毕业生的留莞率排名

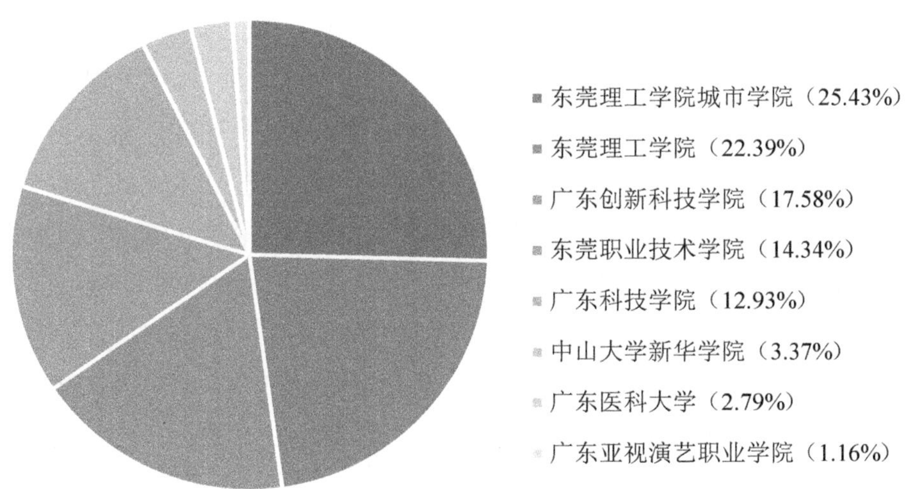

图 4-5 留莞发展毕业生中各校学生占比

从不同学校留莞率看，共有 4 所高校的毕业生留莞率超过 50%，其中东莞理工学院（65. 34%）和东莞理工学院城市学院（64. 80%）毕业生留莞率相当，排在第一和第二位；中山大学新华学院毕业生数量虽排在第 4 位，但大部分都前往穗深两市发展（0. 85 万人，占比 53. 12%），留莞率仅为 10. 83%，排在最后一位，这与中山大学新华学院东莞生源占比低（2. 88%）具有重要关联（如图 4-6 所示）。

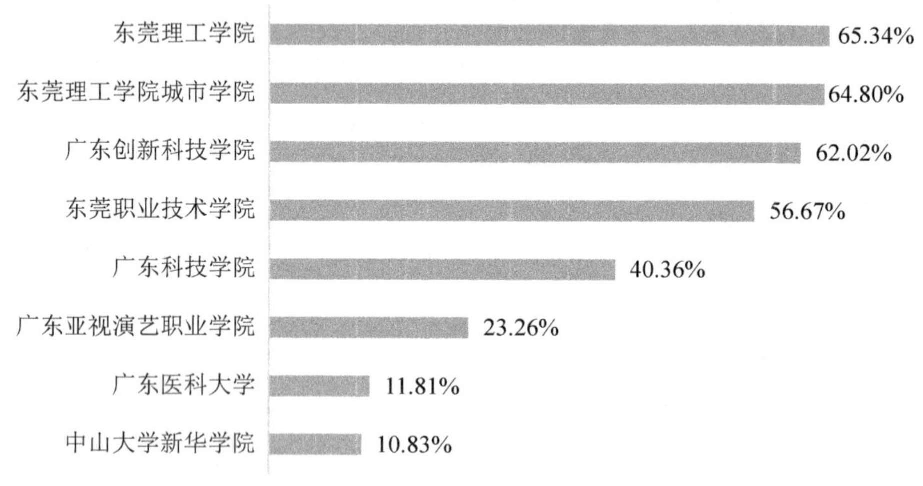

图 4-6　2016—2019 年各校毕业生留莞率

4. 留莞学生进入制造业的超过 1/4，多服务于支柱产业。

2016—2019 年东莞高校输出毕业生中，进入制造业的人数（2. 25 万人）最多，占比 20. 05%；其次分别是租赁和商务服务业、信息传输与软件和信息技术服务业等行业（如图 4-7 所示）。

留莞发展的毕业生中，进入制造业的占比 26. 99%（1. 38 万人），租赁和商务服务业、金融业、信息传输与软件和信息技术服务业等行业占比也都超过 8%（4000 人）（如图 4-8 所示）；从制造业具体产业看，进入制造业的留莞毕业生中，8 成服务于东莞支柱产业和特色产业，其中进入电气机械及设备制造业（24. 05%）和电子信息制造业（18. 14%）的人数最多（如图 4-9 所示）。

制造业 20.05%
租赁和商务服务业 9.13%
信息传输、软件和信息技术服务业 9.06%
批发和零售业 7.57%
卫生和社会工作 7.33%
金融业 6.92%
教育 5.43%
居民服务、修理和其他服务业 5.38%
建筑业 4.08%
科学研究和技术服务业 3.86%
文化、体育和娱乐业 3.23%
公共管理、社会保障和社会组织 2.91%
其他 2.53%
交通运输、仓储和邮政业 1.88%
房地产业 1.88%
住宿和餐饮业 1.86%
水利、环境和公共设施管理业 0.62%
电力、热力、燃气及水生产和供应业 0.61%
农、林、牧、渔业 0.24%
采矿业 0.05%

图 4-7 2016—2019 年东莞高校输出毕业生中进入各行业情况

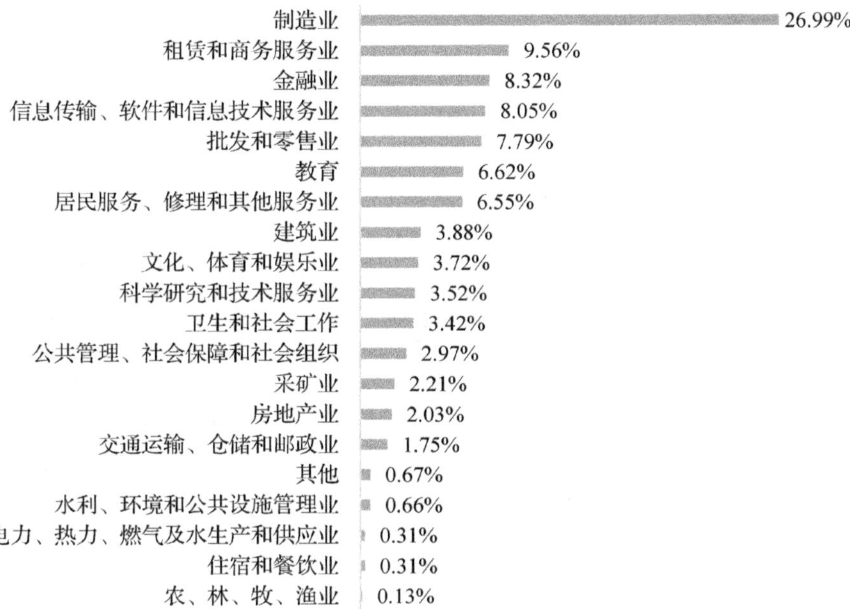

图 4-8 2016—2019 年留莞发展毕业生进入各行业情况

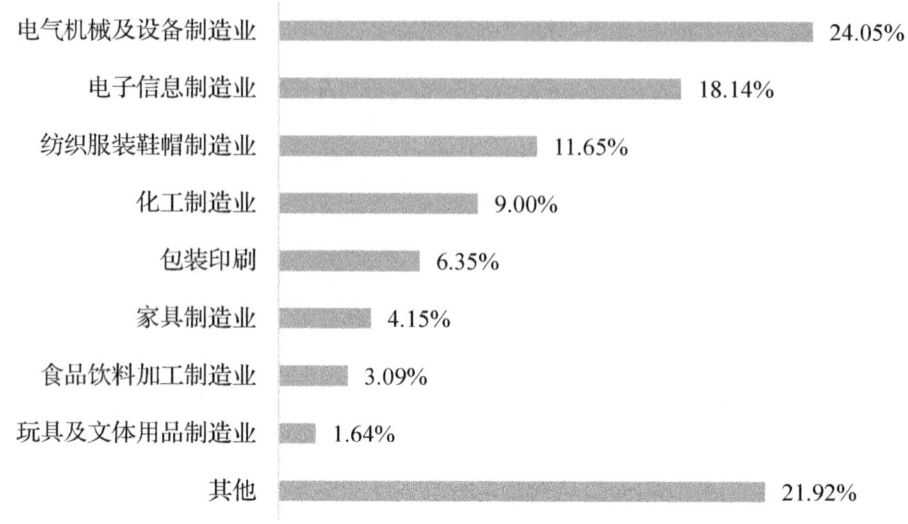

图 4-9　2016—2019 年进入制造业的留莞发展毕业生具体行业去向

5. 毕业生首次就业平均薪酬 3716 元，留莞学生薪资较低。

2016—2019 年东莞高校输出毕业生中，首次就业的平均薪资为 3716 元，本科生（3884 元）比大专生（3304 元）高 580 元，约 7 成毕业生首次就业薪资在 3000~4999 元之间（如图 4-10 所示）。

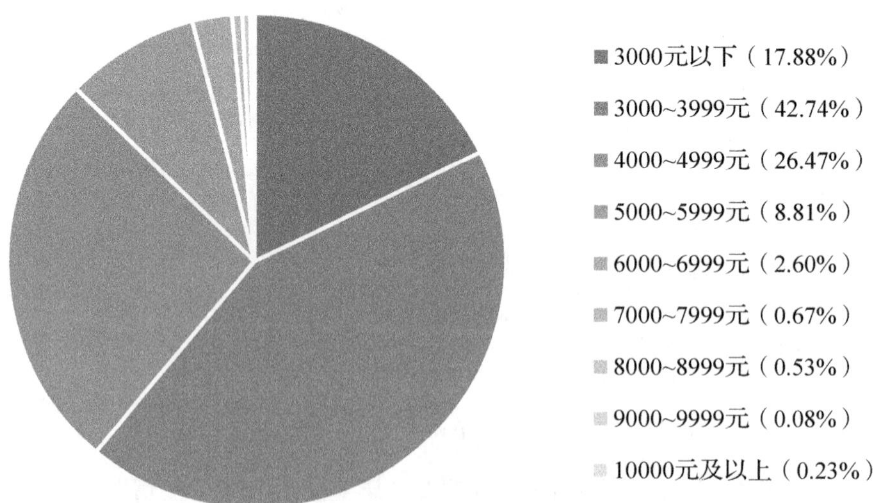

图 4-10　东莞高校毕业生首次就业薪资结构图

从年份看，毕业生首次就业平均薪资增长趋势明显，2019 年较 2016 年高出 944 元（增长 30%），年均增长 9.12%（如图 4-11 所示）。

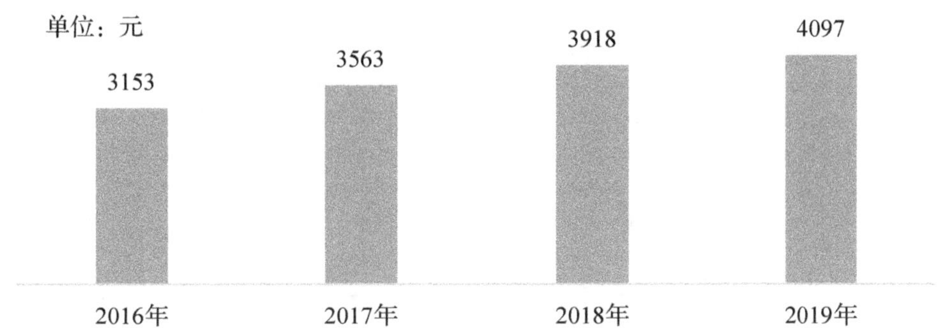

图 4-11 2016—2019 年东莞高校毕业生历年首次就业平均薪资增长情况

从专业看，理工类专业毕业生平均薪酬相对较低，平均薪酬排在前五的专业类别分别是医药卫生类、表演艺术类、法学类、新闻传播与汉语言文学类、工程管理类（如图 4-12 所示）。

从行业看，卫生和社会工作行业平均薪资最高，其次是教育、信息传输与软件和信息技术服务业、科学研究和技术服务业、文化体育和娱乐业等行业（如图 4-13 所示）。

从区域看，留莞发展的毕业生（3505 元）平均薪资低于到市外发展的毕业生（3906 元）；其中到省内市外发展的毕业生，到深圳（4145 元）发展的毕业生的平均薪资排在全省首位，且省内所有城市的毕业生平均薪资均高于留莞发展的毕业生，这与留莞发展毕业生基数大，低薪人员数量庞大存在直接关系；到省外发展的毕业生平均薪资为 4113 元（如图 4-14 所示）。

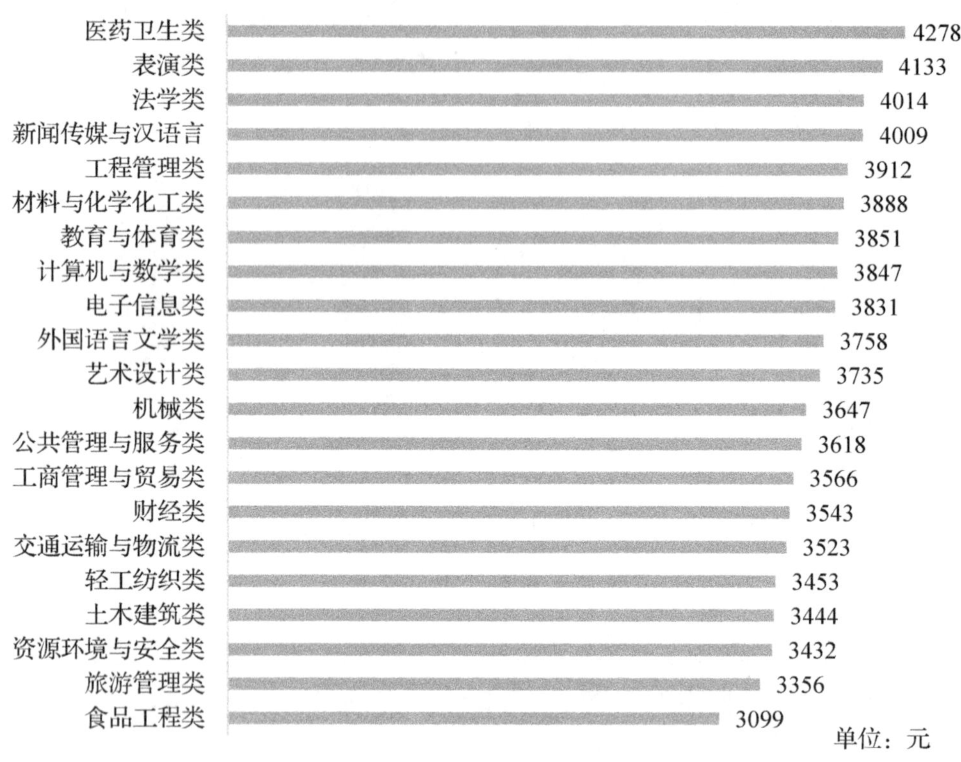

图 4-12　各专业类别毕业生首次就业平均薪资

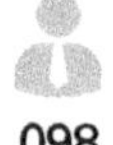

（二）在校生留莞发展意愿分析

1. 在校生毕业留莞发展意愿整体不高，广深两市虹吸效应明显。

问卷结果显示，受访对象毕业后优先选择留莞发展的仅占47.67%，其中表示之后会离莞发展的占18.69%；优先选择到市外发展的占比33.43%，其中表示之后会回莞发展的仅占3.13%，东莞高校在校生整体留莞意愿不强，学历越高留莞发展意愿越低（如图4-15、图4-16所示）。意向到市外发展的学生中，绝大部分倾向到广州（65.50%）、深圳（58.36%）两市发展，广州、深圳两市对东莞高校学生的虹吸效应较为明显；意向到市外发展的非珠三角地区生源

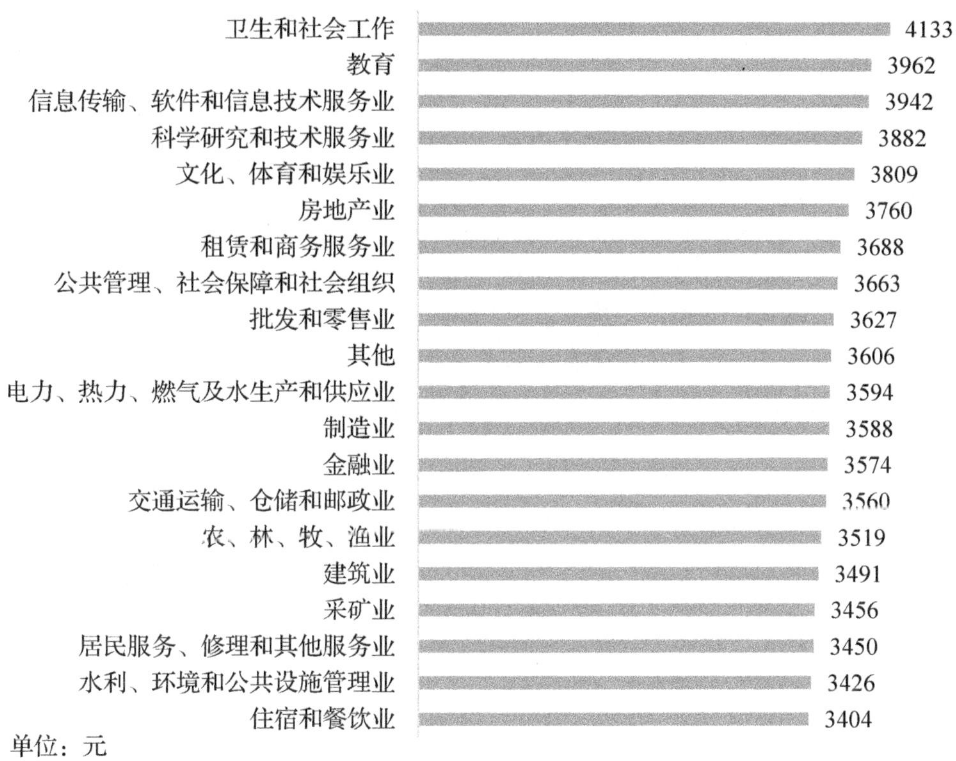

图 4-13　东莞高校毕业生进入各行业的平均薪资

中，约 1/4 选择回到生源地所在城市发展。在问及意向离莞原因时，选择“目标城市经济更加发达，知名企业和就业机会更多”和“目标城市离家更近，亲戚朋友更多”分别占比 38. 55%和 37. 81%，排在第一和第二位（如图 4-17 所示）。

此外，受访大专应届生中约 1/5（209 人）意向通过“专升本”提升学历，其中东莞职业技术学院受访学生中意向通过“专升本”提升学历的占比 28. 01%，应该充分发挥东莞本科院校作用，向大专生开设“专插本”“专升本”渠道（如图 4-18 所示）。

2. 东莞生源毕业留莞发展意愿较强烈，发达地区生源留莞意愿低。

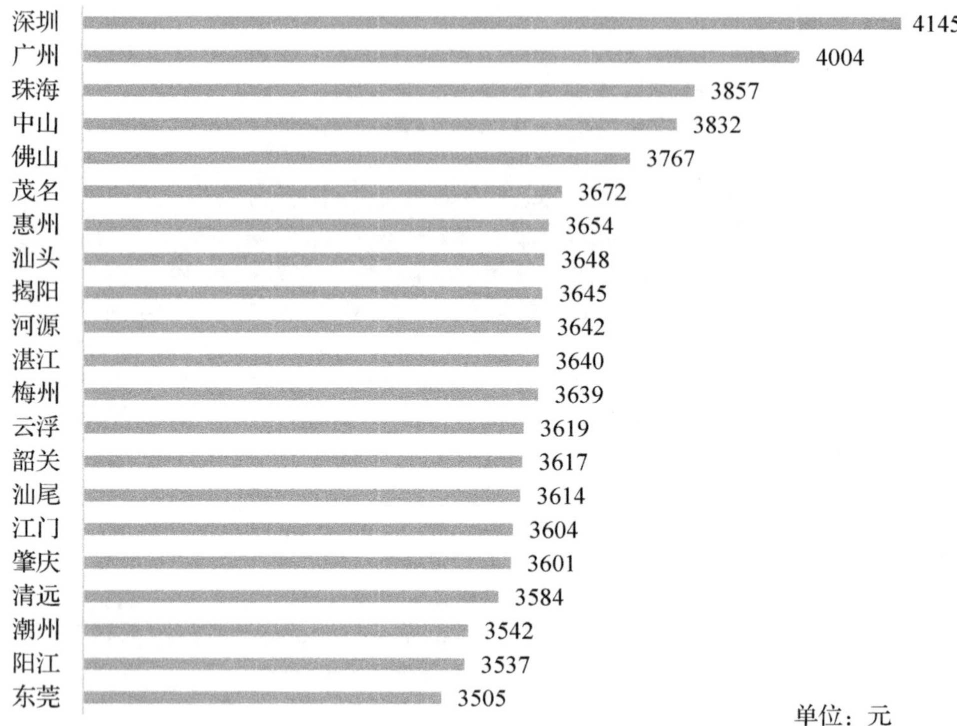

图 4-14 在省内各市发展的毕业生的平均薪资

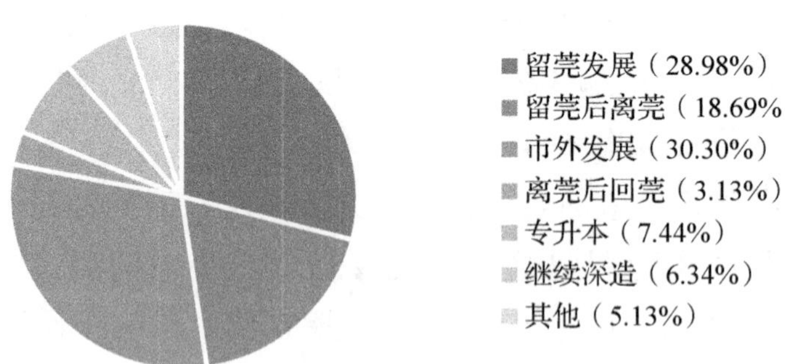

图 4-15 受访对象意向毕业去向

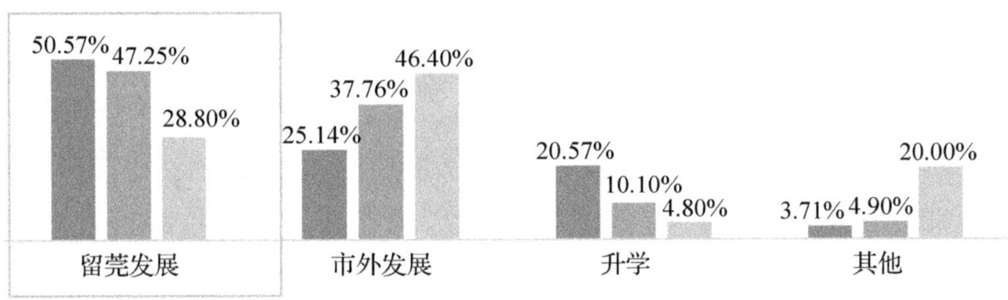

图 4-16　不同学历层次受访对象意向毕业去向

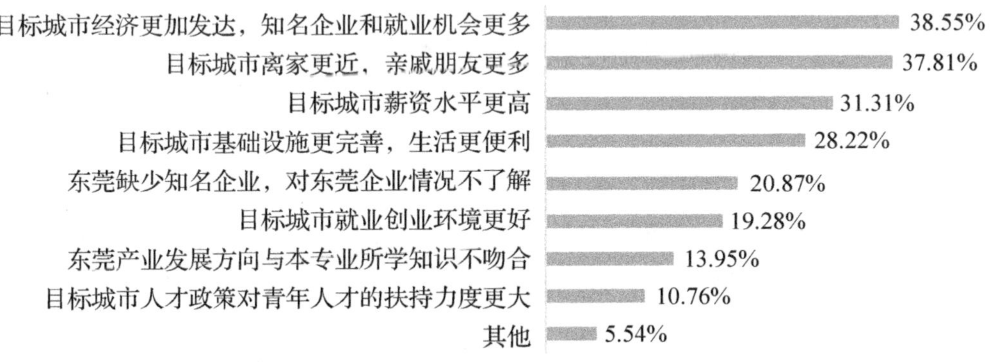

图 4-17　受访对象意向离莞发展的原因

图 4-18　不同院校受访对象意向毕业去向

受访对象中，东莞生源占比 22. 96%（645 人），省内市外生源占比 69. 60%（1955 人），省外生源占比 7. 44%（209 人）。其中，东莞生源毕业留莞发展意愿相对较强（71. 18%），仅少部分（13. 18%）意向离莞发展；省内市外生源意向留莞发展的占比 40. 82%，但其中表示之后会离莞发展的占 20. 77%，留莞意愿受其生源地经济发展程度影响较为明显，粤东西北等地生源留莞意愿（56. 95%）明显高于珠三角地区生源（36. 70%），其中深圳受访生源全部没有长期留莞发展意向；省外生源意向留莞发展的占比 37. 32%，意向考研和出国留学的占比 11%（如图 4-19、图 4-20 所示）。

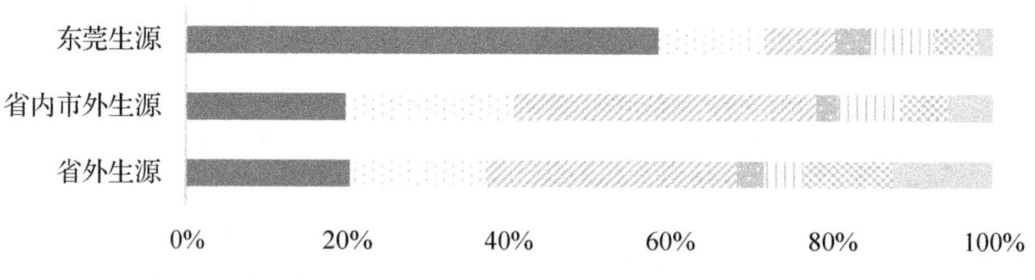

图 4-19　不同地区生源受访对象意向毕业去向

图 4-20　受访的粤东西北和珠三角地区生源意向毕业去向

3. 理工类学生毕业留莞发展意愿较强，留莞意愿受产业影响明显。

受访对象中，理工类学生占比 69. 38%（1949 人），人文社科类学生占比 26. 66%（749 人），医药卫生类学生占比 3. 95%（111 人）。

其中，理工类专业学生（49.82%）留莞发展意愿略高于人文社科类（46.19%），医药卫生类学生更加倾向到市外发展（45.02%）和继续深造（20.72%）（如图 4-21 所示）。受访人数超过 50 人的专业类别中，机械类（62.03%）和电子信息类（54.63%）专业学生意向留莞发展的人数占比分别排在第一和第二位，其后是艺术设计类、新闻传播与汉语言文学类和计算机类等专业类别，符合东莞重点产业发展方向的专业类别的学生毕业留莞发展意愿较强（如图 4-22 所示）。在问及意向留莞原因时，选择“东莞产业发展方向与本专业所学知识吻合，前景可期”的排在第一位（43.17%），东莞高校在校生留莞发展意愿受产业影响明显。此外，电子信息类、财经类、医药

图 4-21　不同专业类别受访对象意向毕业去向

图 4-22　受访对象（受访人数超过 50 人）意向毕业去向

卫生类和机械类等专业类别学生继续升学意愿较为强烈（如图 4-23 所示）。

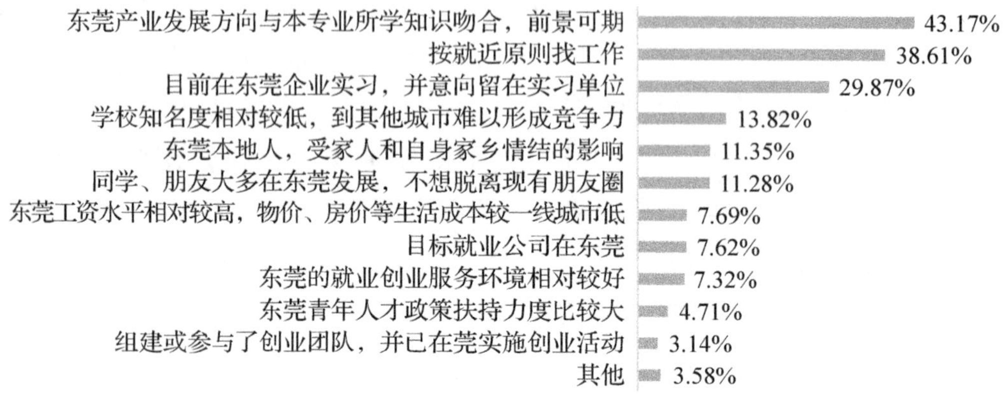

图 4-23 受访对象意向留莞发展的原因

（三）东莞高校在校生职业发展意向分析

1. 理工类和医药卫生类学生更加倾向进入专业对口行业。

问卷结果显示，受访对象意向从事行业排名前五的分别是信息技术服务业（39.9%）、电子信息产业（34%）、党政机关事业单位（29.9%）、教育/培训、广告/媒体，基本符合东莞重点产业发展方向，但与受访对象的专业结构有较大关联（如图 4-24 所示）。

从不同专业类别看，理工类和医药卫生类专业受访对象更加倾向专业对口行业，人文社科类专业受访对象更倾向党政机关事业单位和教育/培训等专业限定较松的行业。具体来看，理工类专业受访对象意向进入的前五个行业分别是信息技术服务业（52.13%）、电子信息产业（48.79%）、党政机关事业单位、装备制造业和教育/培训，其中计算机类专业受访对象意向进入信息技术服务业和电子信息产业的分别占比 65.40%和 51.83%，电子信息工程类专业受访对象意向进入电子信息产业的占比 81.46%，机械类专业受访对象意向

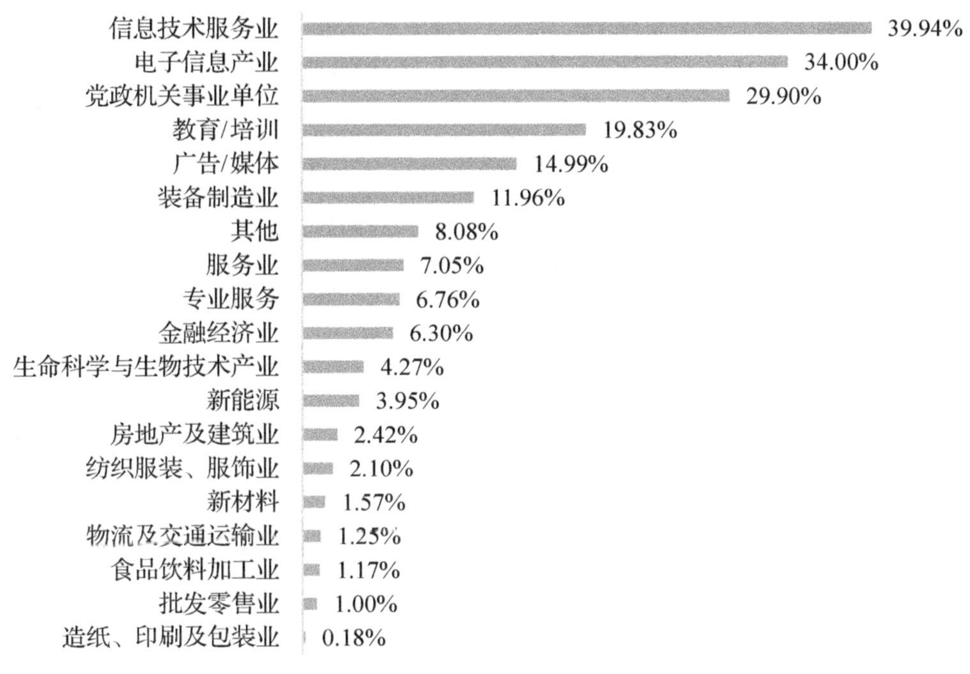

图 4-24 受访对象意向进入各行业的比例

进入装备制造业的占比 60.30%（如图 4-25 所示）；医药卫生类专业受访对象意向进入生命科学与生物技术产业的占比 77.48%（如图 4-26 所示）；人文社科类专业受访对象意向进入党政机关事业单位的（44.33%）排在第一位，其次是教育/培训、广告/媒体、专业服务、金融经济等行业（如图 4-27 所示）。座谈结果也表明，理工类学生对未来意向进入的行业更加清晰，重点关注企业实力；而人文社科类学生对专业对口行业的认识比较模糊，第一选择是进入党政机关事业单位。

此外，专科学生更加倾向进入中小企业发展，本科学生倾向进入大企业和党政机关事业单位，研究生创业意向更强。

2. 在校生首次就业的薪资期望主要集中在 3000~5999 元。

受访对象对首次就业的最低薪资期望主要集中在 3000~5999 元

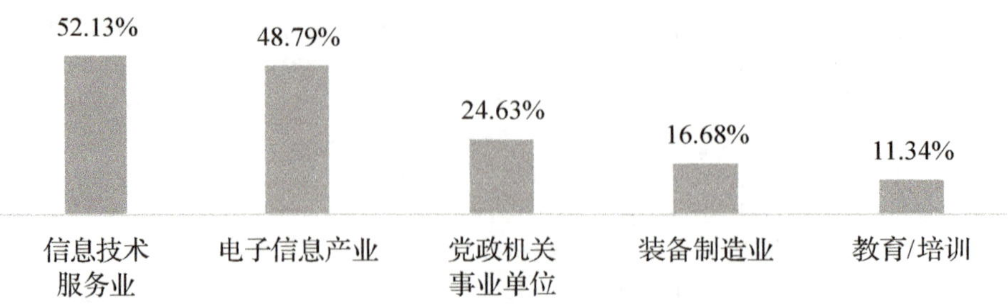

图 4-25 理工类专业学生意向进入行业前五位

图 4-26 医药卫生类专业学生意向进入行业前五位

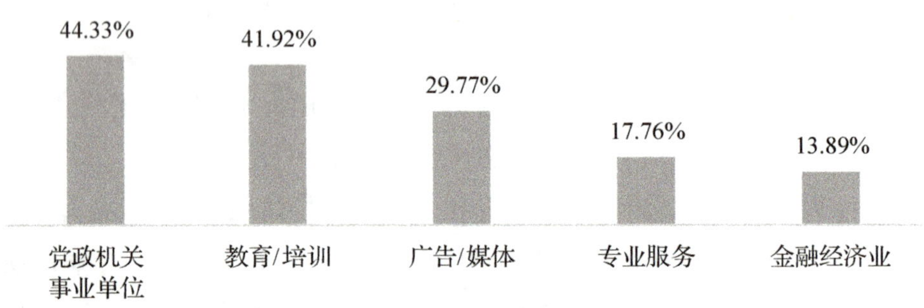

图 4-27 人文社科类专业学生意向进入行业前五位

之间（占比 79.78%），其中近半数（48.19%）受访大专学生对首次就业最低薪资期望在 4000 元以下，4 成（40.65%）本科学生和研究生对首次就业最低薪资期望在 5000 元及以上（如图 4-28、图 4-29 所示）。

意向留莞发展的受访对象中，对首次就业的最低薪资期望在 3000~5999 元之间占比 83.20%，最低薪资期望在 6000 元及以上的

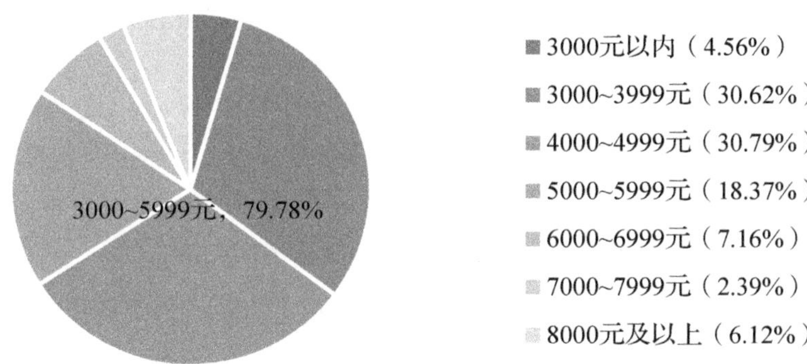

图 4-28　受访对象对首次就业的最低薪资期望结构图

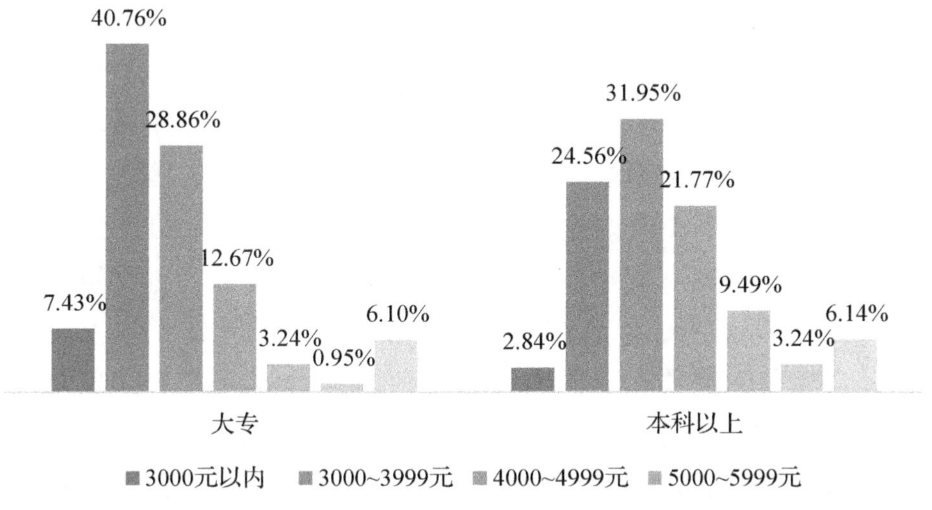

图 4-29　不同学历层次受访对象对首次就业的最低薪资期望结构图

比例（11.95%）较意向到市外发展的（18.32%）低 6.37 个百分点。从专业类别看，医药卫生类和理工类受访对象对首次就业的薪资期望高于人文社科类受访对象，其中首次就业最低薪资期望在 5000 元及以上的，医药卫生类受访对象占比 81.08%，理工类 35.30%，人文社科类占比仅 23.77%（如图 4-30 所示）。

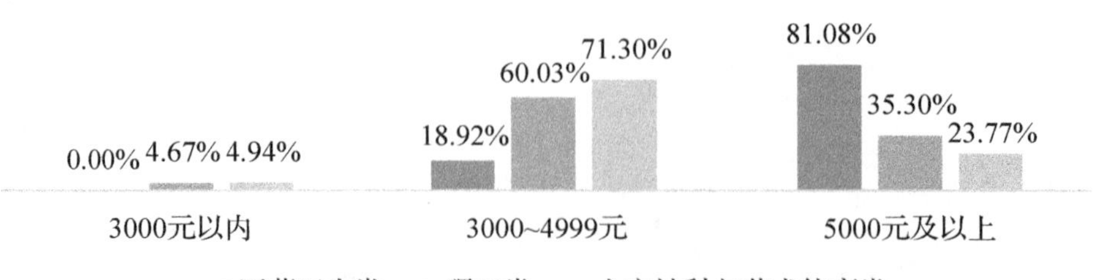

图 4-30 不同专业类别受访对象对首次就业的最低薪资期望结构图

（四）在校生对东莞人才政策的熟知情况和服务诉求

1. 在校生对东莞青年人才政策的熟知程度整体不高。

问卷结果显示，有近 44%的学生对人才政策基本不了解，对新时代创新人才补贴、毕业生基层就业补贴等补贴类项目的认知程度稍微较高（认知比例超过 20%），对于创业类、见习类等资助政策的认知比例普遍低于 10%。这也反映了人才政策在校园的宣传力度有所不足，以及本地高校学生普遍缺少自主创业意识（如图 4-31 所示）。从了解渠道看，问卷结果显示，接近一半的受访学生主要通过微信公众号和朋友圈、学校就业服务信息平台等渠道了解东莞人才政策，仅有 15%的学生是通过政府部门的政策推介而了解的（如图 4-32 所示）。因此，如何充分利用微信推送功能和加强校园就业信息的分享是开展人才政策宣传工作的关键。

2. 职业发展的主要服务诉求为就业信息服务和技能指导。

问卷结果显示，超过一半的学生表示权威的实习就业信息平台及就业、创业技能培训指导是迫切需求的服务，而获得实习补贴或交通补贴（占比 42%）、由政府部门组织实习见习（占比 33. 54%）等实习服务能够增强学生参与就业实习的信心和积极性，也有部分学生希望拓宽社会视野和切实了解东莞城市发展，希望能定期组织到本地知名企业参观和学习（占比 29%）（如图 4-33 所示）。

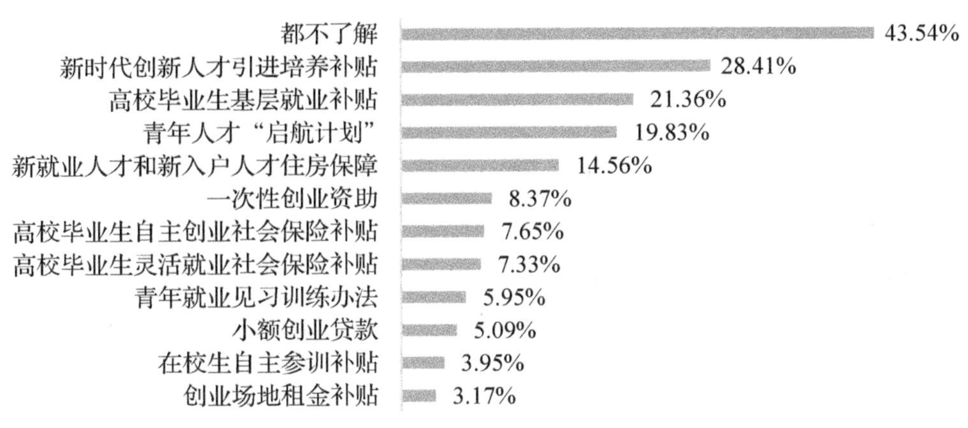

图 4-31 受访对象对东莞人才政策熟知情况

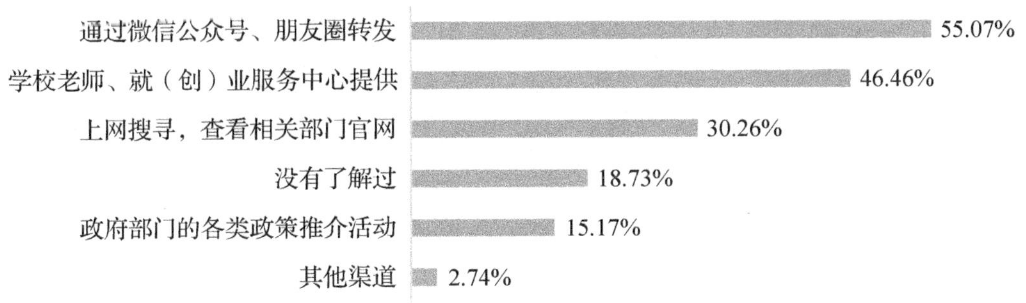

图 4-32 受访对象了解东莞人才政策的主要渠道

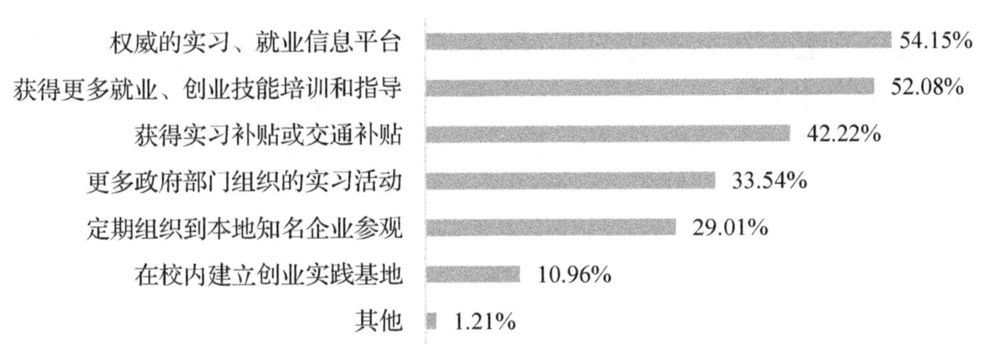

图 4-33 受访对象希望获得的实习、就业与创业相关服务

3. 人才安居是影响在校生毕业留莞发展意愿的重要因素。

问卷结果显示，人才安居是高校学生最为关心的服务，有 78% 的学生认为住房补贴、人才房等安居服务是影响其留莞发展的重要服务，对于交通补贴或折扣通勤卡（45%）、增设通勤专线（33%）等交通服务也是学生较为希望得到的留莞服务（如图 4-34 所示）。结合座谈会内容，组织青年人才联谊会等人才交流活动将有助于为留莞毕业生形成促进成长发展的社交圈、朋友圈。

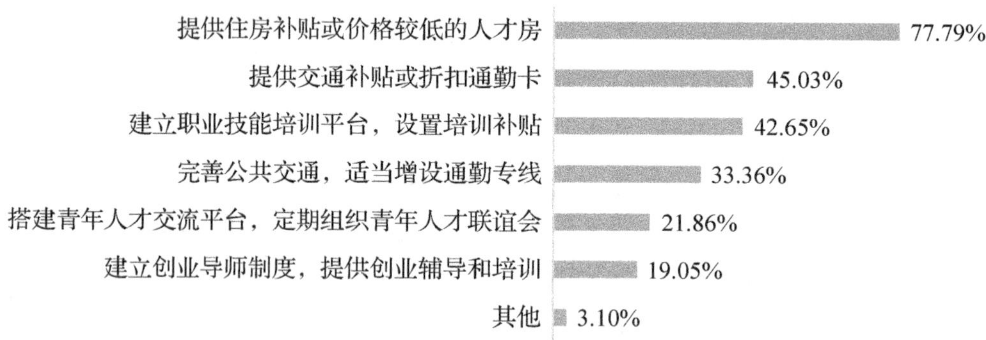

图 4-34 意向留莞发展的受访对象希望获得的相关服务

五、提升东莞高校对产业发展人才支撑的建议

城市综合实力的竞争归根结底是人才的竞争。在粤港澳大湾区，东莞市既面临湾区中心城市对高端人才的竞争，也面临节点城市对技能人才的竞争，而随着珠江两岸交通格局变化，区位优势可能会被弱化，城市间人才竞争将更加激烈。加强东莞高校人才培养与产业发展需求的精准对接，深入挖掘本土人才资源，提高东莞高校毕业生留莞率，对东莞市赢得未来人才竞争和推动东莞高质量发展具有重要意义。

（一）紧扣产业方向，推动高校优化调整专业设置

健全需求导向的学科专业动态调整机制，由相关行业部门牵头，定期统计、科学预测相关产业数据和人才需求数据，建立专业结构与产业结构吻合度预警机制，促进教育链与产业链、创新链有机衔接。围绕广东省战略性新兴产业、先进制造业发展关键任务，以智能制造技术与工程为主攻方向，打造智能制造领域新型优势学科专业群。特别是要聚焦5大新兴产业领域，加大应用型学科专业占比，鼓励东莞高校加强电子信息类、机械类、材料类、化学化工类人才培养，增加相关专业布点和扩大招生规模；推动企业与高校共建二级学院、产业学院，与学校在专业设置、课程开发等方面开展深度合作。结合市场人才需求层次，推动专科院校进行课程改革，调整如计算机专业的人才培养方向，使之与本科以上学历层次的人才培养方向错位发展；鼓励东莞本科院校与专科院校合作办学，推进专科院校开展本科层次职业教育，增加“专升本”和“专插本”学位数量，加强本科学历应用型人才培养；建立以提高实践能力为引领的人才培养流程，创新产教融合、协同育人的人才培养模式，实现专业链与产业链、课程内容与职业标准、教学过程与生产过程对接，进一步培养社会急需人才。

（二）结合产业需求，推动研究生教育学科建设

紧密对接中国散裂中子源、松山湖材料实验室、华为终端与研发总部等区域重大科技产业平台资源，深化产学研结合、科教融合、校企联合，推动研究生教育学科建设。支持东莞理工学院新型高水平理工科大学建设，争取省支持将东莞理工学院列为新增博士学位授权立项建设单位、支持符合条件的学科增列硕士学位授权点，扩大研究生培养规模。高标准推动湾区大学、香港城市大学（东莞）

的研究生教育规划建设，围绕东莞重点产业发展方向和市场人才需求情况，重点开设材料类、化学化工类、机械类、生物医药类、计算机类和电子信息类等应用型专业。支持湾区大学与综合性国家科学中心先行启动区的大科学装置、科研院所和龙头科技企业融合发展，开展新工科探索实践，建设高水平研究大学。依托与国内知名高校合作建立的科研平台，支持国内知名大学在莞设立研究生院，不断扩大高层次创新人才培养规模，为东莞市打造具有全球影响力的湾区创新高地提供更多人才支撑。

（三）走进校园课堂，引导在校生毕业留莞发展

引导高校院系结合东莞产业发展方向和人才需求情况，进一步明确专业人才培养方向，并设立职业规划发展课堂和职业生涯规划比赛，加强学生对所读专业的认识。进一步建立校企、校会交流合作机制，建立一批大学生实（见）习基地，定期或不定期组织在校生到东莞重点企业参观实习；组织一批企业导师进入校园分享行业资讯和心得经验，加强在校生对东莞产业和企业的认知。推动东莞产业方向、人才需求情况、创新创业环境、人才政策优惠等内容的宣讲纳入高校就业指导课，加强在校生对东莞发展环境的整体认知，积极引导毕业生向镇街流动。进一步深挖本土企业优质岗位，大力开展“校园专场招聘活动”“应届高校毕业生专场招聘活动”等专场招聘，同时推进“云上校企洽谈会”，促进毕业生与招聘岗位便捷、精准对接。

（四）加强关怀服务，切实增强在莞青年人才获得感归属感

争取用最好的资源、最优的环境、最佳的服务留住人才，推动人才扎根东莞发展。进一步优化大学生档案挂靠服务，对意向留莞发展的非莞籍毕业生，允许其直接向学校申请将档案转入东莞人才

市场。进一步简化毕业生入户程序，允许非莞籍毕业生先落户后就业，并逐步实现入户“秒批”。用好东莞市青年人才扶持政策，适当扩大政策惠及对象范围，加强在莞青年住房和通勤保障。以青创园、创业孵化基地等为服务阵地，提供全链条创业服务，扶持青年人才创业。支持在莞研究生院开设非全日制研究教育课程，拓宽青年人才成长上升通道；支持东莞高技能公共实训中心和技师工作站建设，大力开展技能培训活动，提升在莞青年技能素质水平。依托青年人才驿站打造青年人才朋友圈的功能，建立青年人才信息服务和交流平台，并与兴趣类、公益类社会组织合作，常态化开展兴趣交流、创意分享、婚恋交友、文化体育等活动，不断扩大青年交流公共活动空间。

粤港澳大湾区人才需求与意向流动趋势研究报告（2020）

人才需求和流动趋势是区域经济发展状况的重要体现。为更好地了解粤港澳大湾区产业经济发展受新冠肺炎疫情和国际形势的影响情况，东莞市人才工作领导小组办公室联合东莞人才发展研究院成立课题组，在《粤港澳大湾区人才需求与流动趋势研究报告（2018年、2019年）》的基础上，对2020年大湾区城市每季度末的人才需求和人才意向流动情况进行动态跟踪和分析①。

在人才需求方面，课题组统计了每季度末粤港澳大湾区城市（不含香港、澳门）七大重点产业②企业在主流招聘网站发布的在线职位数量（月均发布在线职位超过85万个③），以及香港、澳门统计部门公布的主要行业职位空缺数。在人才意向流动方面，课题组统计了2020年每月大湾区人才意向到大湾区其他城市就职的人才简历数量（月均更新14.7万份），以及意向到大湾区就职的海外人才的

① 以国内主流招聘网站前程无忧网的在线职位和活跃简历为数据源，如无特别说明，该报告所有数据均由前程无忧网公开资料统计而得。

② 七大重点产业：主要指电子信息、装备制造、互联网、金融业、现代服务业、生物与新医药、能源环保等七大产业；在具体行业方面，本报告共选取了前程无忧网34个细分行业，详见附件。

③ 不含无学历要求的职位。

简历数量（月均更新 0.35 万份）[①]。

本报告的主要研究结论为：（1）粤港澳大湾区人才需求总量同比缩减，但 2020 年总体呈上升趋势；（2）与医疗器械防护用品生产相关的产业人才需求逆势上涨；（3）深圳人才需求量最大，对高学历人才吸引力最强；（4）大湾区人才流动活跃度有所下降，海外人才更倾向于到深、穗两市发展。以下为报告的具体内容：

一、粤港澳大湾区人才需求趋势

2020 年，新冠肺炎疫情对全国经济与产业发展造成了不同程度的冲击，但随着我国疫情防控取得成效和扶持政策不断加强，全国经济从开局低迷转为逐步回稳向好态势。在大湾区人才需求方面，相关变化体现为：一是地区人才需求总量缩减，但全年总体呈上升趋势；二是部分行业人才需求同比呈逆势增长态势；三是招聘岗位的学历要求进一步提高。

（一）人才需求总量同比缩减，但全年总体呈上升趋势

2020 年，珠三角地区七大重点产业领域月均在线职位 85.27 万个，同比减少 9.20%（8.64 万个）。受新冠肺炎疫情冲击和季节性用工需求的影响，七大重点产业人才需求急速缩减，1 月份在线职位量（60.77 万个）较上年 12 月份（84.05 万个）减少 27.70%（如图 1-1 所示）。而后，随着疫情防控形势和经济持续向好，珠三角城市人才需求呈稳步上升趋势（如图 1-2 所示），第四季度末（91.41 万个）七大重点产业在线职位量较第一季度末（79.29 万个）增长 15.29%（12.12 万个），较上年同期增长 8.75%（7.36 万个）。人才

① 简历中“居住地”表示人才目前所在城市，“期望工作地”表示人才意向到该市就职，简历更新表示人才有流动意向（以下简称“人才意向流动”）。

需求的增长表明了珠三角地区经济迅速恢复并持续向好发展。

图 1-1　2019 年 7 月—2020 年 6 月珠三角地区七大重点产业在线职位量

图 1-2　2019—2020 年珠三角地区七大重点产业每季度末在线职位量

（二）电子信息产业月均在线职位量居首位

从产业领域在线职位量看，电子信息产业和现代服务业产业依旧是七大重点产业人才需求最旺盛的产业领域，两大产业月均在线职位量占比近六成（57.44%），其中电子信息产业（25.1 万个）月均在线职位量重回七大重点产业之首；现代服务业产业月均在线职位 23.88 万个，位列第二；互联网产业月均在线职位 15.36 万个，排在第三位；其后分别是装备制造业（6.61 万个）、金融业（5.7 万个）、生物与新医药（4.6 万个）和能源环保业（4.02 万个）（如图 1-3 所示）。

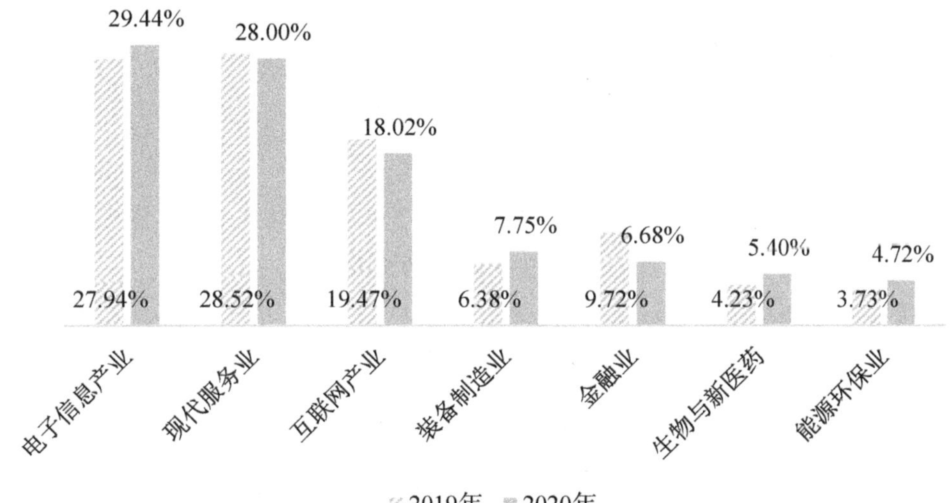

图 1-3　2019 年、2020 年珠三角地区七大重点产业月均在线职位量占比

从细分行业在线职位量看，受新冠肺炎疫情影响，制药/生物工程、物流/运输行业人才需求排名首次进入前十。互联网/电子商务（14.24 万个）依旧是 34 个细分行业中人才需求最强烈的行业，月均在线职位量比排在第二位的电子技术/半导体/集成电路（9.67 万个）多出 4.57 万个。月均在线职位量排名前十的细分行业中，前四位依然是互联网/电子商务、电子技术/半导体/集成电路、计算机软件、教育/培训/院校，后六位较 2019 年的排序略有变化（如图 1-4 所示）。

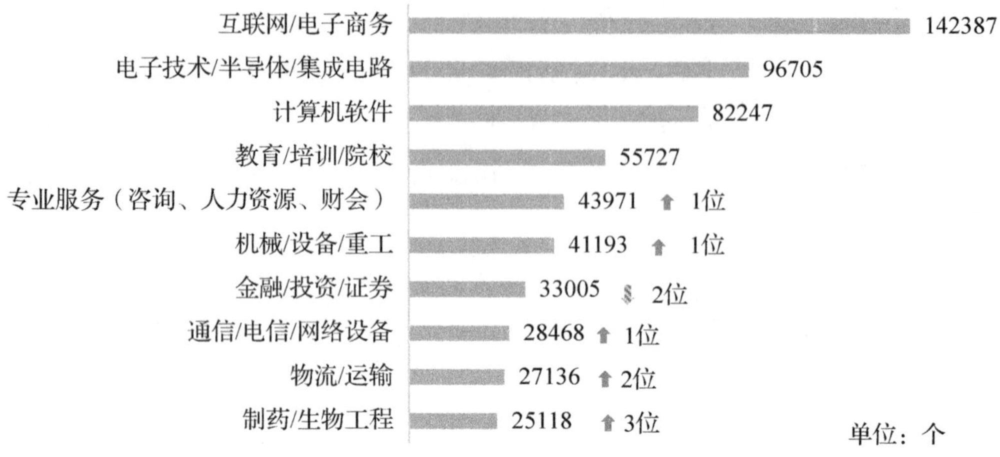

图 1-4　2020 年珠三角地区七大重点产业中月均在线职位量排名前十的细分行业

（三）3 个产业和 14 个细分行业人才需求逆势上涨

从重点产业在线职位量的增长情况看，相比 2019 年，生物与新医药、装备制造业等与医疗器械和医疗防护用品生产相关的两个产业人才需求明显增强，月均在线职位量分别增长 16.3%和 10.74%；受国家环保产业政策影响，能源环保业月均在线职位量增长 15.29%；电子信息产业月均在线职位量略有减少 3.85%；现代服务业和金融业受新冠疫情冲击严重，月均在线职位量分别减少 10.39%和 37.29%；互联网产业受实体经济下滑影响，月均在线职位量同比减少 15.56%（如图 1-5 所示）。

从细分行业在线职位量的增长情况看，在疫情防控和经济下行压力的背景下，34 个细分行业中仍有 14 个行业的月均在线职位量呈正增长，其中中介服务（32.50%）增幅超过 30%；20 个行业呈负增长，其中信托/担保/拍卖/典当、银行、金融/投资/证券、广告/媒体等行业受新冠肺炎疫情影响较大，月均在线职位量缩减严重（如图 1-6 所示）。

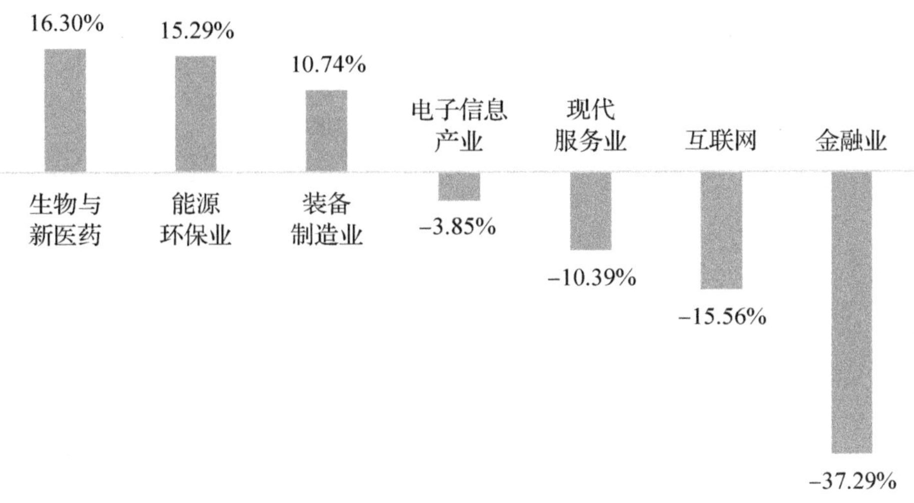

图 1-5　2020 年珠三角地区七大重点产业月均在线职位量较 2019 年的增长情况

（四）产业升级带动高学历人才需求稳步上升

随着珠三角地区产业结构不断优化升级，以及高校毕业生规模持续创新高，用人单位在招聘过程中对应聘人员的学历要求不断提高。《中国雇主需求与白领人才供给》① 系列报告显示，全国人才竞争指数从 2018 年的 36.17 上升到 2020 年的 42.45，即 2020 年一个岗位同时有 42.45 人竞争。2020 年，珠三角地区七大重点产业月均在线职位中，要求具有大专（48.12%）、本科（27.90%）、硕士（1.12%）、博士（0.16%）学历的职位数量占比较 2019 年高出 5.36 个百分点，高学历人才需求稳步上升（如图 1-7 所示）。

① 报告来源于智联招聘网站（https://www.zhaopin.com/），智联招聘持续监测全国 38 个主要城市的职场竞争情况，分析在线企业招聘数据和白领投递简历情况，每年按季度定期发布《中国雇主需求与白领人才供给》系列报告。

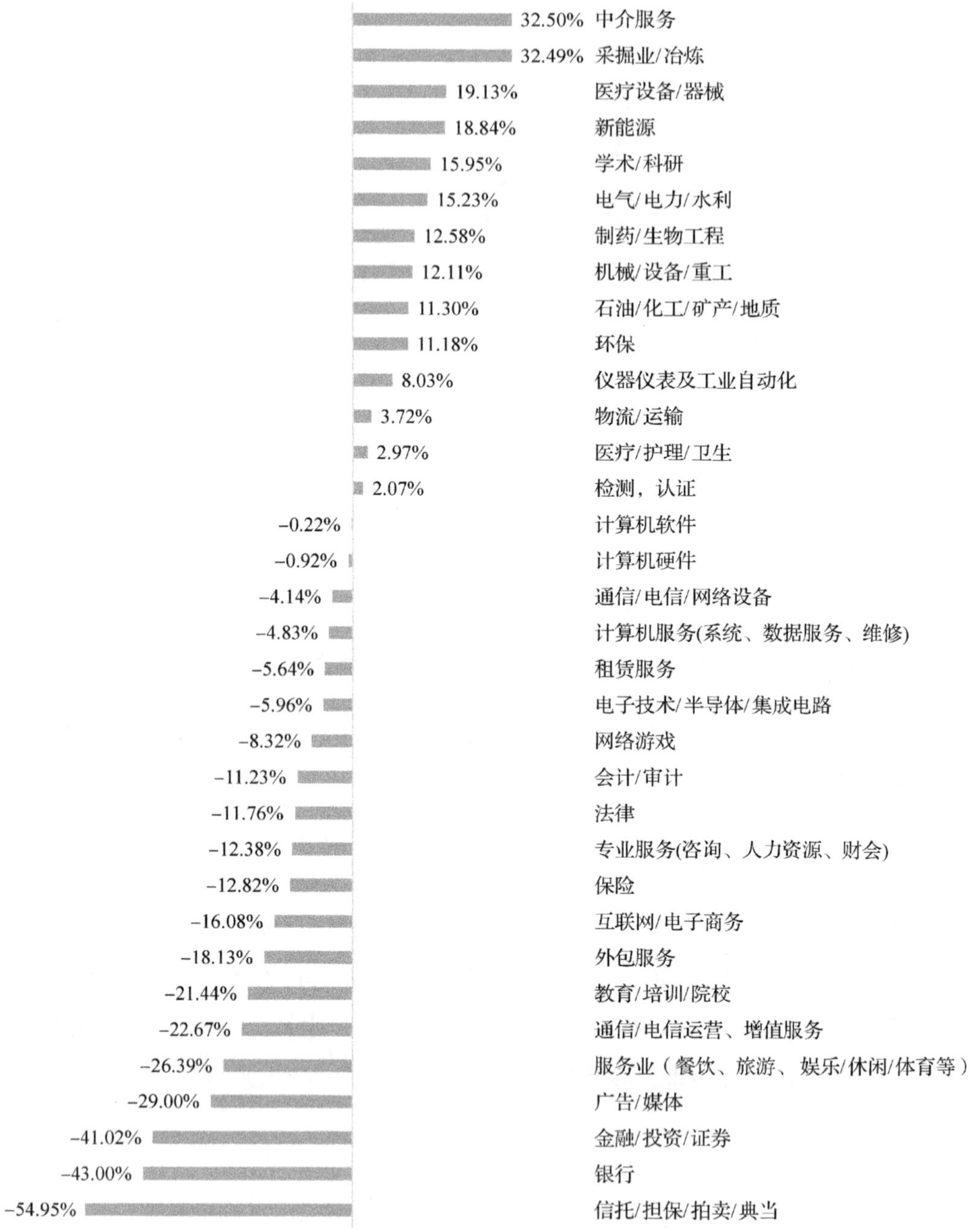

图 1-6　2020 年珠三角地区细分行业月均在线职位量较 2019 年的增长情况

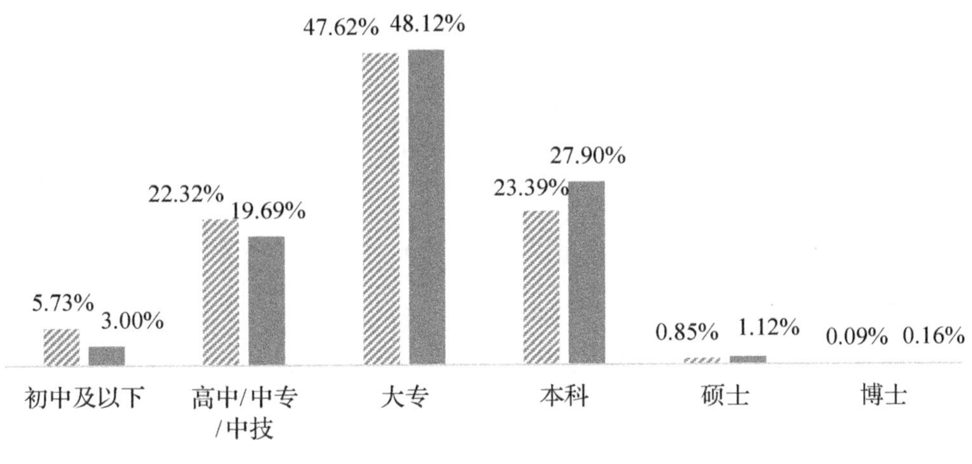

图 1-7　2019 年和 2020 年珠三角地区月均在线职位学历结构

（五）深圳人才需求量最大，广州人才需求受冲击最大

从各城市在线职位情况看，2020 年，深圳七大产业月均在线职位 36. 75 万个（占比 43. 1%），广州月均在线职位 33. 25 万个（占比 39%），分别排在珠三角地区第一位和第二位，两市在线职位量占比超过 8 成；其后分别是东莞、佛山、珠海、惠州、中山、江门和肇庆等市，其中东莞月均在线职位量连续 4 年位居珠三角地区地级市首位（如图 1-8 所示）。

相比 2019 年，珠三角地区中，广州七大重点产业月均在线职位量缩减幅度最大（- 13. 77%），其次是深圳（- 8. 06%）和中山（-6. 73%）两市，珠海（-3. 78%）和东莞（-2. 55%）两市略有缩减（如图 1-9 所示）。

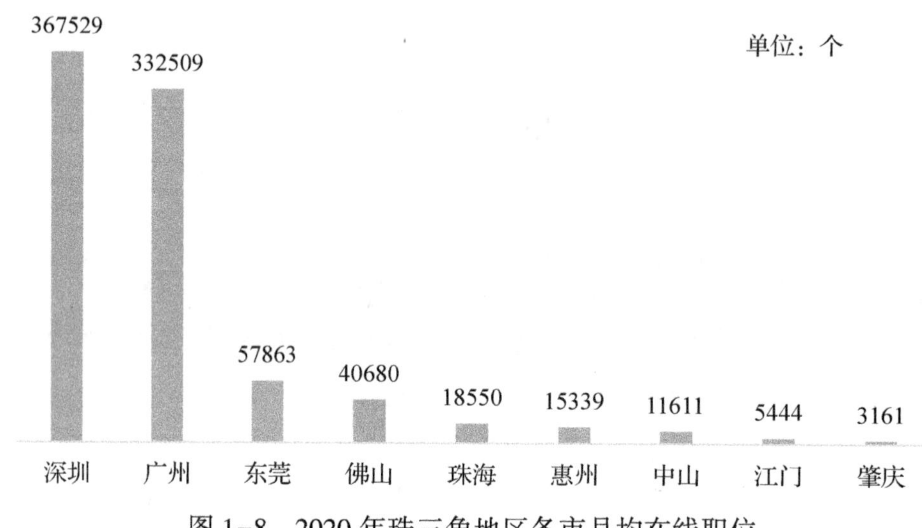

图 1-8　2020 年珠三角地区各市月均在线职位

广州 −13.77%
深圳 −8.06%
中山 −6.73%
珠海 −3.78%
东莞 −2.55%

图 1-9　2020 年珠三角地区各市月均在线职位较 2019 年的增长情况

（六）香港、澳门两地人才需求下降趋势明显

香港方面，根据历史数据①，香港月均职位空缺在 7 万个以上，但“修例风波”对香港经济造成巨大冲击，人才需求呈断崖式下降，2019 年第四季度末职位空缺数量（5. 44 万个）较第一季度末（7. 96 万个）缩减 31. 6%。2020 年，由于“修例风波”的持续影响和新冠肺炎疫情肆虐，香港职位空缺数量保持在 4 万个左右的低位，第一、第二、第三季度末职位②空缺数分别为 4. 23 万个、3. 91 万个和 3. 89 万个，环比下降 22. 35%、7. 45%和 0. 53%（如图 1-10 所示）。

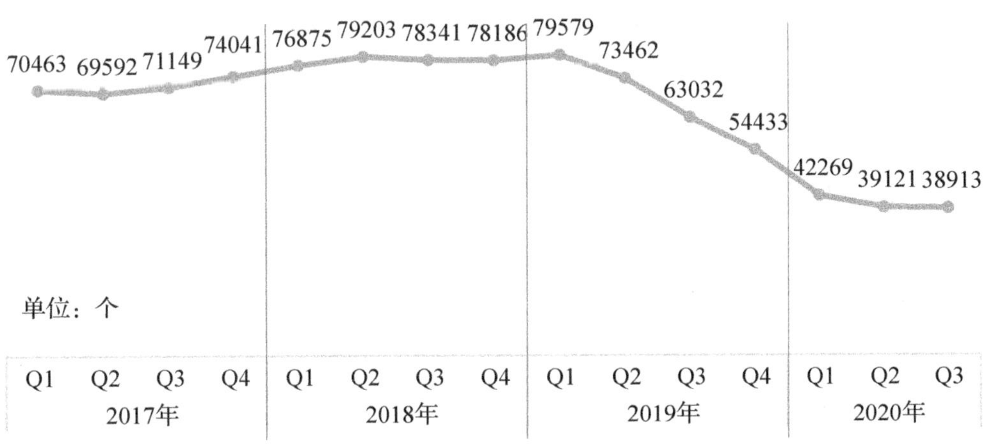

图 1-10　2017—2020 年香港各季度末职位空缺情况

澳门方面③，2019 下半年，受错综复杂的国际形势影响，澳门经济下行压力加大，人才需求出现较大幅度下降，主要行业职位空缺数量环比下降 24. 47%；2020 年上半年，新冠肺炎疫情对澳门服务业造成巨大冲击，主要行业职位空缺缩减至 6156 个，环比下降

① 数据来自香港统计处每季度发布的《就业及空缺按季统计报告》，不含公务员职位空缺。

② 2020 年第四季度报告尚未公布。

③ 数据来自澳门统计暨普查局每季度发布的《人力资源需求及薪酬》及相关报告。此处的“职位空缺”，是指在统计期间内，有关经济单位（不包括自资经营者和政府单位）正主动招聘人员的职位。

34.98%，其中博彩业上半年仅录得 25 个职位空缺（如图 1-11、图 1-12 所示）。

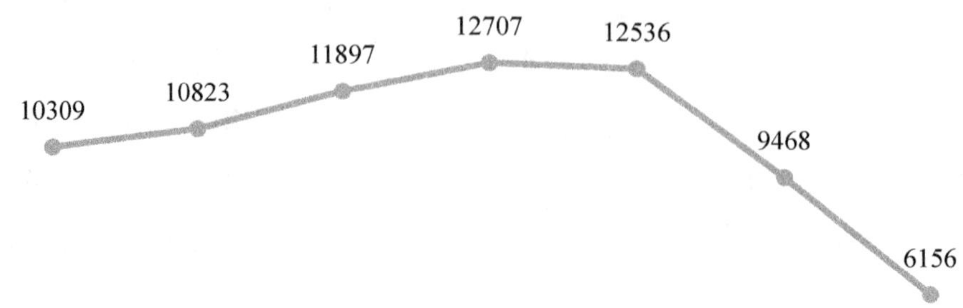

单位：个

上半年	下半年	上半年	下半年	上半年	下半年	上半年
2017年		2018年		2019年		2020年

图 1-11　2017—2020 年澳门主要行业职位空缺数量（半年度）

单位：个

	制造业	酒店业	饮食业	金融业	批发零售业	保安服务业	博彩业
2018年上半年	1058	2184	2294	454	3954	1130	823
2018年下半年	885	2436	2319	306	3915	1525	1321
2019年上半年	1359	2133	2233	358	4293	1256	904
2019年下半年	659	1395	1844	351	3351	1425	443
2020年上半年	243	986	1306	373	2193	1030	25

图 1-12　2018—2020 年澳门主要行业职位空缺数量变动图

二、粤港澳大湾区人才意向流动趋势

2020 年，粤港澳大湾区人才意向到大湾区其他城市就职的（以下简称“大湾区内部人才流动”）月均有 14.7 万人[①]，同比下降 8.63%（1.39 万人）；海外人才意向到大湾区城市就职的月均有 0.35 万人，同比下降 6.83%。具体情况如下：

（一）上半年粤港澳大湾区内部人才意向流动量受新冠肺炎疫情冲击严重，下半年基本恢复正常

通过动态监测粤港澳大湾区意向内部流动的人才简历活跃情况可以看出，大湾区内部人才流动量与我国新冠肺炎疫情防控成效呈明显的正相关关系。2020 年年初，受春节假期和新冠肺炎疫情影响，大湾区内部人才流动量 1 月为 8.89 万人、2 月为 13.34 万人、3 月为 13.11 万人，较 2019 年同期下降 14.89%、23.97%和 32.17%，1 月份较 2019 年 12 月份环比下降 29.91%。进入第二季度后，随着我国疫情防控取得明显成效，大湾区内部人才流动量迅速增多，基本恢复到 2019 年同期水平。其中，因疫情防控取得重大阶段性成果，4 月份大湾区内部人才意向流动量快速增长，达到 19.72 万人，环比上升 50.38%，同比上升 10.51%（如图 2-1、图 2-2 所示）。

（二）粤港澳大湾区内部人才流动活跃度[②]有所下降，广州人才意向流动最活跃

相比 2019 年，2020 年粤港澳大湾区人才意向流动活跃度有所下

① “意向流动”数量是对招聘网站信息库内以标明“意向工作城市”简历进行的统计数量。如某人才简历所在地为深圳，而其标明的意向工作城市为广州，则统计为深圳意向到广州工作，下同。

② 人才意向流动活跃度：意向到其他城市就职的人数和其他城市意向到本市就职的人数越多，活跃度越高。

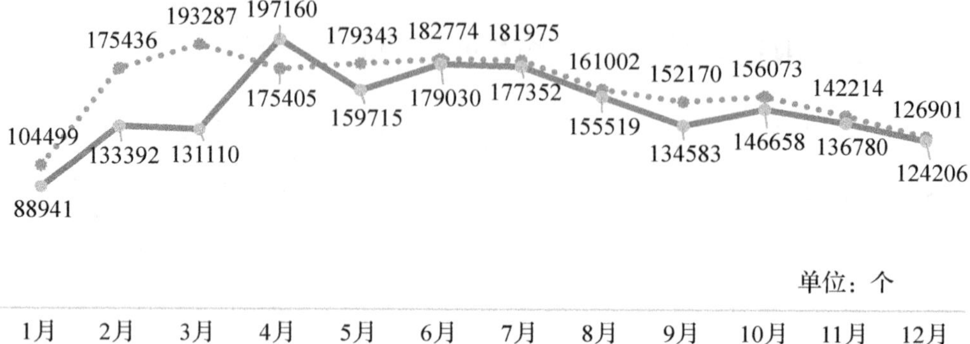

图 2-1　2019—2020 年各月份大湾区内部人才流动量

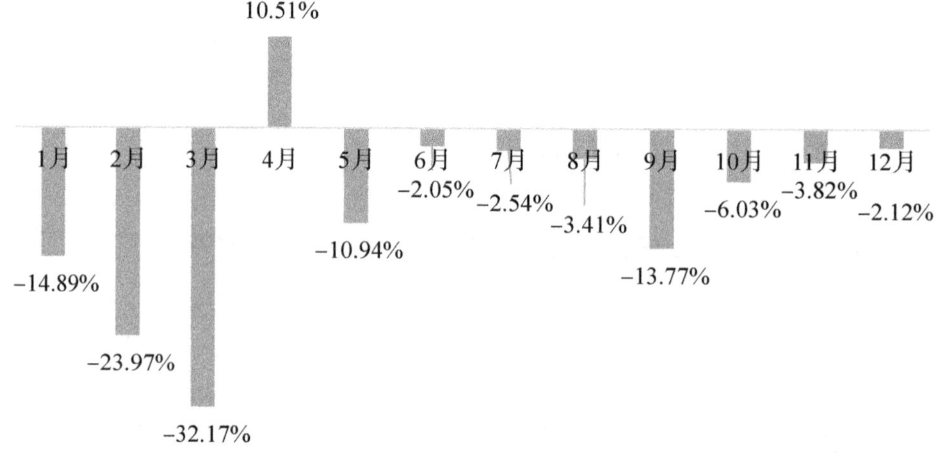

图 2-2　2020 年各月份大湾区内部人才流动量较 2019 年同期增幅

降，各市意向到大湾区其他城市就职的人才数量均有不同程度的缩减。其中广州意向到大湾区其他城市就职的人数减少最多，月均减少 6058 人；其次分别是东莞、深圳、惠州、珠海、肇庆、中山、佛山、香港和澳门，江门是唯一没有减少的城市（如图 2-3 所示）。

2020 年，大湾区内部人才流动中，广州意向到大湾区其他城市就职的月均有 41466 人，其他城市意向到广州就职的月均有 42832

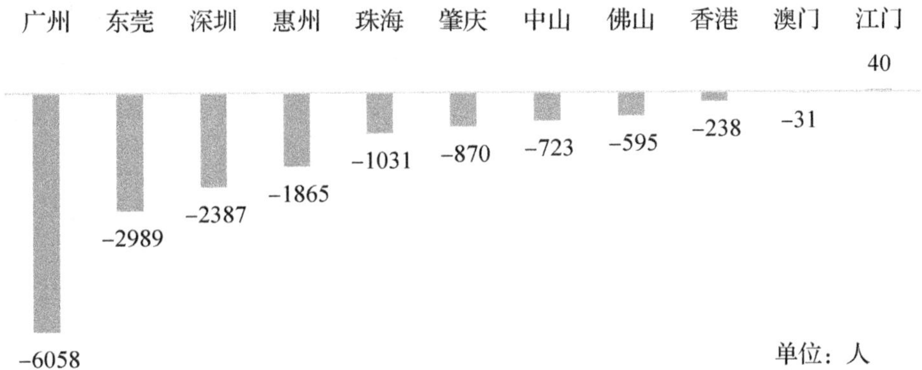

图 2-3 粤港澳大湾区各市 2020 年人才意向流动较 2019 年的增量

人，分别占大湾区内部人才流动量的 28.2%和 29.13%，是粤港澳大湾区内部人才意向流动最活跃的城市；其次分别是深圳、东莞、佛山、惠州、珠海、中山、江门、肇庆、香港和澳门（如图 2-4 所示）。

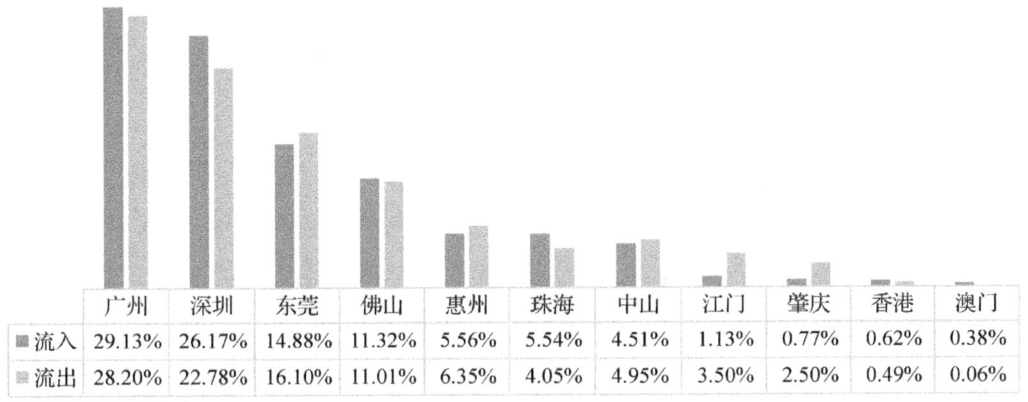

	广州	深圳	东莞	佛山	惠州	珠海	中山	江门	肇庆	香港	澳门
流入	29.13%	26.17%	14.88%	11.32%	5.56%	5.54%	4.51%	1.13%	0.77%	0.62%	0.38%
流出	28.20%	22.78%	16.10%	11.01%	6.35%	4.05%	4.95%	3.50%	2.50%	0.49%	0.06%

图 2-4 粤港澳大湾区各市人才意向流动占大湾区内部人才流动总量的比重

（三）深圳对高学历人才吸引力最强

2020 年大湾区内部人才流动中，人才意向净流入量为正值的城市有 6 个。分别是深圳、珠海、广州、澳门、佛山和香港。其中，深圳月均意向净流入人数同比下降 41.14%（4986 人），下降幅度最高。中山、惠州、东莞、肇庆和江门等 5 市则呈人才意向净流出趋势。其中，东莞人才意向净流出放缓趋势明显，月均意向净流出人数同比减少 49.44%（1795 人）（如图 2-5 所示）。

单位：人/月

	深圳	珠海	广州	澳门	佛山	香港	中山	江门	肇庆	东莞	惠州
2018年	9425	1935	-2011	563	-65	460	63	-3099	-2323	-3093	-1623
2019年	8470	2176	1363	549	490	283	-561	-3505	-3310	-3550	-2603
2020年	4986	2195	1366	472	454	180	-639	-3497	-2552	-1795	-1170

图 2-5　2018—2020 年粤港澳大湾区各市人才意向净流入量

从人才意向净流入率[1]来看，珠三角地区城市中，珠海、深圳、广州人才意向净流入率排名靠前，但深圳人才意向净流入率下降 3.84%。在人才意向净流入率为负值的 5 个城市中，东莞人才意向净流入率上升明显，同比上升 3.35%（如图 2-6 所示）。

从学历结构看，2020 年大湾区内部人才流动中，具有硕士及以上学历的占比 6.6%，本科学历的占比 42.5%，大专学历的占比 32.69%，高中及以下学历的占比 18.21%。其中，具有硕士及以上学历的，意向到深圳就职的占比最高，为 35.92%，其次分别是广州东莞、佛山、珠海、香港、惠州、中山、澳门、江门和肇庆（如图 2-

① 地区人才意向净流入率＝该地区意向净流入求职者数量/该地区意向流动求职者总数×100%。

7 所示）。此外，意向到香港（38.35%）、澳门（18.23%）就职的人才中，具有硕士及以上学历的人才占比也高于其他城市（如图 2-8 所示）。

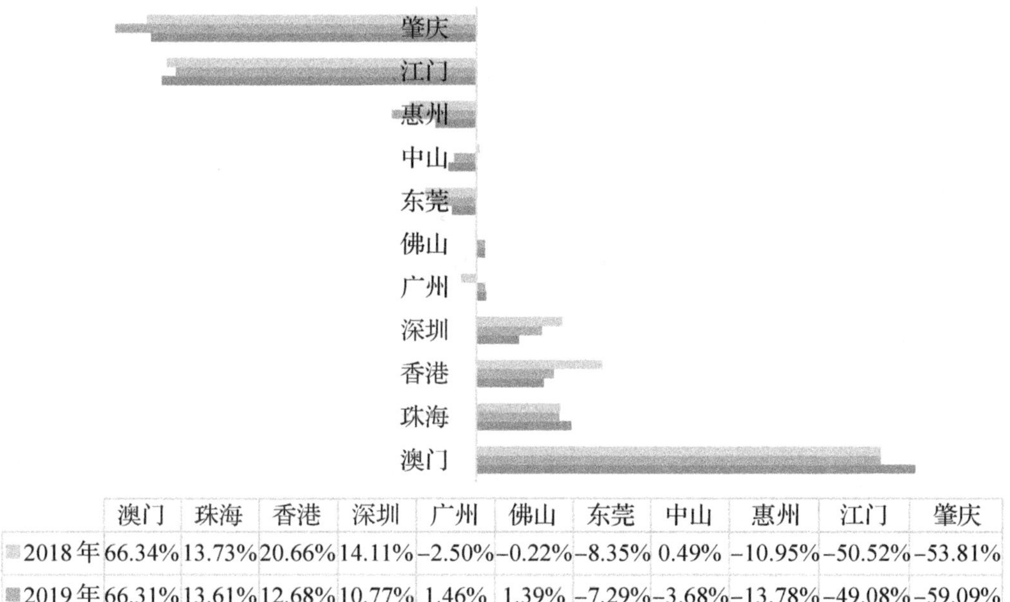

	澳门	珠海	香港	深圳	广州	佛山	东莞	中山	惠州	江门	肇庆
2018 年	66.34%	13.73%	20.66%	14.11%	-2.50%	-0.22%	-8.35%	0.49%	-10.95%	-50.52%	-53.81%
2019 年	66.31%	13.61%	12.68%	10.77%	1.46%	1.39%	-7.29%	-3.68%	-13.78%	-49.08%	-59.09%
2020 年	72.10%	15.56%	11.05%	6.93%	1.62%	1.38%	-3.94%	-4.60%	-6.68%	-51.38%	-53.13%

图 2-6 2018—2020 年粤港澳大湾区各市人才意向净流入率

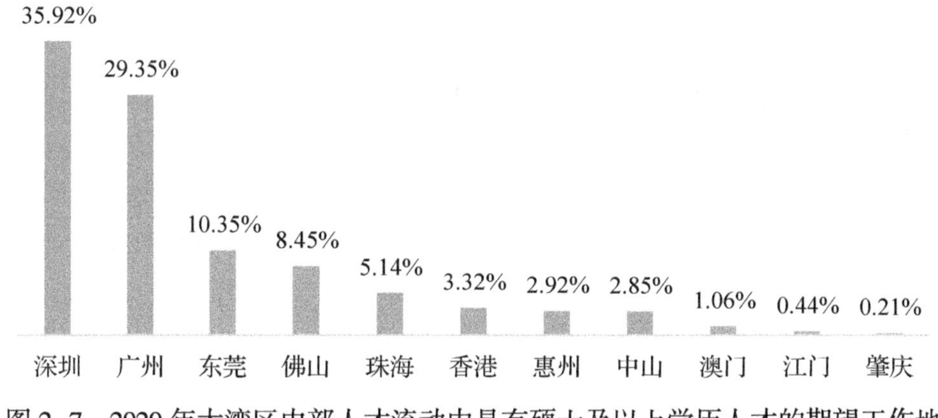

图 2-7 2020 年大湾区内部人才流动中具有硕士及以上学历人才的期望工作地

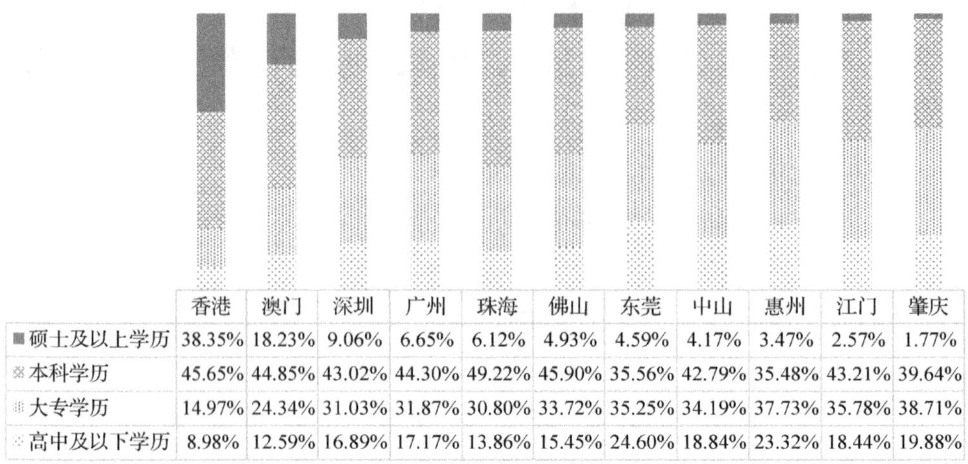

	香港	澳门	深圳	广州	珠海	佛山	东莞	中山	惠州	江门	肇庆
■硕士及以上学历	38.35%	18.23%	9.06%	6.65%	6.12%	4.93%	4.59%	4.17%	3.47%	2.57%	1.77%
本科学历	45.65%	44.85%	43.02%	44.30%	49.22%	45.90%	35.56%	42.79%	35.48%	43.21%	39.64%
大专学历	14.97%	24.34%	31.03%	31.87%	30.80%	33.72%	35.25%	34.19%	37.73%	35.78%	38.71%
高中及以下学历	8.98%	12.59%	16.89%	17.17%	13.86%	15.45%	24.60%	18.84%	23.32%	18.44%	19.88%

图 2-8　粤港澳大湾区各市意向流入人才学历结构

（四）粤—港澳人才意向流动趋势放缓，意向到粤的港澳人才学历更高

2020 年，港澳地区意向到珠三角地区 9 市[①]就职的月均有 790 人，同比减少 27.92%（306 人）。其中，意向到深穗两市就职的占比 90%；具有硕士及以上学历的占比 64.91%（同比下降 3.99%），本科学历占比 26.99%（同比上升 4.15%）（如图 2-9、图 2-10 所示）。珠三角 9 市意向到港澳地区就职的月均有 1443 人（如图 2-11 所示）。其中，意向到香港就职的人才月均有 904 人，同比缩减 33.79%；意向到澳门就职的人才月均 539 人，同比缩减 19.73%。具有硕士及以上学历的占比 28.6%（同比上升 2.72%），本科学历占比 43.47%（同比下降 1.62%）。相比之下，港澳地区意向到珠三角地区 9 市就职的人才学历层次更高，珠三角地区 9 市意向到港澳地区就职的以本科学历人才为主（如图 2-12 所示）。

① 珠三角地区 9 市：指除了香港、澳门之外的粤港澳大湾区城市。

	深圳	广州	珠海	东莞	佛山	中山	惠州	江门	肇庆
2019年	679	318	46	23	12	9	7	3	0
2020年	466	245	34	17	12	7	5	3	1

图 2-9　2019—2020 年港澳地区意向到珠三角地区 9 市就职的月均人数

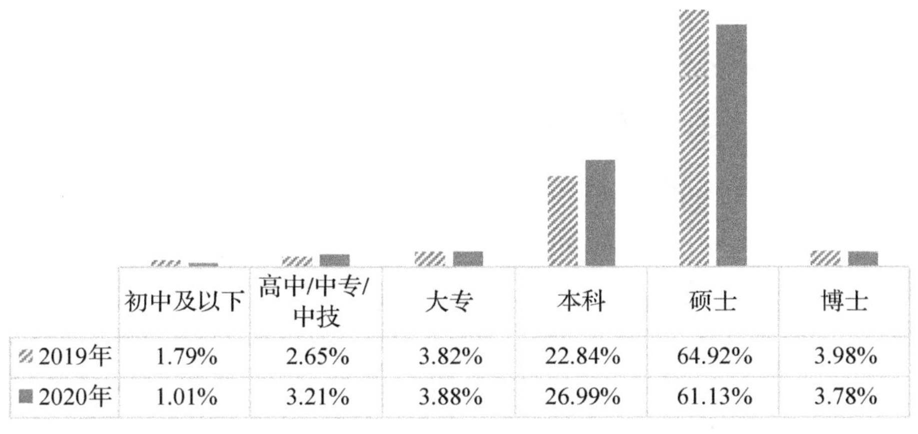

	初中及以下	高中/中专/中技	大专	本科	硕士	博士
2019年	1.79%	2.65%	3.82%	22.84%	64.92%	3.98%
2020年	1.01%	3.21%	3.88%	26.99%	61.13%	3.78%

图 2-10　2019—2020 年港澳地区意向到珠三角地区 9 市就职的人才学历结构

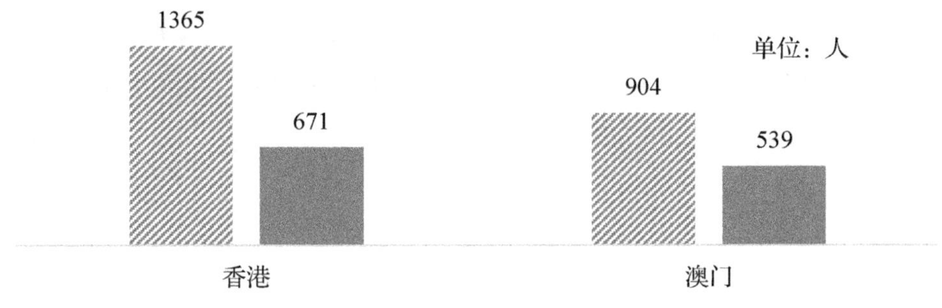

图 2-11　2019—2020 年珠三角地区 9 市意向到港澳地区就职的月均人数

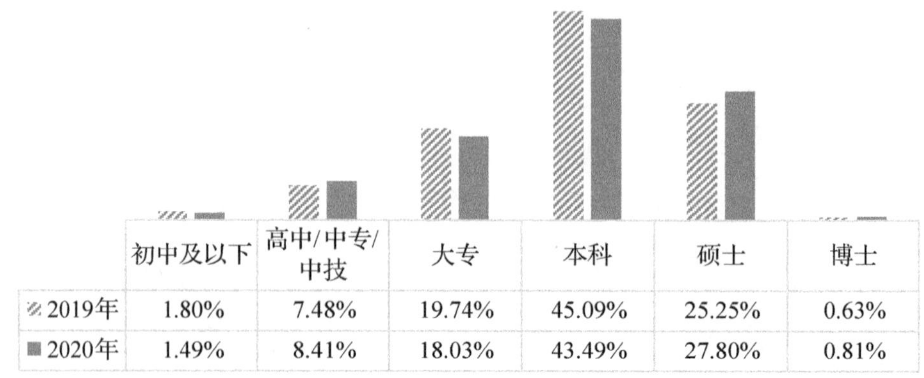

	初中及以下	高中/中专/中技	大专	本科	硕士	博士
2019年	1.80%	7.48%	19.74%	45.09%	25.25%	0.63%
2020年	1.49%	8.41%	18.03%	43.49%	27.80%	0.81%

图 2-12　2018—2020 年珠三角地区 9 市意向到港澳地区就职的人才学历结构

（五）海外人才更加倾向到深穗两市发展，高层次人才加速回归

2020 年，海外人才意向到粤港澳大湾区就职的月均为 0. 35 万人，同比下降 6. 83%。主要原因在于，受新冠肺炎疫情影响，部分海外人才提前回国，特别是许多留学生滞留在国内上网课，使得从国外直接向国内用人单位投递简历的人数减少①。从学历结构看，2020 年意向到大湾区就职的海外人才中，具有硕士及以上学历的占比 71. 49%，较 2018 年的 63. 38%和 2019 年的 65. 97%分别增加了 8. 11%和 5. 52%，海外高层次人才呈加速回归态势（如图 2-13 所示）。从求职者意向工作地看，2020 年意向到粤港澳大湾区就职的海外人才，意向到深圳就职的占比 54. 24%（月均 1881 人），到广州就职的占比 38. 03%（月均 1319 人），意向到深圳和广州两市就职的共占 92. 27%（如图 2-14 所示）。

① 2020 年，国内外有留学经历且工作经验不足的 1 年的人才，意向到粤港澳大湾区就职的超过 31692 人，其中人在国外的（简历更新时居住地在国外）仅 4768 人，占比不足 15%。

	博士	硕士	本科	大专	其他
2018年	4.67%	58.71%	31.03%	3.60%	1.99%
2019年	4.72%	61.25%	28.27%	3.26%	2.50%
2020年	6.08%	65.41%	24.33%	2.27%	1.91%

图 2-13　2018—2020 年意向到粤港澳大湾区就职的海外人才学历结构

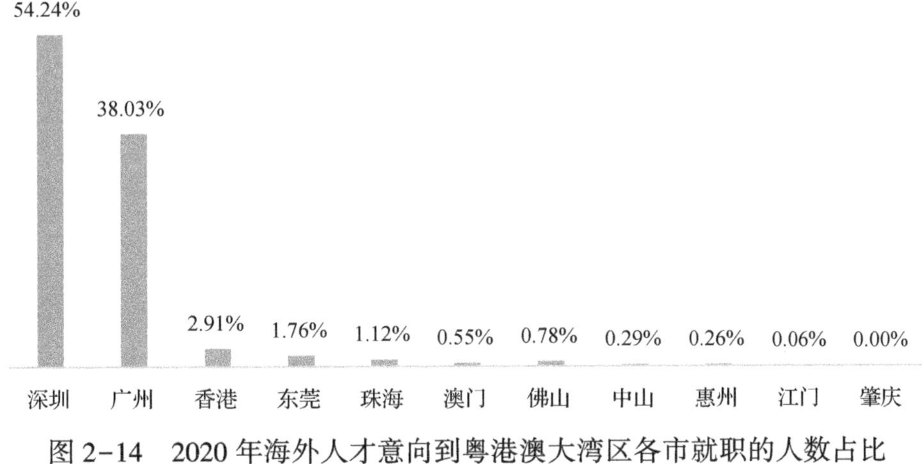

图 2-14　2020 年海外人才意向到粤港澳大湾区各市就职的人数占比

三、东莞人才需求与流动趋势

2020 年，面对新冠肺炎疫情、中美贸易摩擦等多重不利因素，东莞发展韧性凸显，七大重点产业月均在线职位量连续四年排在粤港澳大湾区地级市首位。

（一）电子信息产业人才需求最大，生物与新医药人才需求增长明显

2020 年，东莞七大重点产业月均在线职位量 5.79 万个，同比缩减 2.55%。从产业领域看，东莞电子信息产业人才需求最为旺盛，月均在线职位 1.92 万个，占东莞七大重点产业月均在线职位总量的 33.1%；分别是现代服务业、装备制造业、互联网产业、能源环保业、金融业和生物与新医药（如图 3-1 所示）。其中，电子信息、装备制造、现代服务、能源环保等 4 个产业均排在地级市首位。从细分行业看，东莞共有 20 个行业月均在线职位量排在珠三角地级市首位。

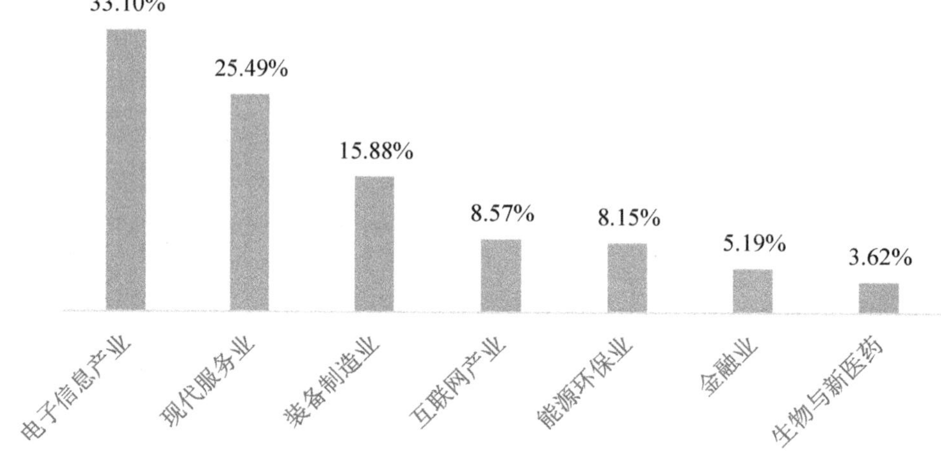

图 3-1　2020 年东莞七大重点产业月均在线职位量占比

相比 2019 年，生物与新医药月均在线职位量增长明显，增幅位列珠三角地区第二占比 22.16%，较珠三角地区平均水平高出 5.86 个百分点；装备制造业占比 17.03%、能源环保业占比 14.62%，月均在线职位量也有较大幅度增长（如图 3-2、图 3-3 所示）。与此同时，电子信息产业人才需求有轻微缩减，互联网产业和金融业人才

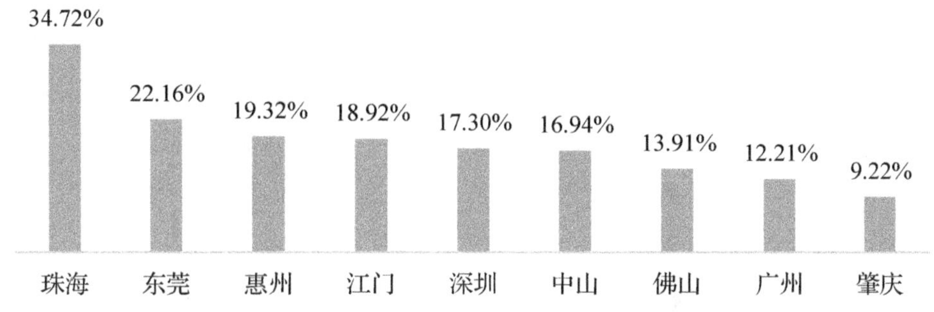

图 3-2　2020 年珠三角地区各市生物与新医药产业月均在线职位量较 2019 年的增长情况

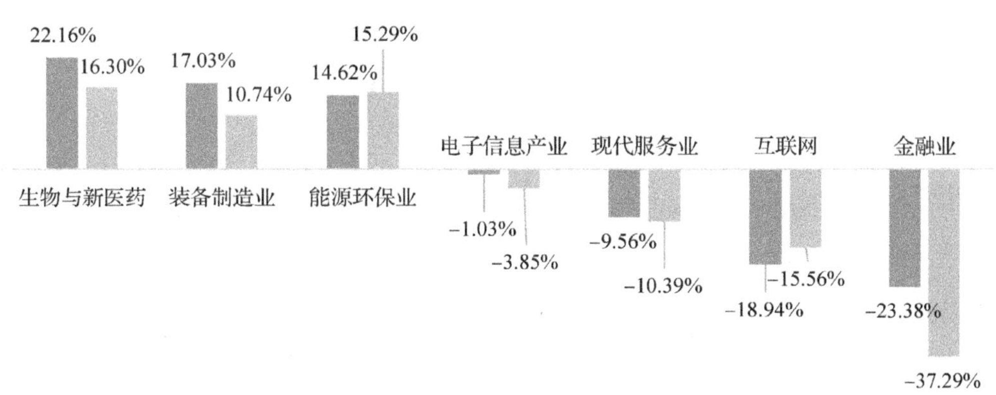

图 3-3　2020 年东莞和珠三角地区七大重点产业月均在线职位量较 2019 年的增长情况

需求缩减严重。从细分行业看，月均在线职位量排在前十的行业中，有 6 个行业的人才需求呈正增长态势（如图 3-4 所示）。

（二）人才招聘学历要求逐步提高

随着东莞产业结构转型升级，用人单位对人才学历层次的要求也在不断提高。相比 2019 年，2020 年东莞在线职位要求大专及以上

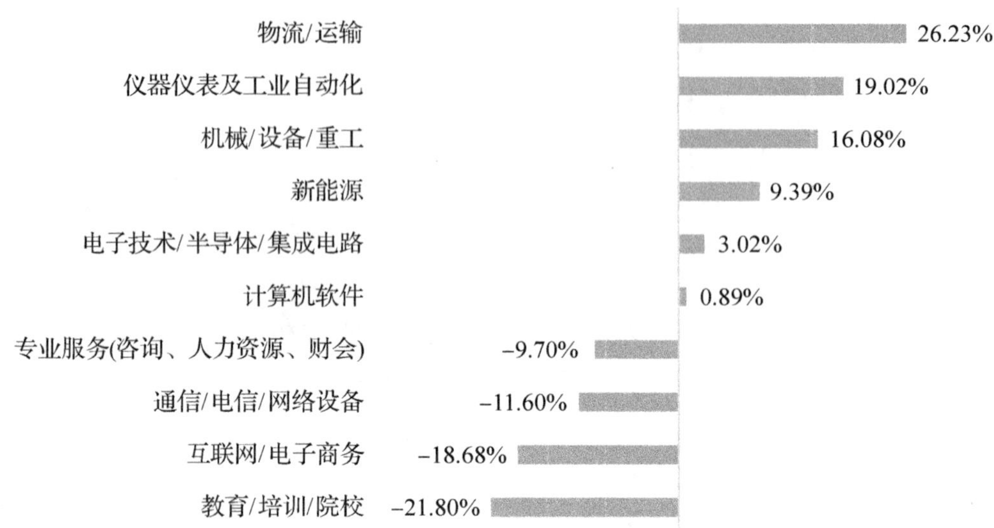

图 3-4　2020 年东莞月均在线职位量排在前十的细分行业增长情况

学历的占比 67.02%，同比提升 5.89 个百分点。其中，硕士及以上学历要求职位占比提升 0.23%，本科学历要求职位占比提升 3.27%，大专学历要求职位占比提升 2.39%，而对高中及以下学历人员的需求占比则下降约 6 个百分点（如图 3-5 所示）。从在线职位数量来看，东莞在线职位中要求硕士及以上学历的月均 436 个，本科学历的月均 10869 个，均居粤港澳大湾区地级市首位（见表 3-1）。

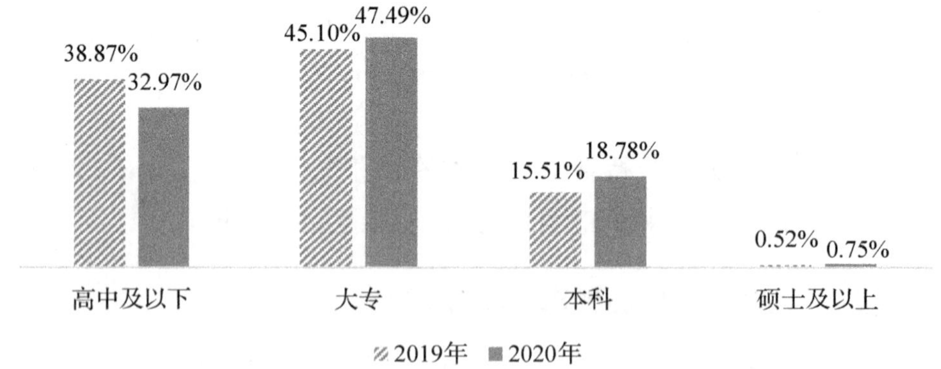

图 3-5　2019 年、2020 年东莞在线职位的学历要求对比

表 3-1　　珠三角地区不同学历人才需求数量对比

学历要求	东莞	珠海	佛山	中山	惠州	江门	肇庆
硕博学历	436	387	386	134	68	43	25
本科学历	10869	6793	9014	2806	3438	1277	652

从横向对比来看，在东莞七大重点产业在线职位中，要求大专及以上学历的职位量占比 67.02%，低于珠三角地区平均水平（77.30%）。其中，除大专学历人才需求占比基本与珠三角地区平均值持平之外，东莞硕士及以上学历要求职位占比为 0.75%，而珠三角地区平均水平为 1.28%；本科学历要求职位占比 18.78%，低于珠三角地区约 9 个百分点；要求高中及以下学历的职位量占比 32.97%，高于珠三角地区约 10 个百分点（如图 3-6 所示）。

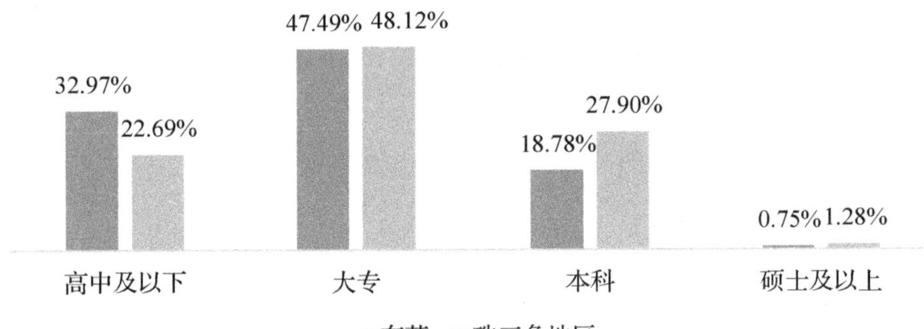

图 3-6　2020 年东莞和珠三角地区在线职位的学历要求对比

（三）代表性高企[①]人才需求以技术技能人才和青年人才为主

从岗位性质看，高企对技术技能人才需求最大，月均招聘人数[②]

① 高企，指高新技术企业，以下简称“高企”。本课题以东莞市科技局官网公布的 2019 年东莞市高企名单为准，定期跟踪符合条件的 306 家松山湖高企人才需求状况。

② 松山湖高企招聘数据均以国内主流招聘网站前程无忧网和本地最大人才招聘网站智通人才网的在线职位为数据源。

占比接近六成（57.13%）。其中，技术类岗位需求最大，月均发布职位招聘1936人（39.11%）；技能类岗位需求量排名第二，月均发布职位招聘892人（18.02%）；其后分别是综合服务类869人、销售类710人和管理类543人（如图3-7所示）。

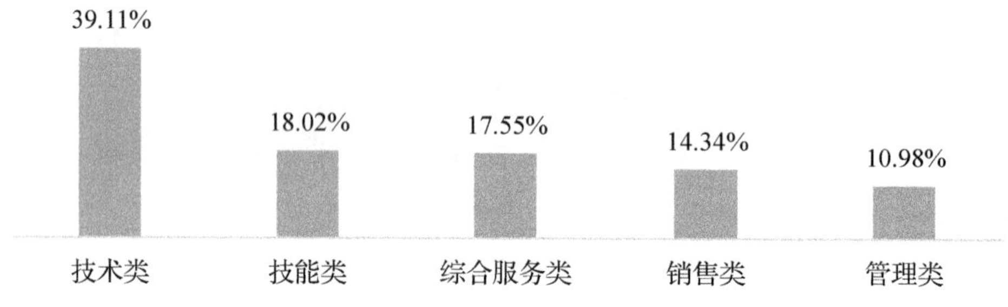

图3-7　2020年松山湖高企人才需求岗位类别占比

从工作经验看，高企对青年人才需求最大，工作经验招聘要求不高。九成以上（90.98%）岗位仅要求3年或以下的工作经验，其中工作经验要求在1年以内的岗位招聘人数最多，月均招聘1963人（39.65%）（如图3-8所示）。

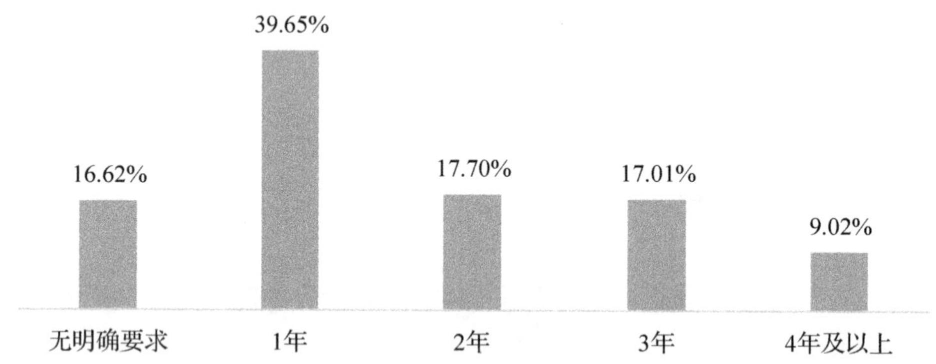

图3-8　2020年松山湖高企人才招聘信息的工作经验要求占比

从学历要求看，松山湖高企对本科及以上学历人才需求占比明显高于珠三角地区及东莞平均水平。其中，本科学历人才需求占比31.33%（月均招聘1385人），分别较珠三角地区、东莞平均水平高出 3.43%、12.55%；硕士及以上学历人才需求占比 1.70%（月均招聘 76 人），分别较珠三角地区、东莞平均水平高出 0.42%、0.95%（如图 3-9 所示）。

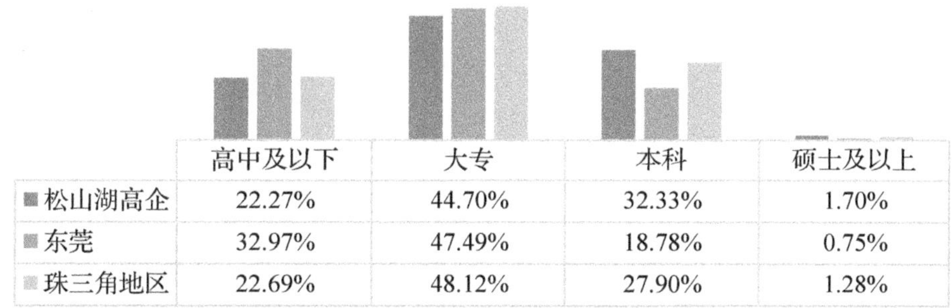

	高中及以下	大专	本科	硕士及以上
松山湖高企	22.27%	44.70%	32.33%	1.70%
东莞	32.97%	47.49%	18.78%	0.75%
珠三角地区	22.69%	48.12%	27.90%	1.28%

图 3-9　2020 年松山湖高企人才需求学历结构对比

（四）深圳对东莞人才“虹吸”效应减弱，高学历人才呈净流入东莞趋势

从城市人才对流情况看，深圳对东莞人才的“虹吸”效应逐年减弱，2018 年东莞平均每月意向净流出至深圳的人才数量为 1260 人，2019 年此数值下降为 1054 人，至 2020 年，东莞市与深圳人才对流基本保持平衡（深圳月均意向净流入至东莞 4 人），深圳对东莞人才“虹吸”效应明显减弱（见表 3-2）。与此同时，东莞与广州、佛山、珠海等珠三角地区城市的人才意向流动仍呈净流出趋势，其中意向净流出到广州的人数最多（如图 3-10 所示）。

表 3-2　2018—2020 年莞深两地人才意向流动月均数量对比

	东莞意向流出至深圳	深圳意向流入至东莞	人才净流入至东莞
2018 年	9434	8174	-1260
2019 年	11741	10688	-1054
2020 年	10510	10514	4

从总体人才意向流动趋势看，2020 年东莞意向到大湾区其他城市就职的月均有 23679 人，其他城市意向到东莞就职的月均有 21884

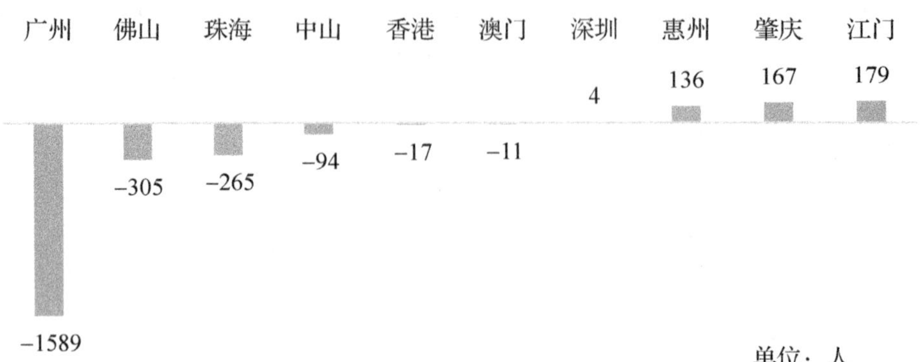

图 3-10　2020 年东莞与粤港澳大湾区其他城市人才对流净流入情况

人，东莞人才意向流动呈净流出（月均 1795 人）趋势，但较 2019 年（月均 3550 人）明显放缓（减少 1755 人），下降 49.44%左右。

从人才流动学历结构看，东莞意向到大湾区其他城市就职的人才中具有硕士及以上学历的月均有 869 人，其他城市意向到东莞就职的人才中具有硕士及以上学历的月均有 1005 人，东莞硕士及以上学历人才意向流动呈净流入（月均 136 人）趋势，较 2019 年增加 42 人（月均 94 人）。本科、大专等学历人才仍呈意向净流出趋势（月均 499 人、742 人），这表明东莞对本科、大专学历的青年人才的吸引力仍有待加强（如图 3-11 所示）。

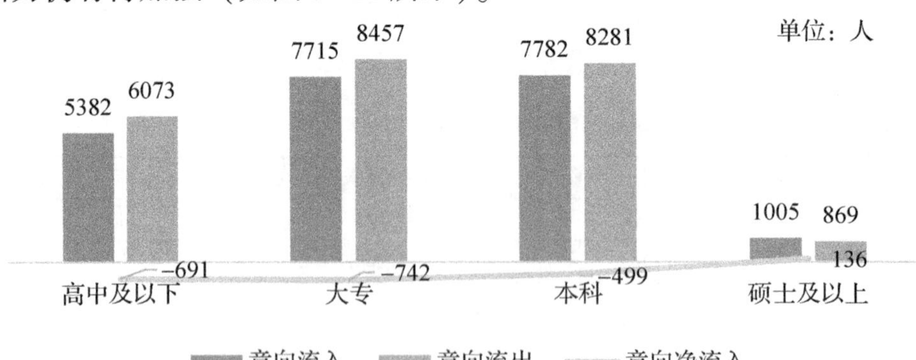

图 3-11　2020 年东莞与粤港澳大湾区其他城市各学历层次人才对流情况

附件　粤港澳大湾区重点产业及行业领域划分表

重点产业	2019 年前程无忧 34 个细分行业
电子信息产业	计算机软件
	计算机硬件
	电子技术/半导体/集成电路
	通信/电信运营、增值服务
	通信/电信/网络设备
	计算机服务（系统、数据服务、维修）
互联网产业	互联网/电子商务
	网络游戏
金融业	会计/审计
	金融/投资/证券
	银行
	保险
	信托/担保/拍卖/典当
现代服务业	中介服务
	专业服务（咨询、人力资源、财会）
	外包服务
	检测，认证
	法律
	教育/培训/院校
	学术/科研
	租赁服务
	医疗/护理/卫生
	服务业（旅游、娱乐/休闲/体育等）
	物流/运输
	广告/媒体

续表

重点产业	2019 年前程无忧 34 个细分行业
生物与新医药	制药/生物工程
	医疗设备/器械
装备制造业	机械/设备/重工
	仪器仪表及工业自动化
能源环保业	石油/化工/矿产/地质
	采掘业/冶炼
	电气/电力/水利
	新能源
	环保

东莞创新型高层次人才年度供需报告

引进和培养创新型高层次人才[①]，实现“高端引领”，是东莞人才队伍建设的重要内容。为更好地了解东莞创新型高层次人才的供需情况，东莞人才发展研究院采用逐月动态跟踪的形式，在主流招聘网站上连续跟踪了2019全年东莞企事业单位对具有硕士、博士学历人才（以下简称“硕博人才”）的需求情况，以及国内外意向到东莞就业的硕博人才供给情况。在人才需求方面，课题组选取了前程无忧、智联招聘和智通人才等3个主流招聘网站，对每月在线职位（当月发布或更新）中面向东莞发布且工作地点为东莞市的职位信息进行统计，共收集职位信息5412条，并根据职位说明进行比对、去重[②]后得出2019全年东莞企事业单位在线发布的硕博人才需求职位累计1092个[③]。在人才供给方面，课题组依托前程无忧网采集每个月意向到东莞工作的国内外硕博人才情况，根据ID进行比对去重[④]，市外全年累计有6400名硕博人才意向到东莞就业。

本报告共分为两部分：一是从人才需求角度，对在线职位的规

---

① 本报告将创新型高层次人才定义为“具有硕士及以上学历的人才”。

② 同一个职位只计算一次；若该职位在不同招聘网站上，有如招聘人数、薪资标准等部分信息不一致时，以前程无忧信息为准；若该职位未在前程无忧上发布，则以智联招聘信息为准；因仅有极少部分职位在不同月份显示的招聘人数、薪资水平等信息不一样，故所有职位信息均以最后一个月的为准。

③ 该报告中的人才需求仅包含招聘单位在3大主流招聘网站发布的在线职位需求情况，不含企业内推、外包或在自有网站发布的招聘需求，以及机关事业单位发布的招考公告。

④ 一个ID对应一个人，同一个ID的简历在多个月份更新的，按一个人计算。

模、行业分布、专业要求、区域分布、薪资水平等进行了全面分析；二是从人才规模、专业类型两方面，对意向求职者与东莞硕博人才需求情况进行比对分析。

本报告的主要结论为：1）东莞市硕博人才在线职位量排在珠三角地区前列；2）学术/科研类单位对硕博人才需求最旺盛，材料类专业背景人才需求量最大；3）松山湖是硕博人才需求最多的镇街（园区）；4）省内意向到东莞就业的硕博人才大多来自广州深圳，省外国内求职者主要分布在为湖南、湖北、上海、江西和北京等地；5）东莞硕博人才职位竞争力相对较低。以下为具体报告内容：

一、东莞市创新型高层次人才需求情况

2019 年，东莞市企事业单位在前程无忧、智联招聘和智通人才等 3 个主流招聘网站共发布硕博人才在线需求职位 1092 个。具体情况如下：

（一）学术/科研类单位对硕博人才需求最旺盛

2019 年，东莞市企事业单位在 3 个招聘网站共发布硕博人才在线职位 3967 个[①]，月均在线职位 330 个，需求 643 人。经过比对去重[②]得出，全年共 448 家单位发布在线职位 1092 个（招聘 2057 人），其中博士职位 128 个（招聘 210 人），硕士职位 964 个（招聘 1847 人）（如图 1-1 所示）[③]。从行业类别看，448 家招聘单位分属 40 个不同行业类别，其中学术/科研类单位（26 家）发布的在线职位

① 每个职位每月记一次。

② 排除同一个职位在线多个月份的情况，即每个职位只计算一次。

③ 招聘人数一栏填写“若干”或“n”的，按 1 人计算；少部分职位最低学历要求放宽至本科或以下（即优先招聘硕士学历人才，优秀的或有工作经验的，或有职称的本科毕业生亦可考虑），仍按硕士学历计算。

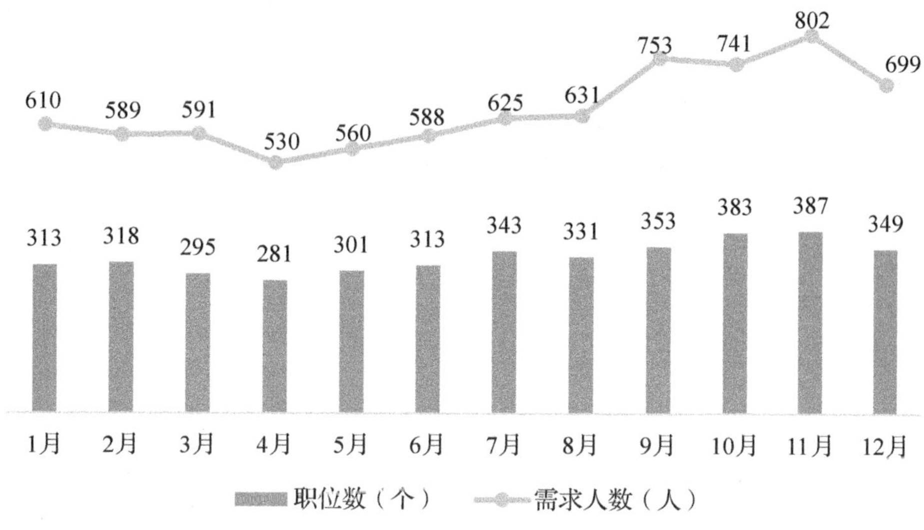

图 1-1　2019 年 1-12 月东莞硕博人才在线职位数量和需求人数

（139 个）和人才需求（229 人）最多，包括学术/科研、电子技术/半导体/集成电路在内共有 8 个行业类别的硕博人才需求超过 100 人（如图 1-2 所示）。全市共 144 家高新技术企业和“倍增计划”企业发布了在线职位 392 个，招聘硕博人才 765 人，分别占在线职位总量的 35. 9%和招聘总人数的 37. 19%。

（二）材料类专业背景人才需求最大

2019 年东莞硕博人才在线职位中，有明确专业背景要求（或优先招录）的职位共 877 个（80. 31%），其中面向理、工、医学科背景的职位共有 727 个（66. 58%，招聘 1374 人），面向其他学科背景的职位有 216 个（占比 19. 78%，招聘 337 人）（如图 1-3 所示）。[①]

① 本报告专业类别划分以《普通高等学校本科专业目录（2020 年版）》为基础，对各职位说明书中明确（或优先招录）的专业背景进行划分，包括哲学、经济学、法学、教育学、文学、历史学、理学、工学、农学、医学、军事学、管理学和艺术学等 13 个学科；因理学、工学、医学 3 个学科彼此交织重叠，故这 3 个学科合并计算，此处“其他学科”指除理学、工学、医学以外的学科；因同一职位可能同时面向不同学科背景的人才进行招聘，故在分类表述中，对该类职位及其需求人数进行重复计算。

从具体专业类别看①，面向理、工、医学科背景的在线职位中，面向材料类专业的职位数量最多（212 个），其需求人数（417 人）比面向非理、工、医学科的职位的总需求人数（337 人）还多出 80 人；其后分别是化学化工类、机械类、生物医药与医学类、计算机类、电子信息类、自动化类、物理学类和数学类（如图 1-4 所示）。

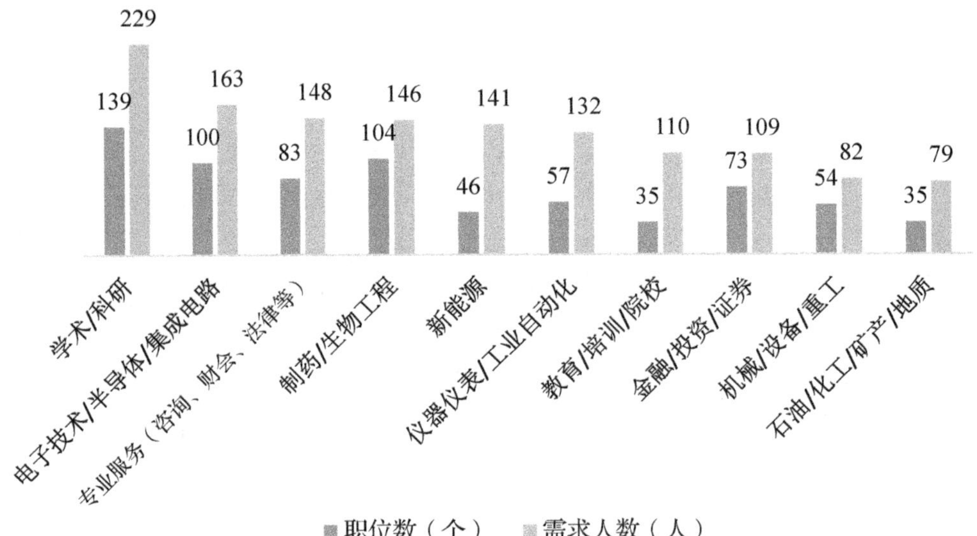

图 1-2 2019 年东莞硕博人才需求数量排名前十的行业

① 专业类别：学科门类下设的一级学科，理学下设 12 个专业类别，工学下设 31 个专业类别，医学下设 11 个专业类别；因具体职位人才需求的专业类别难以与《普通高等学校本科专业目录（2020 年版）》一一对应，故在《普通高等学校本科专业目录（2020 年版）》基础上，结合实际情况，将理学、工学、医学下设的专业类别划分为材料类、化学化工类、机械类、生物医药与医学类、计算机类、电子信息类、自动化类、物理学类、数学类以及其他理工科类。

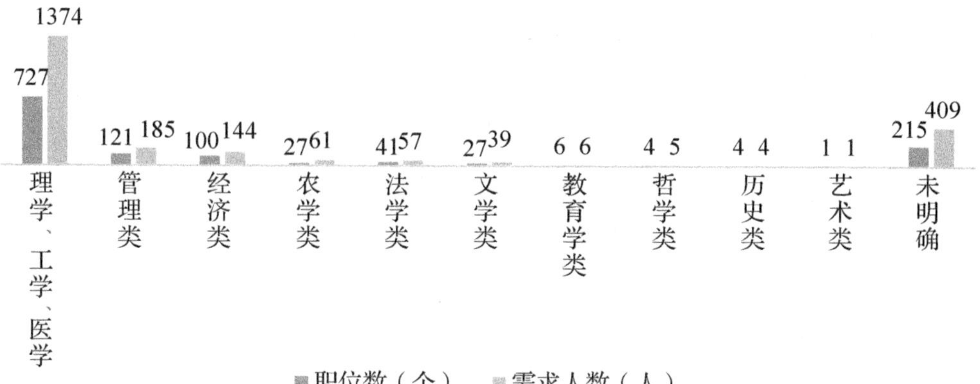

图 1-3　2019 年东莞对各学科背景硕博人才需求情况

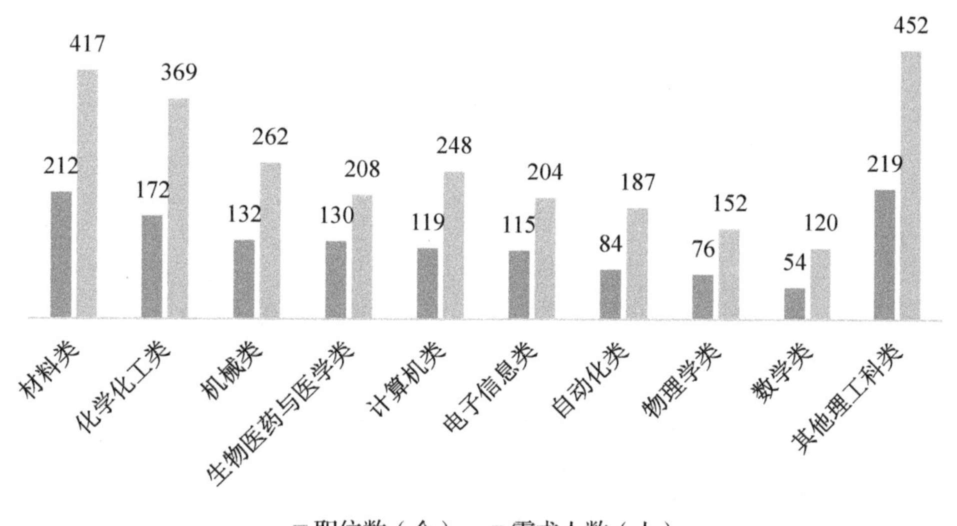

图 1-4　面向理、工、医学科的职位的具体专业类别的人才需求情况

（三）松山湖是硕博人才需求最多的镇街（园区）

从镇街（园区）分布看，2019 年全市硕博人才在线职位（工作地点）52.47%分布在松山湖和城区，职位量排名前五的镇街（园区）分别是松山湖、南城、长安、东城和莞城，在线职位数均在 50 个以上。其中，松山湖全年在线职位数量（335 个）居全市首位，数量超过排名后 25 个镇街的总和（316 个）；南城、东城、莞城等 3 个街道作为城市中心区域，集聚了大量的现代服务、金融和房地产/建筑类企业，对相应类别的高层次人才需求也十分旺盛（共有 64 家企业发布 166 个职位招聘 345 名硕博人才，占全市总需求人数的 16.77%）。此外，在线职位数在 21~50 个之间的镇街有 9 个，11~20 个的有 7 个，10 个及以下的 11 个，望牛墩无硕博人才在线职位需求（如图 1-5 所示）。

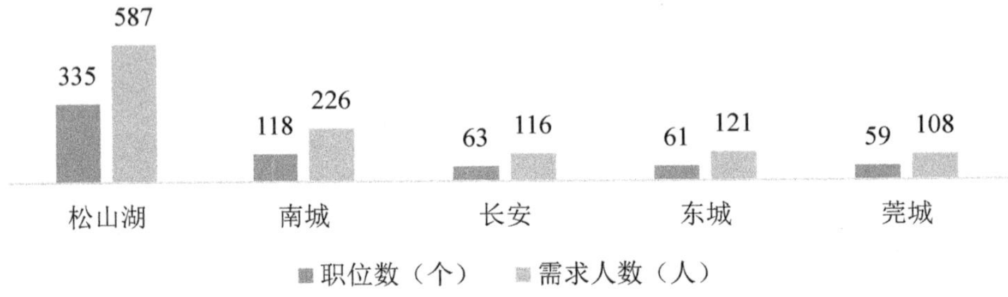

图 1-5　2019 年东莞在线职位量前五的镇街（园区）

（四）超八成在线职位的月薪[①]在 8000 元及以上

2019 年，东莞市硕博人才在线职位的平均月薪为 1.59 万元，中位数为 1.1 万元，其中薪资水平低于平均值的职位占比 62.91%

① 职位薪资取该职位在线显示薪资区间的平均值，特别说明除外；因部分职位薪资为年薪，故所有职位薪资均转换成年薪后再除以 12。

（687 个，招聘 1356 人）[①]。具体来看，月薪超过 8000 元的职位数量占比 76.10%，其中月薪在 8000～14999 元的职位数量最多（455 个，占比 41.67%）。年薪最高的是东莞材料基因高等理工研究院副院长一职（最高可达 150 万元/年），顶薪[②]达到 100 万元/年的职位共有 11 个（如图 1-6 所示）。

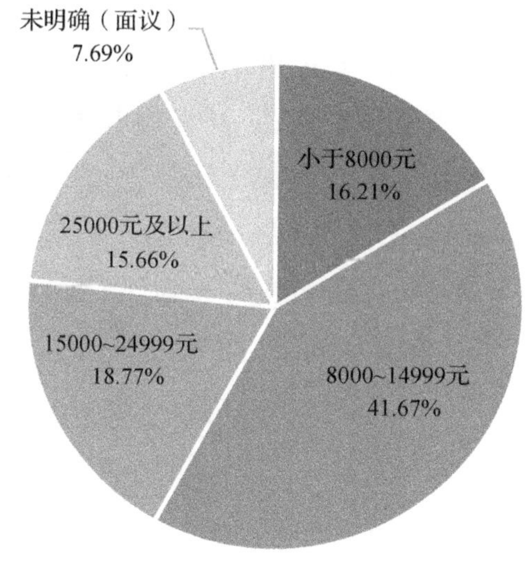

图 1-6　2019 年东莞硕博人才在线职位薪资结构

二、东莞市创新型高层次人才供需匹配情况

在前程无忧招聘网上，2019 年，东莞市企事业单位共发布硕博人才在线职位 545 个（招聘 925 人），市外意向到东莞就业的硕博人才（含 MBA）共 6400 人。具体情况如下：

---

① 职位薪资平均数和中位数计算不含未明确薪资水平的职位。

② 顶薪指该职位能给到录用者最高的薪资。

（一）东莞市在线职位量排在珠三角地区前列

2019 年，东莞市企事业单位在前程无忧招聘网站上发布在线职位需求 2270 次，月均在线职位 189 个，需求 331 人。经过比对去重得出，全年共有 234 家企事业单位发布在线职位 545 个（招聘 925 人），其中博士职位 76 个（招聘 121 人），硕士职位 469 个（招聘 804 人）（如图 2-1 所示）。与其他城市相比，2019 年东莞月均实时在线[①]职位 287 个，在珠三角地区 9 市中排第 4 位，仅次于深圳（3530 个）、广州（3040 个）、佛山（297 个），高于珠海、中山、惠州、江门和肇庆等市；但相比其他一线/新一线城市，东莞硕博人才在线职位数量仍十分稀少，排在最后一位，比月均倒数第二位的沈阳（346 个）少 59 个（如图 2-2 所示）。

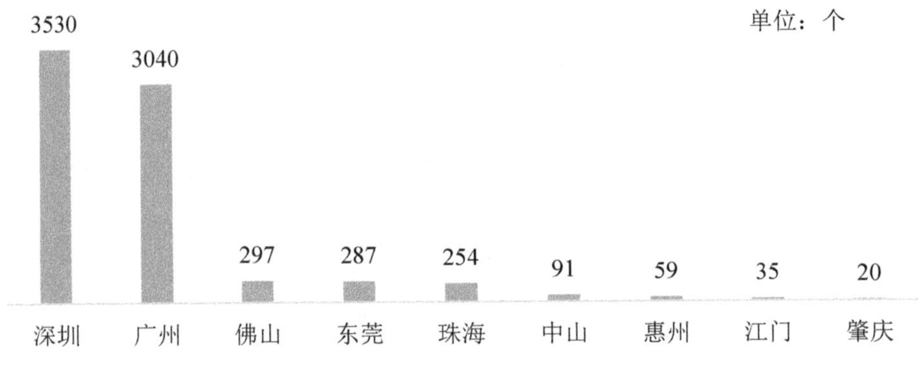

图 2-1　2019 年珠三角地区各市在前程无忧网月均实时在线职位数

（二）意向到东莞就业的硕博人才多来自广深

2019 年，意向到东莞就业的国内外硕博人才共 8925 人，其中来自市外的 6400 人（以下简称“意向求职者”）。从区域分布看，意向求职者中，省内、省外（含港澳台 100 人）、国外的人才数量分别

① 每月 30 号挂在前程无忧招聘网上的职位，包括未在当月更新的职位和异地招聘职位。

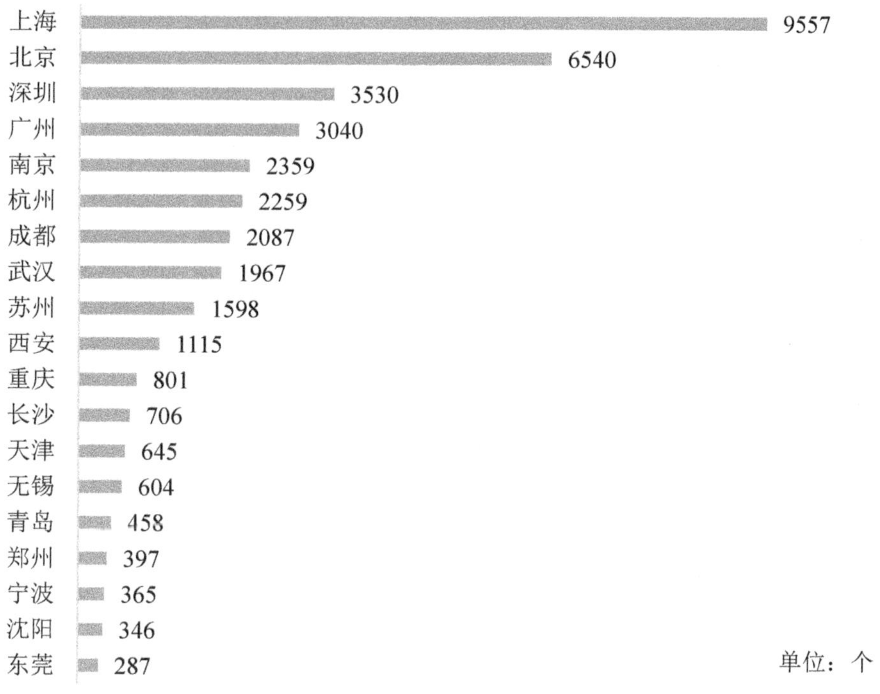

图 2-2 2019 年一线/新一线城市在前程无忧网月均实时在线职位数

占比 65.52%、32.66%和 1.83%。具体来看，省内意向求职者主要分布在广州（1740 人）和深圳（1635 人）两市，占到意向求职者总量的 52.73%（如图 2-3 所示）；省外意向求职者主要分布在高校云集的省（市），排名前五的分别为湖南、湖北、上海、江西和北京（如图 2-4 所示）。从简历更新次数看，意向求职者全年共更新简历 16740 次①，平均每人更新 2.62 次；简历更新 3 次以上人数（2170 人）占比达 33.91%，从侧面反映出，部分意向求职者到东莞就业的意向强烈（如图 2-5 所示）。

① 每人每月记一次。

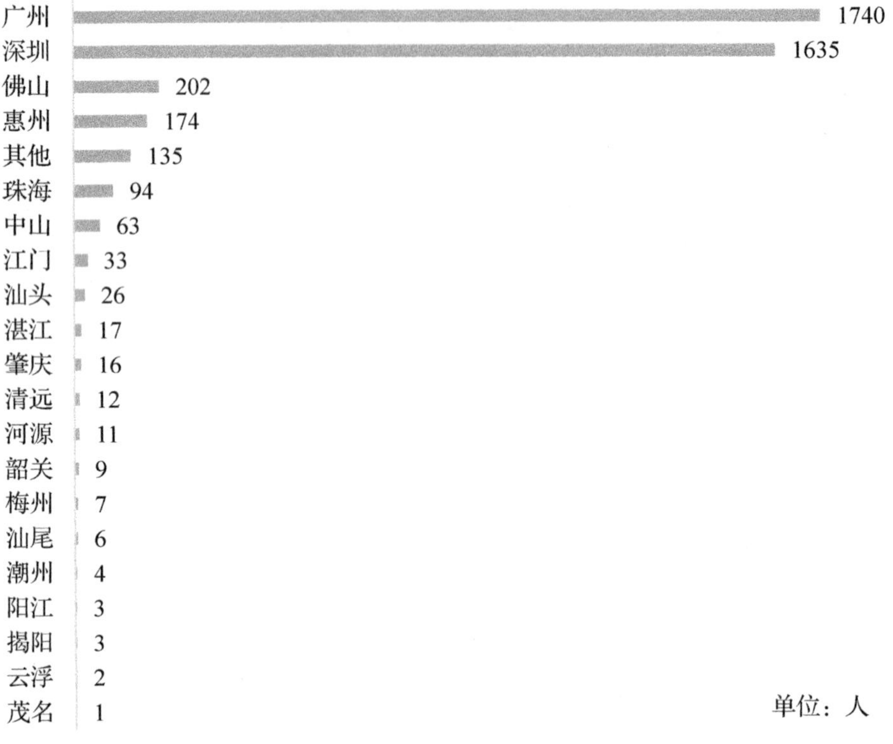

图 2-3　省内意向求职者的城市分布

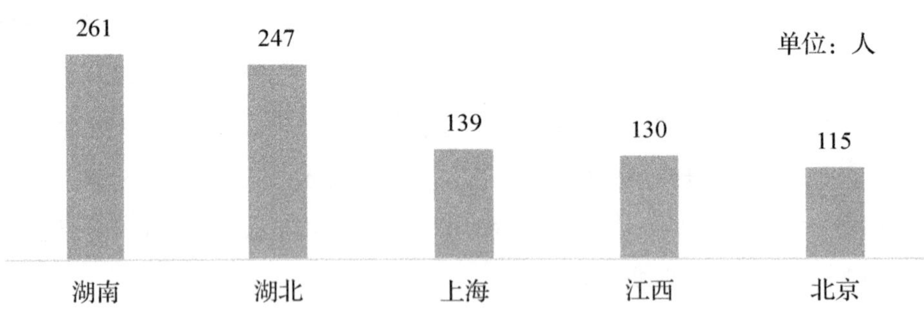

图 2-4　省外意向求职者数量排名前五的省（市）

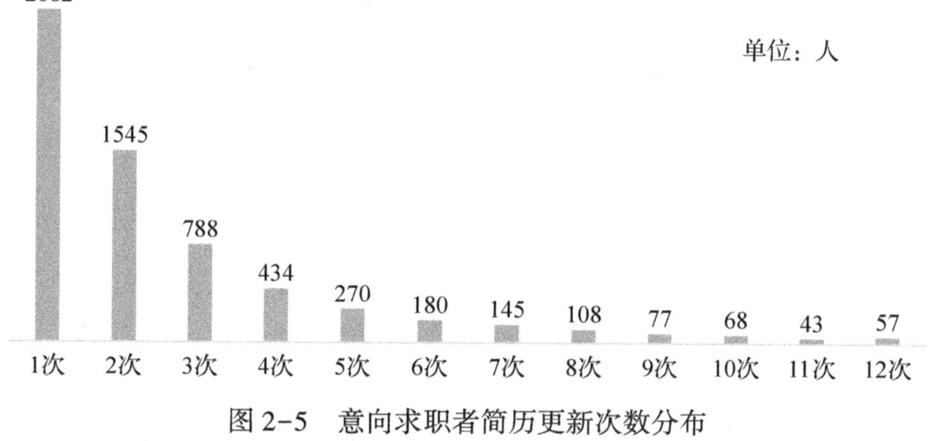

图 2-5 意向求职者简历更新次数分布

（三）东莞硕博人才职位竞争力①相对较低

2019 年，市外意向到东莞就业的硕博人才数量（6400 人）是全市硕博人才在线职位量（545 个）的 11.74 倍，远低于《2019 年夏季雇主需求与白领人才供给报告》② 的 45.1（如图 2-6 所示）。从意向求职者与东莞市人才需求的数量关系看，全年意向到东莞就业的硕博人才数量是全市硕博人才需求量（925 人）的 6.92 倍，其中硕士学历人才数量（6126 人）是需求量（804 人）的 7.62 倍，博士学

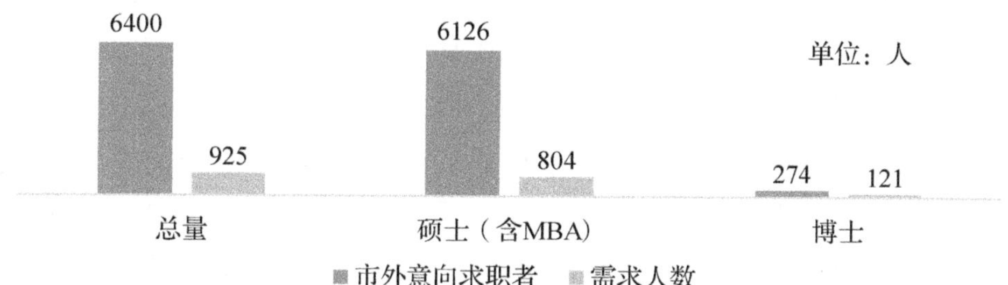

图 2-6 2019 年意向求职者与东莞硕博学历人才需求情况

① 职位竞争力=意向求职者/需求人数，值越大表示职位竞争力越强，反之亦然。

② 该报告是智联招聘网站 2019 年发布的，2019 年夏季求职期全国 37 个城市的人才供需竞争指数（竞争指数=收到的简历投递量/发布的职位数量）为 45.1，东莞以 16.1 排在 32 位。

历人才数量（274 人）是需求量（121 人）的 2.26 倍。这表明东莞硕博人才职位竞争力相对较低，特别是博士人才职位招聘存在较大的困难（如图 2-7 所示）。

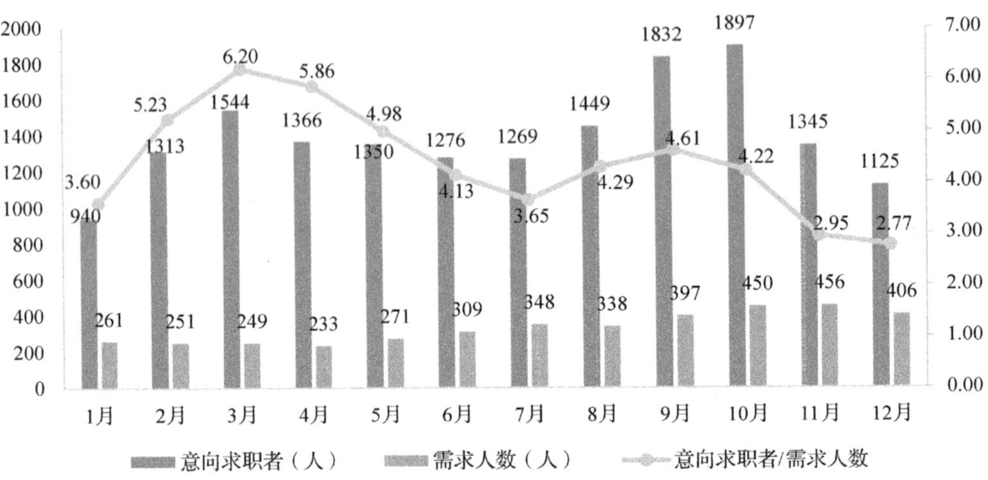

图 2-7　2019 年 1—12 月意向求职者与东莞硕博人才需求情况①

（四）重点专业类别人才招聘存在较大困难

2019 年，东莞在前程无忧网上的硕博人才需求以理学、工学、医学科专业背景的人才为主，占总需求人数的 74.27%，其中材料类专业背景人才需求量最多占 24.22%；意向到东莞就业的理学、工学、医学科背景人才约占意向求职者总数的 57.55%，其中材料类（10.45%）专业背景人数最多。从学科类别看，教育学和管理学学科背景的人才招聘相对容易，其意向求职者数量分别是东莞同类人才需求量的 35 和 24.99 倍；而理学、工学、医学科背景的意向求职

① 各月意向求职者与需求人数的值，低于全年累计意向求职者与需求人数的值，是因为月更新简历求职者的重复率（55.09%）低于月在线职位的重复率（72.70%）（比如 1 月份求职者 A 向职位 C 投递简历，2 月份求职者 B 向职位 C 投递简历，则 1、2 月份面向该职位的求职者的重复率为 0，职位需求的重复率为 1；该职位 1 月和 2 月的人才供需比均为 1，两个月的累计供需比为 2），一定程度上反映了有相当一部分求职者最终没有到东莞实现就业。

者数量仅为东莞需求的5.36倍，低于全市平均值（6.92），人才招聘相对困难（见表2-1）。从具体专业类别看，东莞硕博人才需求量最大的10个专业类别，其意向求职者数量与东莞同类人才需求量的比值均低于5，自动化、物理学和数学等3个专业类别更是低于1，相关专业类别的人才招聘十分困难（见表2-2）。

表2-1　各学科背景意向求职者数量与东莞人才需求情况

学科	意向求职者（人）	需求人数（人）	意向求职者/需求人数
教育学类	70	2	35.00
管理类	1849	74	24.99
文学类	171	14	12.21
哲学类	15	2	7.50
理学、工学、医学	3683	687	5.36
历史类	15	3	5.00
法学类	165	39	4.23
经济类	309	87	3.55
农学类	70	21	3.33
艺术学	42	0	—
军事学	1	0	—
未明确	10	124	—

表2-2　东莞硕博人才需求量最大的10个专业类别的意向求职者数量与需求情况

专业类别	意向求职者（人）	需求人数（人）	意向求职者/需求人数
机械类	560	123	4.55
材料类	669	224	2.99
电子信息类	318	118	2.69
生物医药与医学类	198	81	2.44
计算机类	184	92	2.00
化学化工类	402	219	1.84
自动化类	71	91	0.78
物理学类	62	91	0.68
数学类	33	52	0.63

莞穗深人才政策体系对比研究

东莞处于广州、深圳两个人才高地之间，因城市定位、产业发展重点不同，人才队伍基础、人才需求类型与结构及人才培养能力也与穗深有所差异。在人才队伍方面，东莞的人才总量与质量均低于穗、深两市。例如，广州市大专以上学历人才占常住人口比例为25.29%，高出东莞市约5个百分点，其专业技术人才数量约为东莞的7.6倍；截至2019年11月，深圳人才总量约为580万，而东莞市截至2019年年底人才总量约220万，深圳市人才/人口比高出东莞约17个百分点①。在重点产业人才需求方面，东莞的人才需求层次低于穗、深两市。例如，穗、深两市人才招聘要求为本科及以上学历人才的占比分别为22.48%和25.93%，较东莞（15.59%）高出6.89和10.34个百分点②。从人才培养能力来看，东莞青年人才培养能力弱于广州、深圳两市。例如，东莞本专科高校在校生规模仅为广州

① 数据来源：东莞统计数据源自《2018东莞市人才资源统计报告》及人才办最新初步统计结果，深圳统计数据源自南方都市报《580万！深圳目前各类人才数量占常住人口的44.5%》，广州统计数据源自《广州市人才发展白皮书（2018）》。根据穗、深两市相关资料分析，三地对人才的定义不尽一致，穗、深两市对“人才”的定义更宽泛，如东莞对“技能人才”的定义为具有技能等级证书的人才，深圳将具备同等技术能力的人才也涵盖在内。由于三地人才数据定义不一致，发布时间不统一，文中尽可能采用同期、同口径数据。

② 数据来源：2019年，东莞人才发展研究院持续跟踪珠三角9市的7个重点产业在前程无忧发布的在线职位数量，包括电子信息、现代服务业、互联网、金融业、装备制造业、生物与新医药、能源环保等7个产业。

的10%左右，职业技术院校在校学生规模不足广州的20%，且总体来讲东莞人才培养层次相对较低，研究生人才培养能力缺乏[①]。

因此，在粤港澳大湾区建设深入推进，国家对人才政策进行方向调整的背景下，如何进一步优化东莞市人才政策体系，使其既能体现东莞特色，又能与穗深错位发展，全面提升东莞人才发展竞争力，是全市人才工作面临的重要课题。为此，由市人才工作领导小组办公室牵头，联合东莞人才发展研究院成立专项课题组，通过全方位比对莞穗深三地人才政策，找出东莞市人才政策竞争优劣势，并提出优化东莞市人才政策体系的对策建议。

一、莞穗深三地人才政策体系比较

据不完全统计，东莞市级层面现行人才政策70余项，以《东莞市“十百千万百万”人才工程行动方案》为核心，形成了覆盖领军型、学历型、专业技术型、技能型等各类人才的相对完备的人才政策体系，重点关注自然科学和工程技术领域人才与技能人才。深圳市级层面现行人才政策近70项，围绕《关于促进人才优先发展的若干措施》（即“人才新政81条”）形成了人才类别全覆盖、脉络清晰的“一体多元”人才政策体系。广州市级层面现行人才政策近40项，以《关于实施“广聚英才计划”的意见》为核心，重点集聚大湾区发展需要的高端专业人才和具备国际视野的青年人才，人才政策产业导向明显。莞穗深3市人才政策体系具体对比情况如下：

（一）穗、深两市高层次人才覆盖面更广，扶持力度更大

1. 穗、深两市高层次人才认定范围更广、类目更细。

《东莞市特色人才目录（2018—2019年）》涵盖251个人才类别

① 数据来源：2018年各市《国民经济和社会发展统计公报》。

（国家级以上 159 个、省级 40 个、市级 52 个），主要为自然科学和工程技术领域的高层次人才，以及国家级以上奖项最高奖项获得者，对医疗卫生、教育、人文社科领域覆盖相对较少。《广州市高层次人才认定标准（2017 年）》涵盖 214 个人才类别（国家级以上 152 个、省级 42 个、市级 20 个），《深圳高层次专业人才认定标准（2019 年）》涵盖 312 个人才类别（国家级以上 238 个、省级 44 个、市级 30 个）。穗、深两市共有 198 项国家级（含 2 项国际奖项）和 44 项省级人才称号/奖项不在《东莞市特色人才目录（2018—2019 年）》范围内，如吴阶平医学奖、国医大师、孙冶方经济科学奖、文化部优秀专家、全国模范教师等（见表 1-1）。

表 1-1　穗、深两市部分未被列入“特色人才”目录的人才类别

人才类别/奖项	深圳奖励	广州奖励
吴阶平医学奖	300 万元	500 万元
国医大师	300 万元	500 万元
国家级教学成果奖特等奖	300 万元	500 万元
“全国中青年德艺双馨文艺工作者”荣誉称号	300 万元	500 万元
孙冶方经济科学奖	300 万元	500 万元
国家科技支撑（攻关）计划项目负责人	300 万元	500 万元
近 5 年，在国际顶级期刊以第一作者或通讯作者发表论文者	300 万元	200 万元
国家能源研发（实验）中心主任	300 万元	200 万元
国家级教学成果奖特等奖、一等奖	200 万元	200 万元
教育部高等学校教学名师奖	200 万元	200 万元
省（哲学）社会科学优秀成果奖一等奖	200 万元	200 万元
“全国德艺双馨电视艺术工作者”（百佳电视艺术工作者）荣誉称号	200 万元	200 万元
国家科技支撑（攻关）计划课题第一负责人	200 万元	200 万元
中国广播影视大奖主要作者（含编剧）、导演和主要演员前 3 名	200 万元	200 万元

续表

人才类别/奖项	深圳奖励	广州奖励
全国播音主持“金话筒”奖	200 万元	200 万元
中国服装设计金顶奖	200 万元	200 万元
华夏建设科学技术奖特等奖、一等奖	200 万元	200 万元
中国通信标准化协会科学技术奖一等奖	200 万元	200 万元
中国通信学会科学技术奖一等奖	200 万元	200 万元
王选新闻科学技术奖人才奖	200 万元	200 万元
中国出版政府奖优秀出版人物奖	200 万元	200 万元
光华龙腾设计创新奖中国设计业十大杰出青年	200 万元	200 万元
中华医学会科学技术奖、中华预防医学会科学技术奖、中华护理学会科学技术奖、中华口腔医学会科学技术奖、中华中医药学会科学技术奖、中国中西医结合学会科学技术奖一等奖	200 万元	200 万元
珠江学者特聘教授	200 万元	200 万元
文化部优秀专家	200 万元	200 万元
中宣部“四个一批”人才	200 万元	500 万元
广东省委宣传部“十百千工程”人才第一层次培养对象	200 万元	200 万元
广东省高等学校“千百十工程”国家级培养对象	200 万元	200 万元
全国模范教师	200 万元	200 万元
全国优秀教师	200 万元	100 万元
经国家、广东省确认由深圳市输送并代表国家参赛，获得奥运会或近两届列入奥运会项目的世界杯、世锦赛个人项目第 1 至 3 名次的现役运动员	200 万元	200 万元
南粤突出贡献奖团队带头人或个人	200 万元	500 万元
国家级教学成果奖二等奖	160 万元	100 万元
省级优秀教学成果一等奖	160 万元	100 万元
省级高等学校教学名师	160 万元	100 万元

续表

人才类别/奖项	深圳奖励	广州奖励
国家级教学成果奖二等奖、省级优秀教学成果一等奖	160 万元	100 万元
省级高等学校教学名师	160 万元	100 万元
省（哲学）社会科学优秀成果奖二等奖	160 万元	100 万元
省精神文明建设“五个一工程”奖	160 万元	100 万元
文联奖最高等级奖	160 万元	100 万元
中国十佳服装设计师	160 万元	100 万元
中国通信标准化协会科学技术奖二等奖	160 万元	100 万元
王选新闻科学技术奖人才奖特别贡献奖	160 万元	100 万元
光华龙腾设计创新奖中国设计业十大杰出青年提名奖	160 万元	100 万元
中国外观设计优秀奖	160 万元	100 万元
国家科技支撑（攻关）计划课题第二、三负责人	160 万元	100 万元
广东省委宣传部“十百千工程”人才第二层次培养对象	160 万元	100 万元
广东省高等学校“千百十工程”省级培养对象	160 万元	100 万元
近 5 年，直接培养出获得奥运会或近两届列入奥运会项目的世界杯、世锦赛第 4 至 8 名次运动员	160 万元	100 万元
中国科学院“知识创新工程”重要方向项目课题负责人	160 万元	100 万元
教育部“新世纪优秀人才支持计划”入选者	160 万元	200 万元
广东省自然科学杰出青年基金资助项目获得者	160 万元	100 万元

从后备高层次人才来看，广州对获得“中国博士后科学基金”和“海外青年人才引进计划（博士后项目资助）”资助的出站博士后直接认定为“广州市青年后备人才”；深圳对获得“中国博士后科学基金”资助或在深从事科研工作满 3 年的出站博士后，以及世界知名大学（境外）博士毕业生可直接认定为“后备级人才”，《东莞市特色人才目录（2018—2019 年）》未直接涵盖到博士后。此外，东莞将“千人计划”“国家特支计划”等国家级重大人才工程入选者全部认定为“一类人才”，而穗、深两市则按入选者项目类别认定为

不同层级的高层次人才。

2. 穗、深两市高层次人才扶持力度更大、限制更少。

东莞将“特色人才”划分为“特级人才”“一类人才”“二类人才”“三类人才”和“四类人才”5个层次；广州将高层次人才划分为“广州市杰出专家”“广州市优秀专家”“广州市青年后备人才”3个层次；深圳将高层次人才划分为“杰出人才”“国家级领军人才/A类人才”“地方级领军人才/B类人才”“后备级人才/C类人才”4个层次。

从补贴力度看，东莞高层次人才的安家补贴力度要弱于穗、深两市。在顶尖人才方面，穗、深两市均单独设置一档补贴，给予“诺贝尔奖”和“国家最高科学技术奖”获得者以及指定国家“两院”院士两倍于其他高层次人才的超高额度补贴。比如，广州虽将顶尖人才纳入“广州市杰出专家”，但明确了顶尖人才购房补贴标准为1000万元（或享受200 m^2 左右10年免租住房），其他“杰出专家”为500万元（或享受150 m^2 左右10年免租住房）①；深圳将顶尖人才单独划为“杰出人才”，给予100万元工作经费奖励（仅面向“杰出人才”）和600万元购房补贴（或享受200 m^2 左右10年免租住房②），购房补贴标准是“国家级领军人才/A类人才”（300万元）的2倍。与之相比，东莞仅将顶尖人才认定为“特级人才”，给予250万元购房补贴（或享受200 m^2 左右8年免租住房③），扶持力度远低于穗、深两市。其他各类高层次人才，穗（100万~500万元）、深（160万~300万元）两市的补贴额度也高于东莞（30万~250万元）（见表1-2）。

① “广州市杰出专家”若选择免租住房，全职在穗工作满10年且贡献突出可无偿获赠该住房产权。

② “杰出人才”若选择免租住房，全职在深工作满10年（贡献突出）可无偿获赠该住房产权，或申领1000万元购房补贴。

③ “特级人才”若选择免租住房，全职在莞工作满8年即可无偿获赠该住房产权。

表 1-2　　莞穗深三市对高层次人才的补贴力度

<table>
<tr><th colspan="2">东莞</th><th colspan="2">广州</th><th colspan="2">深圳</th></tr>
<tr><th>人才层级</th><th>资助力度</th><th>人才层级</th><th>资助力度</th><th>人才层级</th><th>资助力度</th></tr>
<tr><td rowspan="2">特级人才</td><td rowspan="2">250 万元</td><td>“诺贝尔奖”得主
“国家最高科学技术奖”得主
“两院”院士</td><td>1000 万元</td><td>杰出人才</td><td>700 万元</td></tr>
<tr><td rowspan="2">杰出专家</td><td rowspan="2">500 万元</td><td rowspan="2">国家级领军/A 类人才</td><td rowspan="2">300 万元</td></tr>
<tr><td rowspan="2">一类人才</td><td rowspan="2">200 万元</td></tr>
<tr><td rowspan="2">优秀专家</td><td rowspan="2">200 万元</td><td rowspan="2">地方级领军/B 类人才</td><td rowspan="2">200 万元</td></tr>
<tr><td rowspan="2">二类人才</td><td rowspan="2">150 万元</td></tr>
<tr><td rowspan="3">青年后备人才</td><td rowspan="3">100 万元</td><td rowspan="3">后备级/C 类人才</td><td rowspan="3">160 万元</td></tr>
<tr><td>三类人才</td><td>100 万元</td></tr>
<tr><td>四类人才</td><td>30 万元</td></tr>
</table>

从补贴方式看，东莞高层次人才申请购房补贴的限制相对较多。东莞要求申请人在获得“特色人才”称号后，以本人（或配偶、未成年子女）名义在本市首次购买商品住宅房，补贴资金要求专款专用；广州对申请人的房产和补贴资金的使用方面没有特别限制；深圳仅要求申请人（和共同申请人）在深圳拥有不超过一套商品房（“地方级领军人才”和“后备级人才”需有深圳户口），补贴资金由申请人自主使用。此外，广州市高层次人才在管理期内人才层次发生变动的，自变动年度起，可按新层次对应的标准调整住房补贴，从补贴总额中扣除之前已领取的补贴金额，余额在 5 年内发放完毕（见表 1-3）。

表 1-3　　莞穗深三市高层次人才住房补贴申请条件与发放方式

	东莞	广州	深圳
申请条件	1. 申请人在获得称号后，以本人（或配偶、未成年子女）名义在本市首次购买商品住宅房 2. 需在东莞缴满 1 年社保 3. 未享受过相关住房保障政策 4. 夫妻双方都属高层次人才的，按层次较高一方应享受的标准解决其住房问题	1. 已有自有住房的高层次人才在资格认定之日当月起核发，未有自有住房的在购房签署合同之日当月起核发 2. 持有《广州市高层次人才证书（A证）》 3. 入住高层次人才公寓未满 3 年的，可以申请改领住房补贴 4. 非首次申请的申请人提供单位出具的在职工作证明即可	1. 申请人（和共同申请人）在深圳拥有不超过一套商品房 2. 全职在深圳工作（每年 9 个月） 3. 首次申请需连续缴纳 3 个月社保，申请续发需连续缴纳 12 个月社保 4. 在人才认定（确认）的有效任期内 5. 地方级领军和后备级人才需具有深圳市户籍 6. 未享受过相关住房保障政策
资金发放方式	从成功申请的下一年起按 5 年等额发放（每年须申请一次） 人才层次发生变动，未申请部分按新的人才类别对应的补贴标准执行	分 5 年等额发放，每人每年领取一次 管理期内人才层次发生变动的，自变动年度起，按新层次对应的标准调整住房补贴，并从补贴总额中扣除之前已领取的补贴金额，余额在 5 年内发放完毕	奖励补贴按 5 年任期分次等额发放，在认定后一年内申请首次奖励补贴，并在其后 4 个年度内连续分别申请完毕，逾期未申请视为自动放弃该年度奖励补贴 正在领取房改房补贴的，可在市住建部门办理变更手续后改领奖励补贴（扣除已领取补贴金额）
资金要求	专款专用	未明确规定	自主支出使用

3. 三市创新创业团队的扶持力度相近、方式不一。

东莞对引进的战略科学家团队分期给予最高 1 亿元资助（成长性好和业绩突出的项目可据实予以滚动支持或追加资助），对市引进创新科研团队给予最高 2000 万元资助，资助力度可比肩穗（最高 3300 万元）、深（海外高层次人才团队最高资助 1 亿元，平均每个团队 2000 万元）两市；市培育团队（最高 200 万元）和高层次医学专科团队（最高 500 万元）的资助力度略低于深圳（见表 1-4）。

表 1-4　莞穗深三市对创新创业团队的扶持力度

<table>
<tr><th colspan="2">东莞</th><th colspan="2">广州</th><th colspan="2">深圳</th></tr>
<tr><th>项目层级</th><th>资助力度</th><th>项目层级</th><th>资助力度</th><th>项目层级</th><th>资助力度</th></tr>
<tr><td>战略科学家团队</td><td>最高 1 亿元</td><td rowspan="4">创新创业领军团队</td><td rowspan="4">人才经费：最高 300 万元
项目资助：最高 3000 万元</td><td rowspan="2">海外高层次人才团队</td><td rowspan="2">最高 1 亿元（平均 2000 万元）</td></tr>
<tr><td>市引进创新科研团队</td><td>最高 2000 万元</td></tr>
<tr><td>市培育团队</td><td>最高 200 万元</td><td>高层次创新创业预备项目团队</td><td>最高 500 万元</td></tr>
<tr><td>高层次医学专科团队</td><td>最高 500 万元</td><td>高水平医学团队</td><td>800 万～1500 万元</td></tr>
</table>

从资助经费的发放方式看，“东莞市十大战略科学家团队”资助经费按一定比例分 5 年发放，“东莞市引进创新科研团队”资助经费采取“一次性立项资助+一次性奖励”的方式发放；“深圳市海外高层次人才孔雀计划团队”资助经费分两期拨付，签订合同后拨付 60%，通过中期考核后按规定拨付余款；“羊城创新创业领军人才支持计划”创业领军团队资助方式较为多样，包括“股权资助（跟投）+无偿资助”“股权资助（直投）+无偿资助”“无偿资助”三种方式，最大限度地发挥财政资金撬动效应；“羊城创新创业领军人才支持计划”创新领军团队采取“后拨付”资助方式，通过中期考核后才拨

付首笔资助经费（见表 1-5）。

表 1-5　　莞穗深三市创新创业团队资助经费发放方式

城市	团队	资助方式
东莞	东莞市十大战略科学家团队	（资助金额不超过项目总投入的 50%） 第一年，给予确定资助总金额的 20% 第二年、第三年，每年给予确定资助总金额的 10% 第四年、第五年，中期检查良好等次（含良好）以上的，每年给予确定资助总金额的 25%，项目验收合格后给予剩余的 10%；中期检查合格的每年给予确定资助总金额的 15%，项目验收合格后给予剩余的 30%；中期检查不合格的，暂停已拨付财政资金使用，暂缓下期资助资金拨付，视情况进行整改或终止项目
	东莞市引进创新科研团队	对获立项的团队，视团队层次给予一次性经费资助（A 类 1000 万元，B 类 800 万元，C 类 500 万元） 结题验收后，从税收贡献、知识产权成果产出、项目资金投入、技术研发和产业化进程、人才引育等方面对团队项目的实时情况及经济产业发展贡献程度进行综合评价，并一次性给予不高于立项资助经费额度的奖励经费
深圳	深圳市海外高层次人才“孔雀计划”团队	（资助金额不高于项目申报预算总额的 50%） 依托单位为非预算管理单位的资助资金分两期拨付，签订合同后拨付 60%，通过中期考核后按规定拨付余款；预算管理单位按相关规定分年度拨付
广州	“羊城创新创业领军人才支持计划”创业领军团队	人才经费资助：分两期拨付，通过评审后（完成企业注册且人员到岗）拨付 50%经费，中期评估通过后拨付 50%经费 项目经费资助： ✧ 股权资助（跟投）+无偿资助：财政资金资助额度原则上按照与合作机构投资资金 1∶1 的比例确定，最高不超过 3000 万元。股权资助按合作投资机构“同股同价”方式对入选团队企业进行投资，财政投资股权占企业股权比例不超过 20%；入选 3 年内再

续表

城市	团队	资助方式
广州	“羊城创新创业领军人才支持计划”创业领军团队	次获得股权投资机构投资且股价估值增加的，可按上述方式再次给予项目经费资助，但两次资助额累计不超过最高限额；财政投资股权投票权交由入选团队行使，分红全额奖励给入选团队。无偿资助分两期拨付，项目启动且企业相应自筹经费到位后，拨付30%前期经费；项目验收通过后拨付其余70%经费（无偿资助最高不超过资助总额50%） ✧ 股权资助（直投）+无偿资助：资助额度原则上按评审通过的项目预算的50%确定，最高不超过1500万元。股权资助委托市属国有投资主体对入选团队企业开展股权估值、尽职调查和入股谈判等工作，确定财政投资股权占企业股权具体比例，最高不超过20%。其余支持政策参照“股权资助（跟投）+无偿资助” ✧ 无偿资助：资助额度原则上按评审通过的项目预算的50%确定，最高不超过500万元。分两期拨付，具体参照“股权资助（跟投）+无偿资助”执行，入选3年内获得股权投资机构投资的，可转按“股权资助（跟投）+无偿资助”进行资助，但股权资助和无偿资助累计资助额不超过3000万元
		人才经费资助：分两期拨付，通过评审后（完成企业注册且人员到岗）拨付50%经费，中期评估通过后拨付50%经费 项目经费资助：资助额度原则上按评审通过的项目预算的50%确定，最高不超过3000万元。分三期拨付，项目中期评估通过后，拨付30%经费；项目验收通过后，拨付50%经费；项目实施5年内其研发产品累计销售收入达到预期目标的，拨付其余20%经费

4. 穗、深两市后备高层次人才层级更高、补助更多。

从本土高层次人才培养对象看，东莞市“培养高层次人才特殊支持计划”旨在培养一批扎根东莞的重点领域领军人才；广州“岭南英杰工程”重在培养位于国际科技前沿的中国科学院、中国工程院院士后备人才，以及具有国内领先水平的国家级重大人才工程人选后备人才；深圳“杰出人才培养专项”聚焦国家战略和深圳重点领域、重点产业发展需要，意在培养具有成长为深圳“A 类人才（国家级领军人才）”潜力的后备人才。穗、深两市培养对象的层级均高于东莞，其扶持力度也都高于东莞（见表 1–6）。在青年领军人才方面，东莞给予“青年领军人才”入选对象最高 100 万元资助；深圳直接将青年领军人才纳入“孔雀计划”后备级/C 类人才，补贴金额为 160 万元（且可享受市区叠加）。

表 1–6　莞穗深三市对后备高层次人才的扶持力度

项目类别	东莞	广州	深圳
本土高层次人才	高层次人才特殊支持计划：30 万元	岭南英杰工程：125 万～200 万元	杰出人才培养专项：1000 万～2000 万元
青年领军人才	创新类：60 万元 创业类：100 万元	—	160 万元

5. 穗、深两市对在站博士后的扶持力度更强。

2017 年年末，东莞市发布《东莞市博士后管理工作实施办法》，将新设立的博士后流动站和工作站的建站资助标准提升至 100 万元，分站和创新实践基地的建站资助标准提升至 35 万元，博士后科研工作平台的建站扶持力度直追穗、深两市（见表 1–7）。

表 1–7　莞穗深三市对博士后科研工作平台和博士后人员的扶持力度　（单位：万元）

城市		东莞	广州	深圳
建站资助	流动站	100	100	100
	工作站	100	100	100
	分站	35	70	—
	创新实践基地	35	30	50

续表

城市		东莞	广州	深圳
在站资助	生活补贴	30	36	36
	科研资助	—	20	—
出站资助	扶持力度	50（生活补贴）	30（安家费）	30（科研资助）
	备注	✧签订 5 年劳动合同 ✧分 5 年发放	✧期满出站 1 年内 ✧签订 3 年劳动合同 ✧分 2 期发放	✧申请时间不得超过出站 3 年 ✧签订 3 年劳动合同 ✧分 3 次平均发放

在进站扶持方面，东莞对新进站的博士后人员，在站期间每年给予 15 万元资助（资助期不超过 2 年），用于科研经费、导师指导费及个人生活补助等支出；广州对市属博士后科研工作站、分站、创新实践基地符合规定的在站博士后，给予每人每年 18 万元生活补贴（资助期限为 2 年）和一次性每人 20 万元科研项目资助①；深圳给予在站博士后每人每年 18 万元生活补贴（资助期限不超过 2 年），穗、深两市对在站博士后的扶持力度比东莞更强。

在出站扶持方面，东莞对博士后人员出站后在本市工作，且与本市企事业单位签订 5 年以上劳动（聘用）合同，分 5 年给予总额 50 万元的出站资助；广州对期满出站后 1 年内，到市属企事业单位全职工作并签订 3 年以上劳动合同（聘用协议），或自主创业并符合规定条件的，给予 30 万元安家费；深圳对博士后出站（3 年内）选择留（到）深从事科研工作，且与本市企事业单位签订 3 年以上劳动（聘用）合同的出站博士后人员，给予 30 万元科研资助。东莞对

① 广州博士后科研流动站在站博士后可获得一次性 20 万元科研项目资助。

出站博士后的扶持资金总额高于穗、深两市，但申领门槛也高于穗、深两市。此外，广州对获得“中国博士后科学基金”和“海外青年人才引进计划（博士后项目资助）”资助的出站博士后直接认定为“广州市青年后备人才”，深圳对获得“中国博士后科学基金”资助或在深从事科研工作满 3 年的出站博士后直接认定为“后备级人才”。

（二）东莞缺少重点产业人才专项政策

穗、深两市均结合自身发展定位，如打造金融中心和国际化大都市，聚焦特定人才群体，出台了针对性的产业（领域）人才政策，以提升人才引进培育的靶向性。广州为打造国际化大都市，大力吸引培育留学人员，先后出台《广州市留学人员来穗工作资助管理办法》《关于实施鼓励海外人才来穗创业“红棉计划”的意见》，围绕广州市重点产业领域引进并扶持一批海外人才到穗创业项目；并在国内率先出台培育留学人员的《广州市“菁英计划”留学项目实施办法》，资助一批优秀青年人才到国际知名高校攻读博士学位（或在读博士到国外从事课题研究）。同时，广州还结合城市定位，出台《广州高层次金融人才支持项目实施办法》，集聚一批具有国际视野的高层次金融人才，包括金融领军人才、金融高级管理人才、金融高级专业人才和金融柔性引进人才；深圳也印发《深圳市支持金融人才发展实施办法》，提出 10 项措施大力促进金融人才集聚，全力打造国家金融中心（见表 1-8）。

相比之下，作为“国际制造名城”，东莞目前的专项人才政策主要以党政人才、“倍增”企业骨干人才、医疗/教育/文化领域高层次人才为主，还缺少结合城市发展定位，针对重点产业、战略新兴产业等的产业人才专项政策，政策的聚焦性尚有欠缺。

表 1-8　　穗深两市重点专项政策

城市	项目名称	扶持措施
广州	《关于实施鼓励海外人才来穗创业“红棉计划”的意见》	围绕广州市重点产业领域，从 2018 年起 5 年内每年引进并扶持不超过 30 个海外人才到穗创业项目，从项目资助（200 万元创业启动资金）、创业融资（获 B 轮以上融资最高奖励 100 万元）、创业孵化、知识产权保护、税收优惠、采购扶持、人才保障等多个方面予以支持
	《广州市“菁英计划”留学项目实施办法》	从 2011 年起，每年资助不超过 100 名优秀青年人才到国际知名高校攻读博士学位（或在读博士到国外从事课题研究），市财政为资助对象提供往返 1 次的国际旅费（欧美地区 0.8 万元、亚洲和大洋洲地区 0.6 万元），和留学期间（最长 5 年）1.3 万元/月的生活费
	《广州高层次金融人才支持项目实施办法》	引进、集聚一批具有国际视野的高层次金融人才，从资金补贴、培训、股权期权激励、入户、子女入学、优先参选市级以上重点人才工程（就高享受相关支持政策，不重复补贴）等方面予以支持 资金补贴额度： ✧ 金融领军人才：现有人才 50 万元；新引进人才 100 万元 ✧ 金融高级管理人才：现有人才 20 万元；新引进人才 30 万元 ✧ 金融高级专业人才：现有人才 10 万元；新引进人才 20 万元 ✧ 金融柔性引进人才：年累计工作 2 个月的 10 万元；年累计工作 6 个月的 20 万元

续表

城市	项目名称	扶持措施
深圳	《深圳市支持金融人才发展实施办法》	✧ 加大高层次和急需紧缺金融人才支持力度 ✧ 实施百千万金融人才培养工程 ✧ 完善金融人才培养资源体系 ✧ 加大国际化金融人才培养力度 ✧ 深化粤港澳大湾区金融人才交流合作 ✧ 强化金融博士后工作站点的人才储备功能 ✧ 实施金融人才实习和挂职交流项目 ✧ 鼓励金融从业人员提升职业素质 ✧ 加强金融人才调查研究工作 ✧ 支持开展“鹏城十大杰出金融人物”评选活动

（三）东莞（市级）基础性人才政策具备竞争优势

1. 东莞基础性创新人才扶持力度更大，政策惠及面更广。

从市级人才政策看，东莞对新引进本科以上学历人才和初级以上专业技术人才（具有专业技术职称），给予1万~30万元不等的综合补贴，其中非东莞户籍申请人可申领40%；广州市级政策未向基础性人才提供任何资金补贴；深圳仅向新引进本科以上学历人才提供1.5万~3万元不等的生活补贴，且要求申请人具有深圳户籍。不论是补贴力度、对象范围还是申请条件，东莞都优于穗、深两市。此外，东莞市还面向新取得硕士以上学历和高级专业技术职称的人才，提供2万~5万元不等的素质提升补贴（见表1-9）。

表 1-9 莞穗深三市对基础性创新人才的扶持力度

<table>
<tr><th colspan="2">类别</th><th>东莞</th><th>广州</th><th>深圳</th></tr>
<tr><td rowspan="8">人才引进补贴</td><td>博士</td><td>20 万元</td><td rowspan="13">—</td><td>3 万元</td></tr>
<tr><td>硕士</td><td>6 万元</td><td>2.5 万元</td></tr>
<tr><td>本科</td><td>不低于 1 万元
（市“倍增计划”企业翻倍）</td><td>1.5 万元</td></tr>
<tr><td>正高级职称</td><td>30 万元</td><td rowspan="4">—</td></tr>
<tr><td>副高级职称</td><td>20 万元</td></tr>
<tr><td>中级职称</td><td>6 万元</td></tr>
<tr><td>初级职称</td><td>不低于 1 万元
（市“倍增计划”企业翻倍）</td></tr>
<tr><td>申请条件</td><td>✧ 2017 年 1 月 1 日后引进；
✧ 签订 3 年以上劳动合同，并在该单位工作并缴社保满 1 年；
✧ 人事档案关系在东莞市；
✧ 东莞户籍人才可申领 100%，非东莞户籍人才可申领 40%；
✧ 本科需就职于限定用人单位</td><td>✧ 2016 年 3 月 23 日后引进；
✧ 在职人才需符合：本科未满 30 周岁、硕士未满 35 周岁、博士未满 40 周岁；
✧ 在深缴纳社保且社保关系仍在深；
✧ 具有深圳户籍</td></tr>
<tr><td rowspan="5">素质提升补贴</td><td>资金发放方式</td><td>博士（高级职称）分 5 年
硕士（中级职称）分 3 年
本科（初级职称）一次性发放</td><td>一次性发放</td></tr>
<tr><td>正高级职称</td><td>5 万元</td><td rowspan="4">—</td></tr>
<tr><td>副高级职称</td><td>4 万元</td></tr>
<tr><td>博士</td><td>4 万元</td></tr>
<tr><td>硕士</td><td>2 万元</td></tr>
</table>

2. 东莞在技能人才培养方面引育并重，但对高层次技能人才的扶持力度低于深圳。

2018 年，《东莞市人民政府关于实施百万劳动力素质提升工程打造“技能人才之都”的意见》发布，提出打造“技能人才之都”的战略目标。目前，东莞市级层面现行关于技能人才的政策共 14 项，占全部现行政策的 20%，覆盖技能人才的引进、培育、评价、激励、保障以及平台建设等各个方面。

在高层次技能人才方面，东莞实施“工匠精英”引领计划，每年选树一批“莞邑工匠”和“首席技师”，分别给予 30 万元和 3.6 万元的资金扶持，激励高层次技能人才带动培养更多高技能人才。与东莞市相比，深圳积极组织开展“鹏城工匠”评选活动和“工匠之星”技能大赛，给予入选者（获奖者）最高 50 万元和 10 万元的资金扶持，其对高层次技能人才培养的扶持力度强于东莞。

在基础性技能人才方面，东莞更加注重高技能人才的引进和国际化培养，出台了《东莞市人力资源和社会保障局技能人才引进培养资助办法》和《东莞市人力资源和社会保障局高技能人才国际培养计划实施办法》，对新引进具有紧缺急需工种技师以上职业资格的技能人才给予最高 10000 元的综合补贴；对参加国际课程培训班的高技能人才给予 5000 元/人·月的培训补贴，取得国际技能证书再给予 5000 元奖励。深圳更加注重本土技能人才的培养提升，专门设立“职业技能培训补贴资金”，对参加职业技能培训（符合《深圳市职业技能培训补贴目录》）并取得技能等级提升的劳动者，按工种和技能等级给予 1100~7700 元的培训补贴。

在技能人才培养载体方面，东莞对新建立的“东莞市技师工作站”给予 30 万元的补贴经费，对获评省级、国家级技师工作站（技能大师工作室）的再给予一次性 20 万元和 30 万元的奖励，鼓励企业、行业协会和科研生产型事业单位建立技师工作站，充分发挥现有高技能人才的带动培养作用。深圳从 2016 年起，每年重点建设 10 个技能大师工作室、30 个技师工作站、50 个高技能人才培训基地，根据项目产出效益大小划分三个等级，给予 10 万~50 万元的经费资助。东莞对技师工作站（技能大师工作室）的扶持力度与深圳不相上下（见表 1-10）。

表 1-10　莞穗深三市对技能人才的扶持力度

<table>
<tr><th colspan="2">类别</th><th>东莞</th><th>广州</th><th colspan="3">深圳</th></tr>
<tr><td rowspan="2">高层次技能人才</td><td>奖励</td><td>莞邑工匠：30 万元
首席技师：3.6 万元</td><td>—</td><td colspan="3">鹏城工匠：50 万元
工匠之星：10 万元（竞赛）</td></tr>
<tr><td>培养</td><td>最高 10 万元/人·年，年资助总额不超过 200 万元</td><td>—</td><td colspan="3">最高 20 万元/人·年（菁英计划）
每年遴选 30 人</td></tr>
<tr><td colspan="2" rowspan="2">基础性技能人才</td><td>新引进具有紧缺急需工种职业资格证书的人才：
一级（高级技师）：10000 元/人
二级（技师）：5000 元/人</td><td rowspan="2">—</td><td colspan="3" rowspan="2">取得深圳职业技能培训补贴目录内本市行政主管部门核发证书：
二级以上：2200~7700 元
三级：1760~3630 元
四级：1540~3300 元
五级：1100~3080 元</td></tr>
<tr><td>参加国际课程班：5000 元/人·月（3~6 个月）
参加国际课程班并考取国际技能证书：5000 元</td></tr>
<tr><td colspan="2" rowspan="2">高技能人才培训基地</td><td rowspan="2">以政府购买课程形式扶持</td><td rowspan="2">—</td><td>一级</td><td>二级</td><td>三级</td></tr>
<tr><td>20 万元</td><td>15 万元</td><td>10 万元</td></tr>
<tr><td colspan="2" rowspan="2">技师工作站</td><td rowspan="2">30 万元，获评省级、国家级技能大师工作站（技师工作站）再给予 20 万元和 30 万元的一次性奖励</td><td rowspan="2">—</td><td>一级</td><td>二级</td><td>三级</td></tr>
<tr><td>30 万元</td><td>25 万元</td><td>20 万元</td></tr>
</table>

续表

类别	东莞			广州	深圳		
技能大师工作室	国家级	省级	市级	—	一级	二级	三级
	30 万元	20 万元	10 万元		50 万元	40 万元	30 万元

（四）东莞人才服务保障的对象范围大于穗、深两市

近年来，东莞大力加强人才服务工作，针对人才普遍关注的安居、子女教育等问题出台专项政策，并将为高层次人才提供一站式服务“优才卡”，使人才能够真正“引得进、留得住、用得好”。

1. 东莞人才安居对象更广，深圳人才安居效率更高。

着力解决人才住房困难，持续改善人才居住条件，解决人才对住房的后顾之忧，是提升城市人才竞争力的重要手段。近年来，东莞不断加大力度筹建人才安居房，以优化在莞人才的安居环境。

从人才房的筹建情况看，东莞在 2018 年成立东莞市安居建设投资有限公司，以专业化、市场化运作的方式，筹建青年人才公寓、家庭式乐居公寓和养老式服务公寓等 3 种类型的人才住房，目前在（已）建项目 8 个，拟筹建人才住房 4707 套。广州市级层面暂未成立市场化运营公司，主要通过配建和存量资源整合等方式筹集人才住房；广州开发区成立了广州开发区人才工作集团，目前在（已）建人才公寓项目 3 个，人才养老公寓项目 1 个。相比之下，深圳早在 2016 年就成立了深圳市人才安居集团，专责负责公共住房投资建设和运营管理，目前在（已）建项目 100 个，拟筹集人才住房 88722 套，现已有 19300 套可供分配，其人才安居效率更高。

从人才房的受惠对象看，东莞人才房配租对象包括在莞就业创业的、具有本科以上学历的，或被列入紧缺人才目录的大专学

历和中级以上职业技能人才，或符合研发人才引进培养条件的人才。广州市级人才房的供应对象仅为市认定或评定的中高层次人才，区级人才房的供应对象为区级认定的人才；18~35 岁的广州户籍新就业无房职工，具有本科以上学历且获得相应学位、或具有技师以上职业资格证书，可申请公共租赁住房。深圳人才房配租对象为全日制本科以上学历人才、符合深圳产业发展方向的技师以上职业技能人才和其他紧缺人才。相比之下，东莞的人才安居对象更广泛。

2. 东莞人才子女教育政策受惠面更广，穗、深聚焦高层次人才子女。

2019 年，东莞出台了《东莞市高端人才和企业人才子女入学实施办法》，高端人才和特定企业（机构）聘用的管理和技术人才的子女，可由教育部门安排入读义务教育阶段公办学校或政府购买学位的民办学校，特色人才和博士后子女还可按户籍学生同等待遇报考高中阶段学校。广州对高层次人才子女转学作了专门规定，高层次人才子女就读义务教育阶段学校和报考高中阶段学校享受户籍学生同等待遇，高中转学到广州的，按与原就读高中同等级原则，安排在市一级以上学校就读。深圳按高层次人才的层级提供不同的人才子女教育服务，如杰出人才、国家级领军人才和 A 类人才子女申请就读义务教育阶段学校和高中转学的，可在全市范围内任选一所学校就读；地方级领军人才、B 类人才、后备级人才和 C 类人才子女遵循义务教育阶段学校新生招生（积分入学）有关规定就近入学，申请高中转学遵循高中阶段学校招生及学籍管理相关规定，按实际情况，安排在与其中考成绩、学业水平相匹配的学校就读；高层次专业人才的非户籍子女在深就读义务教育和高中阶段学校，享受户籍学生同等待遇。

3. 东莞高层次人才医疗保障侧重资金补助，穗、深挂钩干部

保健。

东莞每年开展持续两个月的“特色人才体检服务月”，符合条件的特色人才可到东莞市定点医院，享受每年一次的健康体检服务；市财政为每名特色人才提供1200~2500元不等的健康体检费用补助，人才可根据自身需要选取体检项目内容，超出部分自行支付；体检后，医院将安排专人讲解体检结果，并根据特色人才要求，制定个性化干预措施，建立个人健康档案进行跟进，为特色人才的健康保驾护航。广州为高层次人才提供每年3~7天年度休假体检，高层次人才可选择指定的医院休假体检，所需费用按广州在职公务员体检标准的1~3倍执行；高层次人才纳入广州市干部保健对象范围，享受在市属医疗机构优先挂号和优先就诊服务。深圳杰出人才可享受市政府一级保健待遇，国家级领军人才和A类人才享受市政府二级保健待遇，地方级领军人才和B类人才享受市政府三级保健待遇；并在深圳市麒麟山疗养院挂牌深圳市保健中心，承担各类人才的健康疗养。

4. 东莞落户门槛相对较低，深圳落户程序更为简便。

相比穗、深两市，东莞人才落户政策的覆盖范围更广泛，落户门槛更低（见表1-11）。比如学历型人才落户，东莞涵盖到全日制大专和非全日制本科，广州仅限全日制本科以上学历人才，深圳仅限全日制大专以上学历人才；东莞对大专学历人才的年龄限定为未满40周岁，深圳为未满35周岁。应届生方面，东莞涵盖到省内职业学校、技工院校具备中级工以上国家职业资格的学制教育应届毕业生，广州仅限定本科以上学历毕业生，深圳仅限定大专以上学历毕业生。

表 1-11　莞穗深学历型、专业技术型、技能型人才入户条件比对

人才类型		东莞		广州		深圳	
		年龄限制	社保要求	年龄限制	社保要求	年龄限制	社保要求
学历型人才	博士	50 周岁	参保	50 周岁	有记录	45 周岁	依法参保
	硕士			45 周岁	有记录		
	本科	45 周岁	参保	40 周四	6 个月		
	大专	40 周岁	参保	—	—	35 周岁	
	非全日制本科	40 周岁	3 年	—	—	—	—
专业技术人才	高级职称	50 周岁	参保	50 周岁	有记录	50 周岁	依法参保
	中级职称	45 周岁	参保	40 周岁	6 个月	45 周岁	
	初级职称	40 周岁	参保	—	—	—	—
技能人才	专业技术职业资格	—	—	40 周岁	6 个月	—	—
	高级技师	45 周岁	6 个月	45 周岁	6 个月	45 周岁	依法参保
	技师			40 周岁	1 年	40 周岁	
	高级工	40 周岁	1 年	35 周岁	2 年	35 周岁	3 年
	中级工	35 周岁	3 年	—	—	—	—

注：东莞和深圳技能人才落户需符合市紧缺工种目录；广州无此强制要求，但未满 40 周岁的紧缺工种类别技能人才，连续就业和参保 1 年可落户。

在落户程序方面，东莞需申请人携相关材料到人社部门提出入户申请，获得东莞市人才入户卡，再到公安部门办理入户手续（所有人必须回到原籍迁移户籍），申请人需跑多个部门，手续繁杂且效率较低。广州落户程序则相对简化，申请人才在网上提交材料后，由用人单位审核提交人力资源社会保障系统。人力资源社会保障系统受理审核并公示后，以邮寄方式发放入户信息卡，申请人才再持卡到公安部门办理入户手续。深圳“秒批”业务极大精简了入户程序，申请人（个人或单位两种方式）仅需在网上填写测评表，扫描

提交申报材料，等待公安系统通知（符合秒批条件）并到公安网上系统办理户籍迁入业务即可（广东户籍无须回原籍迁移户籍），其中材料审批由系统自动调取相关部门机构数据库的数据进行比对。

（五）东莞人才政策市镇叠加效应远低于穗、深两市

东莞人才政策的发力点主要集中在市级层面。不论是领军型人才还是基础性人才，相关扶持均以市级政策为主，镇街（园区）主要按照市政策要求的出资比例承担相应的财政份额，除了东城（1∶1配套）、长安（特色人才叠加4万~12万元，本地生源高校毕业生奖1.2万~2.4万元）、石排（特色人才最高叠加100万元）、黄江（1∶0.5至1∶0.25配套）等镇街外，其他镇街极少主动出台配套政策，市镇（园区）叠加效应不明显。

广州对不同层次人才扶持的发力点不同。广州市一级政策主要集中在高层次人才的扶持，鼓励但未明确要求各区为基础性人才提供相关补贴；下辖各区在高层次人才扶持方面大多主动出台配套扶持政策，部分区也同时向基础性人才提供一定额度的生活补贴，如广州开发区的“美玉10条”2.0版，按实际（在本区）购房金额的80%给予高层次人才最高500万元补贴，给予本科以上学历人才2万~5万元入户奖励；天河区对高层次人才按市安家补贴标准的1∶0.2到1∶0.5进行配套补贴（见表1-12）。

深圳市区两级发力凸显人才政策叠加效应。深圳具有良好的市区联动人才工作机制，各区积极响应市各项人才工作部署，主动出台配套政策对市级多项人才补贴进行叠加，如福田、盐田、罗湖、龙岗、龙华、宝安、坪山、光明和大鹏新区等9个区对“孔雀计划”入选者，按市财政补贴额度的1∶0.2到1∶1进行配套支持，市区叠加后高层次人才最高可享受1000万元的住房补贴或220 m^2 左右的10年免租住房（符合一定条件可无偿获赠该住房）；福田、盐田、龙

表 1-12　　莞穗深市级政策扶持力度和部分区/镇叠加情况　（单位：万元）

<table>
<tr><th rowspan="2">人才层级</th><th colspan="4">东莞</th><th colspan="4">广州</th><th colspan="3">深圳</th></tr>
<tr><th>市级</th><th>东城</th><th>松山湖</th><th>长安</th><th>市级</th><th>天河</th><th>南沙</th><th>黄埔</th><th>市级</th><th>福田</th><th>龙岗</th></tr>
<tr><td>顶尖人才</td><td>特级：250</td><td rowspan="5">1：1</td><td rowspan="5">—</td><td>12</td><td>院士：1000</td><td>500</td><td rowspan="2">—</td><td rowspan="2">—</td><td>杰出：700</td><td rowspan="5">1：0.5</td><td>—</td></tr>
<tr><td rowspan="4">高端人才</td><td>一类：200</td><td>10</td><td>杰出：500</td><td>250</td><td>国家级/A类：300</td><td>1：1</td></tr>
<tr><td>二类：150</td><td>8</td><td>优秀：200</td><td>50</td><td rowspan="3">100</td><td rowspan="3">100</td><td>地方级/B类：200</td><td rowspan="3">1：0.5</td></tr>
<tr><td>三类：100</td><td>6</td><td rowspan="2">青年后备：100</td><td rowspan="2">20</td><td rowspan="2">后备级/C类：160</td></tr>
<tr><td>四类：30</td><td>4</td></tr>
<tr><td>博士</td><td>20</td><td rowspan="5">—</td><td rowspan="5">—</td><td rowspan="5">—</td><td rowspan="5">—</td><td rowspan="5">—</td><td>6</td><td>5</td><td>3</td><td>1.5</td><td rowspan="3">1：1</td></tr>
<tr><td>硕士</td><td>6</td><td>4</td><td>3</td><td>2.5</td><td>1.25</td></tr>
<tr><td>本科</td><td>≥1</td><td>2</td><td>2</td><td>1.5</td><td>—</td></tr>
<tr><td>正高级</td><td>30</td><td rowspan="2">—</td><td rowspan="2">5</td><td rowspan="2">—</td><td>3</td><td rowspan="2">—</td></tr>
<tr><td>副高级</td><td>20</td><td>—</td></tr>
</table>

注：“市级”一列为市一级政策的补贴额度，后面区（镇）各列为下辖区（镇）叠加额度和叠加比例。

岗、龙华、宝安、大鹏 6 个区对本科以上学历人才，按市财政补贴资金的 1：0.5 到 1：1 进行配套扶持（见表 1-13、表 1-14）。

综上，东莞市人才政策体系还存在以下几点不足：一是高层次人才认定标准有待进一步拓宽和细化，扶持力度有待进一步加强，补贴资金发放方式有待进一步优化；二是缺少专项产业人才政策；三是基层人才政策缺位，人才政策市镇（园区）叠加效应未凸显；四是技能人才培养力度和方式有待进一步加强与创新。

表 1-13 深圳市区政策叠加列表 （单位：万元）

<table>
<tr><th>人才层级</th><th>深圳市</th><th>福田区</th><th>盐田区</th><th>罗湖区</th><th>龙岗区</th><th>龙华区</th><th>宝安区</th><th>坪山区</th><th>光明区</th><th>大鹏新区</th><th>南山区</th></tr>
<tr><td>杰出人才</td><td>600</td><td rowspan="4">1：0.5</td><td rowspan="4">1：1</td><td rowspan="4">1：0.2</td><td>—</td><td rowspan="4">1：1</td><td rowspan="4">1：1</td><td rowspan="4">1：1</td><td rowspan="3">1：1</td><td rowspan="4">1：1</td><td rowspan="4">—</td></tr>
<tr><td>国家级领军/A 类人才</td><td>300</td><td>1：1</td></tr>
<tr><td>地方级领军/B 类人才</td><td>200</td><td rowspan="2">1：0.5</td></tr>
<tr><td>后备级/C 类人才</td><td>160</td><td>120</td></tr>
<tr><td>博士</td><td>3</td><td rowspan="2">1：0.5</td><td rowspan="3">1：1</td><td rowspan="3">—</td><td rowspan="3">1：1</td><td rowspan="3">1：1</td><td rowspan="3">1：1</td><td rowspan="3">—</td><td rowspan="3">—</td><td rowspan="3">1：1</td><td rowspan="3">—</td></tr>
<tr><td>硕士</td><td>2.5</td></tr>
<tr><td>本科</td><td>1.5</td><td>—</td></tr>
</table>

表 1-14 莞深穗三地部分区（镇）级人才政策列表

<table>
<tr><th>城市</th><th>区（镇）</th><th>政策名称</th></tr>
<tr><td rowspan="10">东莞</td><td>东城街道</td><td>《东城街道促进就业创业奖励办法》</td></tr>
<tr><td rowspan="2">长安镇</td><td>《长安镇新时代创新人才引进实施方案》</td></tr>
<tr><td>《长安镇促进户籍居民就业创业 奖励办法》</td></tr>
<tr><td>石排镇</td><td>《石排镇特色人才工作方案》</td></tr>
<tr><td rowspan="2">黄江镇</td><td>《黄江镇关于特色人才特殊政策的暂行办法》</td></tr>
<tr><td>《黄江镇户籍高校毕业生就业奖励实施意见》</td></tr>
<tr><td rowspan="3">松山湖</td><td>《东莞松山湖高新区领军人才集聚工程实施办法》</td></tr>
<tr><td>《东莞松山湖高新区青年科技创新人才培养工程实施办法》</td></tr>
<tr><td>《东莞松山湖推动港澳人才创新创业实施办法》</td></tr>
<tr><td rowspan="3">广州</td><td>黄埔区</td><td>《广州市黄埔区 广州开发区 广州高新区聚集“黄埔人才”实施办法》</td></tr>
<tr><td>南沙区</td><td>《广州南沙新区（自贸片区）集聚人才创新发展的若干措施》</td></tr>
<tr><td>天河区</td><td>《天河区产业发展专项资金支持高层次人才创新创业实施办法》</td></tr>
</table>

续表

城市	区（镇）	政策名称
广州	越秀区	《越秀区促进产业园区发展和商务楼宇提升暂行办法》
		《越秀区促进优质企业发展暂行办法》
		《越秀区集聚高端人才暂行办法》
	荔湾区	《广州市荔湾区人民政府办公室关于印发荔湾区高层次人才认定评定管理办法等五项人才发展配套政策的通知》
	海珠区	《中共海珠区委 海珠区人民政府关于扶持人才创新创业的实施意见》
	白云区	《中共广州市白云区委 广州市白云区人民政府关于加快集聚产业领军人才的意见》
		《广州市白云区创新创业领军人才支持计划》
		《广州市白云区创新创业领军人才支持计划、广州市白云区产业领军人才奖励制度》
	番禺区	《中共广州市番禺区委 广州市番禺区人民政府关于加快集聚产业领军人才的实施意见》
		《番禺区创新创业领军人才引进支持制度》
		《番禺区产业领军人才贡献奖励制度》
		《番禺区关于加强广州大学城创新人才资源合作与开发的制度》
		《番禺区高层次人才服务保障制度》
	花都区	《花都区落实广州市人才绿卡审核事权实施办法》
	增城区	《中共广州市增城区委、广州市增城区人民政府关于加快集聚产业高层次人才的意见》
		《广州市增城区创新创业领军团队（人才）支持计划实施办法》
		《广州市增城区博士后管理工作实施细则》
		《增城区基础教育优秀人才引进和管理办法》
	从化区	《关于进一步加强创新创业人才引进培养工作的实施意见》

续表

城市	区（镇）	政策名称
深圳	福田区	《关于进一步实施福田英才荟若干措施的通知》
	罗湖区	《关于实施高层次产业人才“菁英计划”的意见》
		《深圳市罗湖区“菁英人才”认定办法》
		《深圳市罗湖区“菁英人才”综合服务办法》
		《深圳市罗湖区“菁英人才”寻聘奖励办法》
	南山区	《中共深圳市南山区委、深圳市南山区人民政府关于加快实施“领航计划”打造人才创新创业发展生态先行区的意见》
	盐田区	《关于实施人才强区战略打造“梧桐人才”高地的若干措施》
	宝安区	《宝安区关于加强高层次人才队伍建设 实施“凤凰工程”的意见》
	龙岗区	《关于促进人才优先发展实施“深龙英才计划”的意见》
	龙华区	《龙华区“龙舞华章 2020”人才发展若干措施》
	坪山区	《关于促进人才优先发展 全力打造“龙聚坪山”人才高地的实施意见》
	光明新区	《光明新区关于进一步实施“鸿鹄计划”促进人才优先发展的若干措施》
	大鹏新区	《大鹏新区“鹏程计划”人才优先发展若干措施》
	前海区	《关于以全要素人才服务 加快前海人才集聚发展的若干措施》

二、优化东莞市人才政策体系的对策建议

（一）理顺政策层级，精简优化人才政策体系

厘清特色人才政策中涉及的团队项目和人才项目，将全市现有涉及市级以上人才称号的 11 项政策优化调整为 2 项人才计划、2 项项目评审管理政策以及 2 项本土人才培育政策，并加快出台服务保障政策。将人才计划授予统一人才称号，科技项目评审管理政策统一归口市科技局。与此同时，将现有政策进行分层，高端人才、高层次人才和后备型人才仍由市级政策覆盖，将基础性人才（本科以

下学历和技能型人才）的扶持下沉到镇街（园区），鼓励镇街（园区）结合自身产业特色构建各具特色的政策体系，强化市镇（园区）政策叠加效应。

（二）适当扩大政策覆盖范围，提高扶持力度

根据东莞经济社会发展的实际需要，在聚焦东莞市重点产业人才发展的同时，进一步拓宽东莞市特色人才政策惠及人才领域范围。首先，调整特色人才目录，借鉴穗、深两市经验，将两市目前在医疗卫生、法治、金融、教育、文化艺术、电子商务、新基建、新经济等领域的高层次人才也纳入东莞特色人才引进的范围之内，促进东莞各行业高层次人才队伍的协调发展。其次，适当调整特色人才类别，提高扶持力度。如借鉴深圳经验，将海外名校毕业的博士生（对应孔雀计划C类人才）提升为特色人才三类级别，防止因对此类人才资助力度差别过大造成的高层次人才严重流失问题。

（三）建立以业绩为导向的项目管理和扶持方式

整合创新科研团队、创新创业领军人才、青年领军人才、特支计划（科技类）以及十大战略科学家团队等科技人才政策，出台《东莞市科技创新创业项目资助暂行办法》。完善高端人才项目评价管理体系，强化业绩导向，对引进类、培育类项目进行分类评审，并借鉴广州对团队的扶持方式，除了给予人才经费资助外，创新项目分期拨付；探索创业项目采取“股权资助（跟投）+无偿资助”“股权资助（直投）+无偿资助”以及“无偿资助”等多种方式予以扶持。

（四）适时出台专项产业人才政策

为促进制造业高质量发展，建议东莞结合自身发展定位、产业

优势及战略新兴产业布局，适时出台为先进制造业和战略新兴产业提供人才支撑的专项产业人才政策，进一步强化产业人才集聚效应，为相关产业提供强劲的内生动力，以巩固或挖掘东莞在高端电子信息、智能制造、软件与信息技术、生物医药等产业的发展优势，助力东莞打造粤港澳大湾区先进制造业中心和全球先进制造创新领航城市。

（五）优化完善技能人才政策体系

结合东莞“技能人才之都”发展定位，针对东莞技能人才紧缺状况，加强对技能人才的引进与培育。一是探索在人才引进过程中建立技能等级与学历贯通机制。对全市新引进的取得高级工、技师、高级技师等级的技能人才，对应享受专科、本科、硕士学历人才待遇，加大高技能人才引进扶持力度。二是实施“莞训”计划。结合企业人才需求，与专业人力资源服务机构合作，大力吸引各地技工院校应届毕业生来莞实训。对于实习结束后留莞工作满一年的，按照人才技能等级，给予人力资源服务机构引才补贴。三是积极推动技能人才评价机制改革。大力实施企业技能人才评价示范工程，支持企业联合行业协会、学会等制定符合本行业实际需求的技能人才评价办法，引导企业开展技能人才自主评价。

附件一　莞穗深三地人才队伍状况比较

附件二　莞穗深三地创新创业服务比较

附件一　莞穗深三地人才队伍状况比较

（一）穗、深两市人才队伍整体实力强于东莞

2018 年年底，东莞市人才资源总量为 195.34 万人，其中具有大专及以上学历人才 171.48 万人，具有专业技术职称人才 23.33 万人，具有技能等级证书人才 34.02 万人。相比之下，2018 年年底广州大专以上学历人才 377 万人，专业技术人才总量 176.7 万人（同期深圳专业技术人员总量为 166.6 万人），技能人才总量 260.9 万人，分别是东莞的 2.2 倍、7.57 倍（深圳为 7.14 倍）和 7.67 倍，广州大专以上学历人才占常住人口总量的比例（25.29%）大约高出东莞（20.43%）5 个百分点。至 2019 年 11 月，深圳人才总量约 580 万人，而东莞 2019 年年底人才总量约 220 万人，深圳人才/人口（44.5%）比高出东莞约 17 个百分点（见附表 1）①。

附表 1　2018 年莞穗深三地人才规模对比列表　（单位：万人）

城市	常住人口	人才总量	大专以上学历人才	专业技术人才	技能人才
东莞	839.22	195.34	171.48	23.33	34.02
广州	1490.44	637.9	377	176.7	260.9
深圳	1302.66	548	—	166.6	—

① 数据来源：东莞统计数据源自《2018 东莞市人才资源统计报告》及人才办最新初步统计结果，深圳统计数据源自南方都市报《580 万！深圳目前各类人才数量占常住人口的 44.5%》，广州统计数据源自《广州市人才发展白皮书（2018）》。根据广深两市相关资料分析，三地对人才的定义不尽一致，广深两市对“人才”的定义更宽泛，如东莞市对“技能人才”的定义为具有技能等级证书的人才，深圳将具备同等技术能力的人才也涵盖在内。由于三地人才数据定义不一致，发布时间不统一，文中尽可能采用同期、同口径数据。

（二）穗、深两市重点产业人才需求强于东莞

课题组对比分析了2019年莞穗深三地在电子信息业、现代服务业、互联网、金融业、装备制造业、生物与新医药、能源环保业七大重点产业领域的人才需求状况①。从人才需求总量看，穗、深两市人才需求规模更大。广州与深圳月均在线职位总数相当，分别为38.5万个和39.8万个，而东莞为5.8万个，仅为穗、深两地的15%左右。从人才需求的层次看，穗、深两市人才需求层次更高。广州和深圳在线职位要求为本科及以上学历人才的分别占比22.48%和25.93%，而东莞仅为15.59%（见附表2）。

附表2　　2019年莞穗深三地月均在线职位数及人才需求结构对比表

城市	在线职位（万个）	在线职位人才需求学历结构					
		初中及以下	高中/中专/中技	大专	本科	硕士	博士
东莞	5.8	10.63%	28.91%	46.09%	15.11%	0.40%	0.07%
广州	38.5	5.50%	23.40%	48.62%	21.62%	0.77%	0.09%
深圳	39.8	3.99%	21.61%	48.46%	25.00%	0.84%	0.09%

从重点产业人才需求量看，广州人才需求总量排前三位的重点产业分别现代服务业（12.22万人）、互联网产业（9.0万人）、电子信息产业（7.96万人）；深圳也是这三大产业但排序不同，依次为电子信息产业（13.75万人）、现代服务业（10.03万人）和互联网产业（7.44万人）；东莞排前三位的分别是电子信息产业（1.89万人）、现代服务业（1.58万人）和装备制造业（0.77万人）。另外，广州的现代服务业、互联网产业、金融业、生物与新医药、能源环保业人才需求总量排在珠三角地区首位，深圳的电子信息产业和装

① 数据来源：东莞人才发展研究院对珠三角地区9市在前程无忧招聘网站发布的实时在线职位数量的持续跟踪。

备制造业人才需求总量排在珠三角地区首位，东莞7大重点产业领域的人才需求都排在珠三角地区地级市首位（见附表3、附图1）。

附表3　2019年莞穗深七大重点产业月均在线职位量　（单位：个）

重点产业	东莞	广州	深圳
电子信息产业	18949	79675	137548
现代服务业	15825	122237	100288
互联网产业	6003	90068	74400
金融业	4011	44619	35995
装备制造业	7671	16155	25614
生物与新医药	1639	20346	12377
能源环保业	4011	11932	11827
合计	58108	385031	398048

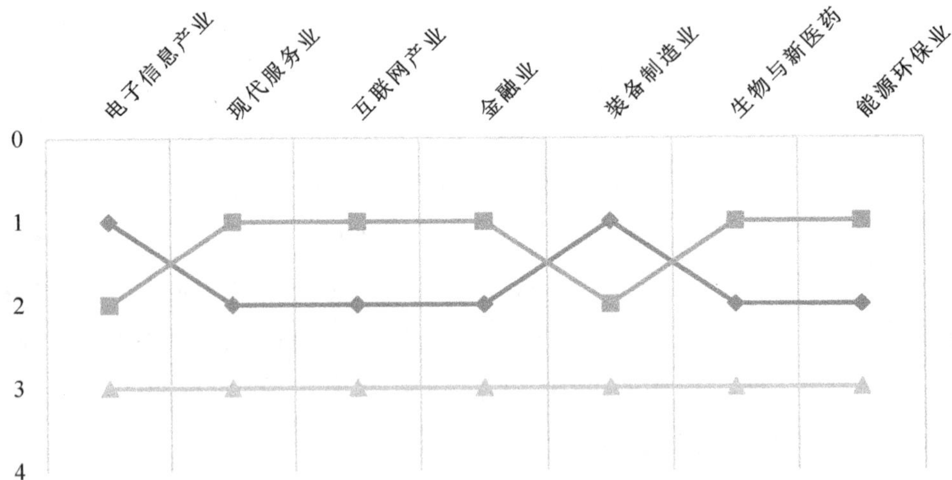

附图1　莞穗深七大重点产业月均在线职位数排名

注：纵坐标数字1-4表示第1名到第4名。

从34个细分行业看，广州在互联网/电子商务、教育/培训/院

校、金融/投资/证券、专业服务（咨询、人力资源、财会）、广告/媒体、制药/生物工程等19个细分行业的人才需求量排在珠三角地区首位；深圳在电子技术/半导体/集成电路、计算机软件、通信/电信/网络设备、机械/设备/重工、物流/运输、仪器仪表及工业自动化等15个细分行业的人才需求量排在珠三角地区首位；东莞在电子技术/半导体/集成电路、互联网/电子商务、机械/设备/重工、教育/培训/院校、计算机软件等25个细分行业的人才需求均位居地级市首位（见附表4）。

附表4　2019年莞穗深34个细分行业月均在线职位量　（单位：个）

34个细分行业	东莞	广州	深圳
互联网/电子商务	5950	80620	71970
电子技术/半导体/集成电路	10127	18598	61446
计算机软件	3863	34365	36042
教育/培训/院校	4101	33537	25013
金融/投资/证券	2498	26487	24649
专业服务（咨询、人力资源、财会）	2787	20728	18955
通信/电信/网络设备	2585	8127	16016
机械/设备/重工	5157	10673	13584
物流/运输	1528	9138	12154
仪器仪表及工业自动化	2514	5482	12030
广告/媒体	1435	18184	11652
计算机服务（系统、数据服务、维修）	1054	9916	9373
通信/电信运营、增值服务	820	5664	8685
中介服务	1359	6127	8559
服务业（餐饮、旅游、娱乐/休闲/体育等）	1310	15041	8013
医疗设备/器械	844	7387	7190
计算机硬件	499	3006	5987

续表

34 个细分行业	东莞	广州	深圳
制药/生物工程	795	12958	5187
医疗/护理/卫生	855	8637	4876
新能源	1385	2061	4708
银行	285	6315	4460
保险	690	9257	4436
检测，认证	1089	2816	3426
环保	1041	4075	3113
租赁服务	618	1303	2476
网络游戏	53	9447	2429
电气/电力/水利	499	1903	2111
学术/科研	246	3625	1993
石油/化工/矿产/地质	1076	3835	1843
外包服务	166	1666	1838
法律	332	1434	1334
会计/审计	445	1437	1277
信托/担保/拍卖/典当	94	1123	1173
采掘业/冶炼	10	59	51

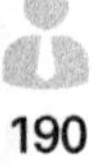

（三）穗、深两市人才培养综合实力强于东莞

从人才储备方面看，2018 年东莞每万人在校大学生数约为 145 人，高于深圳（100 人），但远远落后于广州（729 人），三地的人才培养状况具体如下：

1. 高等院校人才培养能力——广州人才培养规模大层次多，深圳人才培养规模小层次高，东莞人才培养规模小层次较低。从学校数量看，2018 年年底，东莞有普通高等院校 9 所，而广州有 82 所、深圳有 13 所；从培养学生规模看，东莞高等院校普通本专科和成人本专科的招生人数、在校生人数、毕业生人数均多于深圳，但都仅为广州的 10%左右；从培养学生的层次看，东莞高等院校以培养普通本专科生为主，研究生基本属于联合培养，而广州高校研究生在校生人数约占高校在校生人数的 8.89%，深圳该比例为 18.55%（见附图 2）。

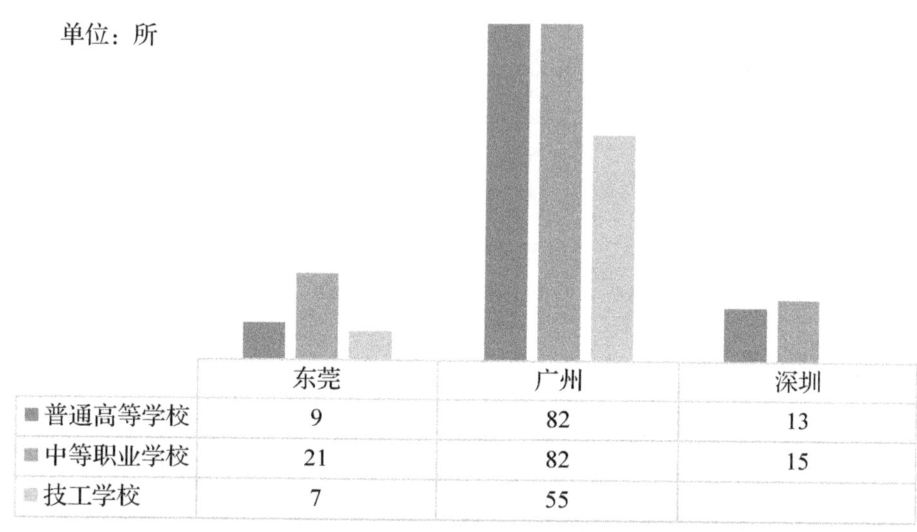

	东莞	广州	深圳
普通高等学校	9	82	13
中等职业学校	21	82	15
技工学校	7	55	

附图 2　2018 年莞穗深三地人才培养院校数量

2. 职业学校人才培养能力——广州学校多人才培养规模大，深圳与东莞人才培养规模基本相当。从学校数量看，2018 年年底，东莞有职业学校 28 所（中职 21 所、技工学校 7 所），而广州有 137 所，深圳有 15 所；从培养学生规模看，东莞职业学校招生人数、在校生人数、毕业生人数与深圳基本相当，但都不足广州的 20%（见附表 5）。

附表 5　2019 年莞穗深三地人才培养能力汇总表　（单位：万人）

学历层次	项目	东莞	广州	深圳
研究生	招生人数	—	3. 95	0. 81
	在校生	—	11. 24	2. 1
	毕业生	—	2. 67	0. 47
普通本专科	招生人数	3. 57	36. 16	3
	在校生	12. 44	115. 3	9. 22
	毕业生	3. 07	29	2. 13
成人本专科	招生人数	2. 34	—	1. 5
	在校生	4. 8	—	3. 37
	毕业生	0. 86	—	0. 69
中等职业教育	招生人数	3. 07	6. 35	1. 38
	在校生	8. 47	18. 1	3. 94
	毕业生	2. 52	5. 82	1. 29
技工学校	招生人数	包含在中等职业教育数据中	8. 66	1. 43
	在校生		24. 41	4. 06
	毕业生		7. 36	0. 93

3. 人才培训体系——东莞的技能人才培训规模不亚于深圳和广州，但载体的层次和数量与广深相比还有一定差距。东莞努力打造“技能人才之都”，拥有民办职业培训机构 158 家，建立了市民素质提升教育平台（莞易学），且技能人才培训规模不亚于深圳和广州。但对比深圳和广州，东莞高技能人才载体数量不多，东莞已累计设立技师工作站 72 个，公共实训基地 9 个，在数量上少于深圳，在层次上也低于广州的 14 个国家级站点；其次，政府支持的企业人才培养项目相对较少，如近三年东莞市工信局、莞商学院、各行业协会等单位累计开展的企业人才高级培训项目不足 40 项，而深圳中小企业局设立“产业紧缺人才培训资助项目”，仅 2018 年一年就组织 52

家机构开展了152个项目培训（见附表6）。

附表6　莞穗深三地人才培训情况对比

	东莞	广州	深圳
人才培训情况	近年来，完成学历和技能素质提升52.23万人，其中学历提升6.63万人、技能培训34.23万人、素质提升11.37万人	计划2019—2021年全市共开展各类补贴性职业技能培训40万人次以上，其中2019年培训10万人次以上	2019年开展各类补贴性职业技能培训12万人次以上，计划未来3年内开展各类补贴性职业技能培训45万人次以上
技能人才载体	技师工作站72个	国家级高技能人才培训基地6个，国家级技能大师工作室8个	技能大师工作室33个，技师工作站115，高技能人才培训基地174个
公共培训基地	以高技能公共实训中心为核心，认定高技能公共实训分基地9个	以广州市职业技能鉴定指导中心为核心，并在广州开发区、番禺区、白云区建立省级高技能人才公共实训基地	以高技能人才公共实训管理服务中心为核心，设立职业教育校外公共实训基地30个
培训机构	民办职业培训机构158家	民办职业培训机构180多家，市职业技能鉴定所50多家	民办职业培训机构151家
其他培训平台	建立市民素质提升教育平台，学历和技能培训线上课程共700门；推动33个镇街开展“一镇一品”产业人才培养16.26万人次	设立10多所广州职工大学堂，开设专题超过1600个、开设课程超过8000门，培训职工超过47万人次	建立深圳市职业技能公益培训平台，线上课程覆盖22个行业近300类工种/岗位

续表

	东莞	广州	深圳
企业人才培训项目	近三年市工信局、莞商学院、各行业协会等单位累计开展企业人才高级培训项目40项左右	广州市人社局开展10个企业人才培训（高研班）补贴专项，广州市外国专家局开展企业人才国际培训项目并每年资助资助50名骨干人才	深圳市中小企业局设立“产业紧缺人才培训资助项目”，仅2018年一年就组织52家机构开展152个公益性项目培训，资助金额高达1400多万元

附件二　莞穗深三地创新创业服务比较

（一）穗深创新资源集聚，创业投资环境更优

一是东莞整体创新能力与广深存在较大差距。2018年深圳研发经费总支出突破1100亿元，是东莞（236亿元）的近5倍；深圳和广州的研发人员数量分别约为东莞（11万人）的3倍和2倍；深圳每万人发明专利拥有量达94件左右，而东莞（35件）与广州（39件）基本相当；广州技术合同成交额突破千亿元（1224.88亿元），近乎是东莞的6倍，科技成果转化成效显著[①]。由以上数据可以看出，东莞整体的研发投入水平和创新成果数量与深圳、广州相比仍有相当差距（见附表7）。

① 相关创新能力指标数据，来自各地2019年统计公报，以及国家科技部，各地统计局、科技局、知识产权局公开数据。

附表 7　　莞穗深三地的整体创新能力情况对比

创新能力指标	东莞	广州	深圳
2018 年研发经费支出总额（亿元）	236. 32	600. 17	1163. 54
2018 年研发经费支出占 GDP 比重	2. 68%	2. 63%	4. 20%
2019 年专利申请量（万件）	8. 32	17. 72	26. 15
2019 年专利授权量（万件）	6. 04	10. 48	16. 66
2019 年发明专利授权量（件）	8006	12222	26100
2019 年 PCT 国际专利申请量（件）	3268	1622	17500
2019 年每万人发明专利拥有量（件）	35. 14	39. 2	93. 4
2018 年研发人员（万人）	11. 2	20. 36	30. 18
2019 年技术合同成交额（亿元）	222. 07	1224. 88	724. 74

二是广深创新人才载体资源更为丰富。东莞创新人才载体建设位居全省前列，其中，高新技术企业超过 6000 家，数量居全省地级市第一；新型研发机构、博士工作站、院士工作站等人才载体在数量上直追广深。但从整体来看，东莞市创新人才载体与广深相比还有不小差距，如深圳和广州拥有的各级重点实验室、工程技术研究中心等科技创新载体分别达到 2258 个和 1447 个①，约为东莞（716 个）的 3 倍和 2 倍；深圳和广州的高新技术企业数量分别超过 1. 7 万家和 1. 2 万家，创业孵化载体分别达到 487 个和 620 个，而东莞仅有 203 个（见附表 8）。

附表 8　　莞穗深三地的各类人才载体数量对比

人才载体	东莞	广州	深圳
高新技术企业	6228 家	12174 家	超 17000 家
新型研发机构	累计 59 家（省级 26 家，市级 33 家）	省级 68 家	省级 42 家

① 创新载体数量参考各地统计公报，高校数量参考各地统计年鉴和《广东统计年鉴 2019》。

续表

人才载体	东莞	广州	深圳
科技企业孵化载体	122 个	368 个	193 个
众创空间	81 个	252 个	294 个
博士后科研工作站	72 个	85 个	105 个
院士工作站	21 个	19 个	25 个
普通高等院校	9 所，在校生 12.44 万人	82 所，在校生 113.96 万人	13 所，在校生 11.32 万人
重点创新载体	重点实验室和工程技术研发中心 716 个	广州已建成 3100 多个省级以上创新平台①，其中，重点实验室 422 个；工程技术研究中心 1025 个	各级创新载体 2258 个
技能人才培养平台	技师工作站 72 个	国家级高技能人才培训基地 6 个，国家级技能大师工作室 8 个	技能大师工作室 33 个，技师工作站 115，高技能人才培训基地 174 个
其他人才发展平台	建成名校研究生培养（实践）基地，港澳台科技创新创业联合培优示范基地 6 个	港澳青年创新创业基地 20 个，获批成立了中国广州人力资源服务产业园	深港澳青年创新创业基地 13 个，获批成立了中国深圳人力资源服务产业园

三是广深拥有一流的创业投资环境。近年来，东莞不断加大科技金融的投入，如 2019 年发放科技信贷就超过 100 亿元，信贷规模

① 广州市科学技术局．从科学发现、技术发明到产业发展、生态优化、人才支撑：广州探路科技全链条发展［R/OL］．（2020-04-29）［2020-06-26］．2020 年 4 月 29 日，http://kjj.gz.gov.cn/xwlb/yw/content/post_5811822.html.

与广深相当，并设立了规模达102亿元的产业引导母基金。但与广深相比东莞的投资活动和创投环境还存在一定差距。如广州和深圳各类产业引导基金总规模分别为150亿元、400亿元[①]，东莞仅为102亿元；深圳成立了规模80亿元的人才创新创业专项基金，广州黄埔区设立了总规模50亿元的黄埔人才基金[②]；深圳已登记私募基金管理人4377家（占全国1/5），广州各类创业投资机构约6200家，分别是东莞现有金融机构数量（348家）12.6倍和17.8倍[③]（见附图3）。另外，广州国资发展控股有限公司（以下简称“广州国发”）联合广东省创投协会等机构，共同搭建了实体化的大湾区金融服务平台——大湾区科技创新服务中心（广州）有限公司，围绕科技企

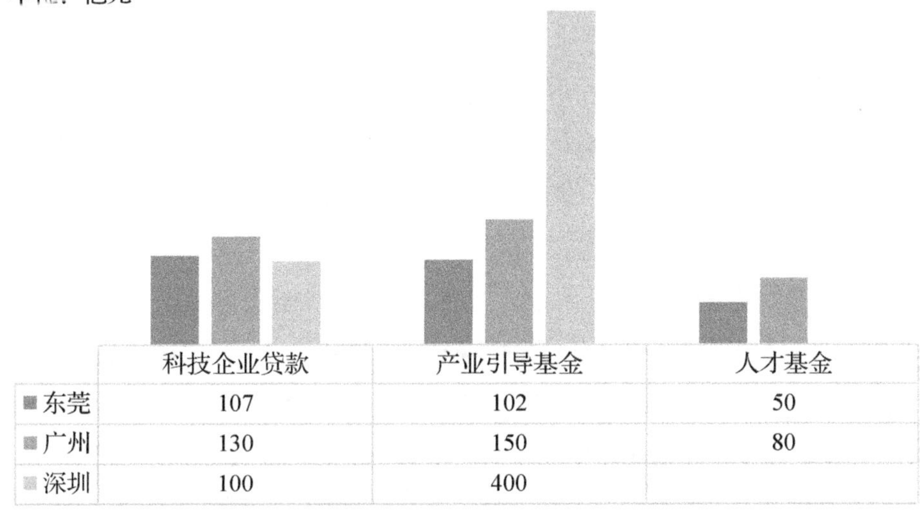

	科技企业贷款	产业引导基金	人才基金
■东莞	107	102	50
■广州	130	150	80
■深圳	100	400	

附图3 莞穗深三地的人才金融扶持情况对比

① 广州设立总规模150亿元的科技成果转化引导基金（50亿元）和战略新兴产业基金（100亿元），深圳成立总规模为400亿元的创新创业和战略新兴产业引导基金。

② 深圳成立了规模80亿元的人才创新创业专项基金，广州黄埔区设立了总规模50亿元的黄埔人才基金。

③ 2019年，东莞全市共有金融机构143家，登记备案的基金管理机构173家，小额贷款公司19家、融资性担保公司13家。

业全生命周期，打造粤港澳大湾区"一站式"科技金融服务体系，建立大湾区科技金融联盟，推动粤港澳大湾区科技、金融和产业深度融合发展。同时，广州国发还整合市科技局26家下属单位，成立广州科技金融集团有限公司，打造集科技创新载体运营管理、科技产业投融资、科技创新综合服务"三位一体"的科技创新投融资服务全链条生态营运模式。

（二）穗深科技成果转化服务平台数量大服务优

目前，深圳的成果产业化服务体系已初步建成，现已培育发展了72家独立法人或法人内设的技术转移服务机构。截至2019年，全市累计培育国家技术转移示范机构13家，市级备案技术转移机构59家；2019年全市技术合同认定登记数量共10217项，合同成交总额705.02亿元，占广东省合同成交总额的31.02%；平均单项技术合同成交额达690.95万元，同比增长15.49%。广州成立了广州市科技创新服务平台、广州科技成果转化平台、广州市科技成果转化促进会等，其中，广州市科技创新服务平台仅2018年就辅导315家企业获得政府资金奖励3.5亿余元。相比之下，东莞市知识产权交易服务中心和成果转化与众包平台还存在较大差距，截至2019年6月份，东莞市通过认定的技术合同共101份，其中合同成交额达67.13亿元，技术交易额达66.68亿元；东莞市知识产权交易服务中心已为54家企业提供了1915次服务，成功促成签约合同达306单；"东莞科技在线"累计发包项目229项，促成众包服务147项，累计交易成功率为64.19%，交易金额222万元。

（三）穗深更加注重技术转移人才队伍建设

深圳在全国率先实行技术经纪人资格认证，出台《深圳市技术经理人资格认证暂行办法》。同时，围绕现代化国际化创新型城市和国际科技、产业创新中心建设的技术转移人才需求，提出并建立了技术转移专员培训体系。截至 2019 年，已累计培育了 997 名技术转移专员，使之成为高校、企业、政府成果产业化“内部专家”，破除了三者之间的“技术信息壁垒”。广州市科技局 2019 年也举办了 2 期技术经纪人专题培训班。

（四）穗深人才交流平台国际化程度更高

近几年，东莞市在打造品牌性人才交流活动方面亮点纷呈，如高层次人才活动周、海内外高层次人才东莞行活动、东莞国际科技合作周、名企名校行、校企合作洽谈会、“赢在东莞”和“松湖杯”创新创业大赛，但这些活动影响力大多局限在市域范围，缺少具有国内、国际影响力的特色品牌。相比之下，深圳有三大国际人才交流平台，即深圳中国国际人才交流大会、中国国际高新技术成果交易会、中国（深圳）国际文化产业博览交易会；广州有中国海外人才交流大会暨中国留学人员广州科技交流会。其中，中国国际人才交流大会是我国目前唯一专门面向国（境）外专家组织、培训机构、科技创新人才开放的大规模、高规格，集人才、技术、项目、资金和管理为一体的国家级、国际化、综合性的人才与智力展洽盛会，每届大会均有来自英、德、法、意、美等 40 余个国家和地区的专业机构参展，参会的国（境）外专家、海外留学人员和专业人才逾 35000 人，累计落地项目超过 10000 个。中国海外人才交流大会（中国留学人员广州科技交流会）是我国规模最大、层次最高、影响力最强的海外人才创新创业交流平台，累计吸引了全球 140 多个国家/地区近 5 万名高层次人才参会，有着“中国海外留学人员交流第一品牌”的美誉。

关于促进东莞市人力资源服务业实现高质量发展的调研报告

为深入了解东莞市人力资源服务业发展现状，学习和借鉴兄弟城市在制定人力资源服务业发展扶持政策、建设人力资源服务产业园、培育骨干人力资源服务机构、发挥行业协会作用等方面的先进理念和工作经验，市人力资源社会保障局成立调研组开展专项调研。调研组先后在市内、珠三角地区和长三角地区进行调研考察，一共走访了深圳、佛山、江门、杭州、苏州、宁波 6 个城市、23 家人力资源服务机构、6 个人力资源服务产业园（其中 4 个为国家级产业园）、5 个人力资源服务行业协会，实地了解人力资源服务机构运营情况、当地人力资源服务业政策出台情况、人力资源服务产业园以及人力资源服务行业协会建设情况。现将调研内容整理如下：

一、调研城市的先进经验

（一）人力资源服务业是当地经济社会发展的新增长点

人力资源服务业是生产性服务业，具有覆盖范围广、产业链长、附加值高的特点，产业联动效果显著。从调研情况看，大力发展人力资源服务业，既有利于壮大区域现代服务业的规模和实力，也可以为先进制造业和其他类型的现代服务业发展提供“润滑剂”和“催化剂”，是带动区域经济发展的新的增长点，可实现经济、社会、人才效益三丰收。

在经济贡献方面，2019 年苏州、杭州、宁波等长三角地区城市人力资源服务业的产值均超 500 亿元，分别占当地 GDP 的 4.37%、3.66%和 5.28%，经济贡献效应明显（见表 1-1）。

表 1-1　不同城市人力资源服务业的经济贡献

序号	城市	人力资源服务业产值（亿元）	国内生产总值（GDP，亿元）	人力资源服务业占 GDP 比例（%）
1	苏州	840	19235.8	4.37%
2	杭州	563	15373	3.66%
3	宁波	633	11985	5.28%
4	深圳	538	26927.09	2.00%
5	佛山	57	10751.02	0.53%
6	江门	4	3146.64	0.13%
7	东莞	54	9482.5	0.57%

在社会效益方面，人力资源服务业在扩宽就业领域渠道、挖掘就业岗位、促进创新创业方面发挥重要作用。仅以苏州为例，中国苏州人力资源服务产业园年引进各类人才已达 1 万人，提供毕业生就业岗位 2 万个，服务企业 10 万家，吸纳 30 万人就业，提供就业岗位不少于 45 万个。

在人才效益方面，通过推动人力资源服务产业园发展，助力当地高端人才、创新型人才、创业型人才的引进和培养。例如深圳市通过人力资源服务产业园聚集的 93 家国（境）内外知名人力资源服务机构，帮助全市引进各类高端人才 10.2 万人。人力资源服务产业园成为深圳促进人力资源服务业集聚发展和服务人才的重要载体。

（二）政府推动是促进人力资源服务产业发展的关键因素

从走访城市的经验来看，人力资源服务产业是在政府的指导和政策指引下产生和发展起来的，在市场环境营造、产业园区发展、创新体系构建、管理与运营模式提升等方面，政府推动是其中最为关键的因素。

一是重视组织保障。为推动人力资源服务业发展，杭州市成立由市分管领导任组长，市委组织部、市人社局、市发展和改革委员会、市财政局等 12 个部门为成员的杭州市人力资源服务业发展领导小组；苏州市成立了市推进人力资源服务业发展暨国家级人力资源服务产业园建设工作领导小组。

二是重视制度保障。早在 2014 年，杭州市政府办公厅正式出台《关于加快发展人力资源服务业的实施意见》，培育了一大批本土企业和地方品牌，推动了人力资源服务业的快速发展。苏州市在 2015 年出台《苏州市人民政府印发关于加快推进人力资源服务业发展的若干实施意见的通知》（苏府〔2015〕44 号）。宁波市在 2016 年出台《宁波市人民政府办公厅关于加快发展人力资源服务业的实施意见》《宁波市级人力资源产业园区认定及管理暂行办法》等政策。深圳市在 2018 年出台《深圳市关于加快发展人力资源服务业的若干措施》。佛山市于 2019 年 10 月出台了《佛山市关于加快发展人力资源服务业的意见》等。

三是重视经费保障。例如，杭州市每年安排 500 万元人力资源服务业发展资金，苏州市在市就业专项资金中设立人力资源服务业发展专项资金，深圳市每年安排专项经费 8000 多万元，支持人力资源服务业发展。

（三）人力资源服务产业园是推动人力资源服务产业发展的主要引擎

人力资源服务产业园是一个高质量的人力资源平台，集聚国内外知名人力资源服务机构，规模集聚效应突出。从调研的城市来看，入驻产业园的人力资源服务机构数量和产值均占全市人力资源服务业的25%，具体而言：

在财税贡献方面，产业园的营业收入和利润提升迅速，为当地政府财政收入增长带来了直接的经济效益。2019年，苏州、宁波、杭州和深圳等多个人力资源服务产业园纳税额突破亿元，分别为12亿元、11.5亿元、2.5亿元和4.9亿元，苏州、杭州等地的产业园数年前已成为年纳税额过亿的“亿元楼”。

在增长速度方面，人力资源服务产业园凭借其集聚发展和优质高效服务的平台优势，实现了园区收入和纳税额的快速增长。例如，苏州产业园2017年营业收入280亿元、税收8.5亿元，2019年营业收入迅速增长至400亿元、税收12亿元，短短两年时间内的增长率分别为42.9%和41.2%。

在宣传推介方面，产业园不仅为入园企业提供了优质的设施和服务，通过集聚发展相互促进，更重要的是通过园区在建设过程中不断扩大的影响力以及以园区为平台举办的各类论坛活动，有效提高了人力资源服务业的社会认知度，为企业提供了更多更好的人力资源服务产品。

（四）由政府主导的行业协会是推动人力资源服务产业发展的重要抓手

调研的6个城市，除了江门市正在着手筹建以外，均在当地人力资源社会保障部门的主导下建立了人力资源服务行业协会。一方面，行业协会负责人反映，在政府部门推动下成立协会，与自发成立的同类协会相比，更能充分发挥协会作用、凝聚机构力量、推动行业发展。另一方面，从人力资源社会保障部门和人力资源服务机构的反馈来看，行业协会的建立和发展有助于资源整合、良性竞争、规范管理，确实发挥着举足轻重的作用。关键在于由政府主导，选好会长、秘书长和理事单位成员机构，实实在在地统筹规划好行业协会的发展目标、工作思路。比如，苏州市人力资源服务行业协会积极与相关政府职能部门沟通联系，协助开展骨干机构、行业领军人才、优秀项目等工作。同时，协会致力于加强行业建设，每年举办江苏省人力资源服务资格培训及考试、开展行业内诚信评比、信用等级评定，不定期组织多项公益活动，为人力资源服务行业整体素质及形象提升起到推动作用，特别是协会每年承办的中国苏州人力资源服务创新大会，已成为业内最受欢迎的活动之一。深圳市人力资源服务协会成立了由国内一线专家组成的智库，先后承接了人力资源和社会保障部、深圳市人力资源和社会保障局的调研项目，并举办或承办了香港国际人才交流合作博览会、粤港澳大湾区与人才服务创新研讨会等活动，以及承接政府部门的培训项目等，取得了4A深圳市社会组织称号，社会认可度较高。

二、东莞市人力资源服务业发展存在的问题

东莞市人力资源服务业经过20多年的发展，从20世纪八九十年代以职业介绍、劳务培训及流动人口档案储存管理等服务为主的萌芽起步阶段，到21世纪初以劳务派遣服务为主的快速发展阶段，再到近年来行业逐步规范、知名品牌企业陆续进驻的转型重塑阶段，行业发展取得积极成效。但是，从目前来看，东莞市人力资源服务机构仍以小微企业为主，存在规模偏小、营收偏低、集聚度低等问

题，具体表现为以下三点：

（一）人力资源服务业整体发展滞后

与长三角地区城市相比，东莞市不论在产业发展的统筹规划，还是人力资源服务机构的数量、规模、营收方面都存在较大的差距，比较落后。

在产业发展规划方面，人力资源和社会保障部、国家发展和改革委员会、财政部等部委早于2014年就出台了《关于加快发展人力资源服务业的意见》，广东省委办公厅、省府办公厅也于2018年年底制定了关于加快广东省人力资源服务业发展的政策文件，对当前和今后一个时期促进人力资源服务业发展工作进行部署。而东莞市至今尚未出台指导全市人力资源服务业发展和人力资源市场建设的纲领性文件，缺乏人力资源服务业和人力资源市场建设的整体规划和政策扶持。

在机构数量和营收方面，东莞共有285家人力资源服务机构，到2019年年底，共营收54.36亿元，而苏州市有3300家人力资源服务机构、营收840亿元，东莞市不及苏州市的十分之一。

在知名机构数量方面，东莞市目前只有智通、智联招聘、红海、前程无忧等为数不多的国内知名机构，而苏州、杭州、宁波、深圳等城市已入驻了万宝盛华、外企德科、中智、博尔捷等多家国内外优质人力资源服务机构。例如，苏州入驻产业园的国内外百强人力资源服务机构达75家，其中总部在苏州的全国性人力资源服务企业有18家。佛山也引进了国际知名人力资源服务机构任仕达旗下国内首个内资人力资源服务机构——广东任仕迈企业管理资源有限公司。

在机构纳税规模方面，东莞市2019年度纳税额度超千万元的人力资源服务机构仅有3家，而杭州市多达17家，约为东莞的6倍。

（二）人力资源服务产业园建设存在短板

2018 年 4 月，松山湖管委会在区内建设东莞首个人力资源服务产业园，选址在松山湖人才大厦的 2～5 层，面积共 10000 平方米，于 2018 年 12 月投入使用。2019 年，产业园有 22 家人力资源服务企业入驻，营收 2.33 亿元，税收 181 万元。而苏州、宁波、杭州、深圳等多个人力资源服务产业园纳税额已突破亿元，分别为 12 亿元、11.5 亿元、2.5 亿元、4.9 亿元。可见，东莞与珠三角、长三角地区等其他城市相比是比较落后的（见表 2-1）。

表 2-1　　不同城市人力资源服务产业园 2019 年发展情况

序号	城市	园区级别	机构数量（个）	产值（亿元）	纳税额（亿元）
1	苏州	国家级	380	400	12
2	杭州	国家级	138	143	2.5
3	宁波	国家级	287	249	11.5
4	深圳	国家级	93	127.7	4.9
5	佛山	计划申报省级	45	3.8	0.07
6	江门	暂无	26	3.1	0.05
7	东莞	暂无	22	2.3	0.018

产业园的建设主要存在如下短板：一是规格不够高。松山湖人力资源服务产业园是由松山湖管委会主导建设的，而非市层面进行统筹规划，对标省级产业园还有一定距离。二是选址不理想。松山湖人力资源服务园地处松山湖，距离市区较远，区内的人力资源服务机构只有 22 家，难以起到聚集和辐射全市人力资源服务机构的作用。三是配套不完善。松山湖人力资源服务产业园周边的交通商业配套不够完善，入驻园区机构也反映员工出行、客户拜访等不太方便。

（三）全市行业协会缺位

东莞市尚未建立一个人力资源服务行业协会，从而欠缺一个行业监督、管理和鞭策的抓手，导致机构之间缺乏协作，未形成产业集聚和协同发展效应。而深圳、苏州、杭州、宁波等城市的人力资源服务行业协会已成为推动当地人力资源服务业持续快速发展的重要因素。

东莞人力资源服务业发展缓慢的主要原因如下：

一是行业认知度低。人力资源是第一资源，人力资源服务业是为劳动者就业和职业发展、为用人单位管理和开发人力资源提供相关服务的专门行业。人力资源服务业具有高技术含量、高人力资本、高成长性和辐射带动作用强等特点，是国家确定的生产性服务业重点领域。尽管如此，人力资源服务业作为一个行业的概念，在东莞还相当“冷门”，认知度相当低。

二是缺乏引导扶持。正如先进城市的经验所示，人力资源服务产业是在政府的指导和政策指引下产生和发展起来的，需要政府在财政资金投入、市场环境营造、产业园区发展、管理运营提升等方面下功夫。但东莞一直以来对人力资源服务机构履行的行政职能主要以监督检查为主，关于人力资源服务业方面的扶持政策、财政投入、组织保障还是处于空白状态，重视程度远远不够。

三是行业基础薄弱。改革开放以来，东莞靠发展“三来一补”等劳动密集型企业起家。适应东莞市企业和产业发展需求、劳动者的求职需求，人力资源市场也相继发展了职业介绍、劳务培训、流动人口档案储存管理以及劳务派遣等人力资源服务。多数劳动密集型企业的用人需求集中在招聘方面，只满足于找到足够的人来完成生产订单，较少关注企业整体人力资源开发和流程优化。因此，招聘与劳务派遣等中低端传统业务一直以来占据东莞市人力资源服务业的主流。而东莞本土机构也较少发展人力资源管理咨询、人才测评、人才培训等中高端人力资源服务，难以吸引国内外知名的人力资源服务机构进驻东莞。

三、推动人力资源服务业发展的必要性

（一）更多地为我市创造经济效益

人力资源服务业是一个新兴行业，具有高技术含量、高人力资本、高成长性和辐射带动作用强等特点，是国家确定的生产性服务业重点领域。对比苏州 840 亿元、宁波 633 亿元、深圳 538 亿元的人力资源服务业产值，东莞的 54 亿元还有很大的发展潜力。特别是随着企业的研发创新和整体流程优化需求增长，东莞市企业对人力资源管理咨询、猎头、教育培训、测评和软件服务等中高端人力资源服务的需求越发旺盛。但目前东莞市人力资源服务产业链尚不完善，优质服务提供商较为缺乏，不能充分满足企业的实际需求。而在购买人力资源服务时，企业比较注重人力资源服务商的服务经验和从业资质，较少考虑与服务商的空间距离，很多企业愿意“舍近求远”，向广州、深圳等临近珠三角地区城市购买人力资源服务。因此，针对东莞市及粤港澳大湾区未来人力资源市场发展的巨大潜力，加快发展东莞人力资源服务业，通过引进国内外优质人力资源服务机构和培育本土骨干机构，为东莞甚至粤港澳大湾区内的企业提供优质的人力资源服务，将为东莞市带来巨大的经济效益，同时也能让企业在本地就可以方便地享受到全产业链人力资源服务。此外，发展人力资源资源服务业，进一步构建实体经济、科技创新、现代金融、人力资源协同发展的产业体系，也将对东莞产业结构转型升级具有积极意义。

（二）更好地解决东莞市人才供需矛盾

当前，东莞经济结构调整、产业转型升级正在深入推进，加上经贸摩擦持续加剧的倒逼，越来越多企业更加重视技术创新，对相应领域的高层次人才和技术技能型人才的需求正急剧增加。与此同时，人才数量不足、人力资源管理水平低下等问题成为制约企业和产业发展的堵点、痛点。在 2018 年对全市 214 家市级倍增企业开展招用工情况调研时发现，倍增企业生产经营状况良好、薪资水平相对略高，但整体仍存在“招工难”问题，主要体现是技术技能人才和研发人才供给不足、需求紧迫、引进困难，普工流动性大、常年补招；人才培训重视度不高，缺乏系统性、前瞻性的培训机制；倍增企业人力资源综合水平略高于全市其他企业，但优势不明显。为此，要加快人力资源服务业发展，加强人力资源市场建设，精准对接企业、人才需求，拓宽人才引培渠道，进一步降低企业人力资源成本，为东莞市经济社会高质量发展提供所需要的高层次、宽领域、多元化人才。

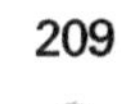

（三）更深度地融入粤港澳大湾区建设

东莞市委提出要把粤港澳大湾区建设作为新时代东莞改革开放的“纲”，全力推进“湾区都市、品质东莞”建设，其中一个重要目标就是全力建设粤港澳大湾区先进制造业中心。推动东莞市人力资源服务业发展，一方面，通过推进人力资源产业集聚，引进知名人力资源服务机构，特别是鼓励香港、澳门人力资源服务机构设立独资或合资人力资源服务企业，打造高质量的人力资源平台，以更好地引进和服务港澳青年来莞创新创业，促进产业和人才交流；另一方面，通过政策扶持，实现先进制造业和人力资源服务业深度融合，鼓励人力资源服务机构引进和培育更多智能制造类人才，努力打造智能制造人才配置中心，从而开拓和融入粤港澳大湾区人力资源协同发展新空间，实现共赢发展，使人力资源服务业成为人才工作的新驱动器、经济发展的新增长极，为建设“湾区都市、品质东莞”提供强有力的人力资源支撑。

（四）更充分地发挥市场作用

在深化改革的背景下，公共服务正不断通过向社会购买服务来实现，市场也不断增强其在人力资源配置中的决定性作用，两种服务提供方式处于互补调整阶段。公共人力资源服务与市场化的人力资源服务业共同组成完整的人力资源服务体系。公共人力资源服务是关系经济社会稳定发展的基石，就业、人才工作保证了公平社会环境和重大发展战略的实施。而市场化的人力资源服务业是公共管理的市场接力者，在效率为先的市场环境下，人力资源服务业必将是实现更加充分和更高质量就业、实现人才配置合理化科学化的主要渠道。加快东莞市人力资源服务业发展，充分发挥人力资源服务机构在信息汇聚、联通各方、专业服务上的优势，将以市场化的专业力量，帮助东莞实现“促就业、稳就业”的工作目标，为促进东莞市人力资源优化配置持续注入“活性剂”。

四、加快人力资源服务业发展的建议

人力资源服务业是现代服务业中极具成长力的产业，具有高科技含量、高附加值、高人力资本和高成长性的特点，对其他产业具有较强的带动性。针对东莞市当前人力资源服务业发展的“两低一小”（营收偏低、集聚度低、规模偏小）和“三个缺位”（全市政策支持缺位，全市产业园建设统筹规划缺位，行业协会缺位）情况，建议进一步完善促进东莞市人力资源服务业发展的政策体系和内容，以打造具有东莞特色的国家级人力资源服务产业园为重要抓手，推动东莞市人力资源服务业实现高质量发展。具体而言，主要做好“三个一”工作：

（一）建立一个“1+n”的政策体系

东莞市人力资源服务业与先进地区相比，在规模和层次上都还有明显差距。在激烈竞争的环境下，要想快速弥补差距，必须更好发挥政府作用，注重强化顶层设计，加大财政支持力度，大力支持推动人力资源服务业发展。建议加快出台《关于加快推动东莞市人力资源服务业实现高质量发展的暂行办法》，围绕“扶持新业态、做强中高端”两大核心，通过推进产业集聚发展、构建“互联网+”生态圈、大力引进知名机构、扶持本土骨干机构、支持新兴业态发展、落实税收优惠政策、鼓励机构引进人才、加强行业队伍建设、购买公共就业服务、推进诚信体系建设、加强行业监督管理等多项举措，推动东莞市人力资源服务业实现高质量发展。同时，加紧制定市级人力资源服务产业园认定办法、骨干人力资源服务机构培育办法、人力资源服务机构分类评级办法、人力资源服务专项资金使用办法等系列配套办法和实施细则，建立“1+n”的政策体系，加强行业发展的统筹规划。

（二）打造一个国家级产业园

2020年，《东莞市政府工作报告》中再次提出：“加快发展生产性服务业。推动先进制造业与现代服务深度融合，引进一批生产性服务业龙头企业，培育形成2~3个百亿级的集聚区。”这为推动人力资源服务业产业园的发展指明了前进方向。人力资源服务产业园的建设也可以赋能人力资源服务产业和其他产业的发展。结合先进城市经验和东莞市实际情况，建议积极争取财政支持，由市一级进行统筹，委托专业机构对东莞市人力资源服务产业园建设开展全面调研论证和规划布局，对标城市产业特色和经济发展目标，采取政府主导、市场化运作的模式，在产业园选址、运营机构筛选、入园机构进驻等方面下功夫，打造一个综合性人力资源服务产业园，努力争创省级、国家级人力资源服务产业园。同时，采取“1 园多区”的形式，将产业园辐射至镇街（园区），建设各具特色的专业性人力资源服务产业集聚区，加快人力资源服务产业集聚，形成具有产业聚集、功能集成、广泛辐射作用的产业发展核心区域。

管理模式方面。建议采取“政府主导、多方联动、市场化运作”模式，由政府部门统筹协调研究解决园区筹建和发展工作中的重大问题、制定产业园相关政策和考核监督园区日常运营，由专业化、市场化园区运营管理公司负责招商引资、服务平台、宣传推广和提供园区运营服务。通过政府搭台、企业唱戏，筛选富有招商、宣传推广经验的第三方运营团队来经营，把公共服务和市场服务相结合。这样政府部门就可以集中精力做好宏观调控、制定政策措施，保持最大的灵活性来应对内外环境的变化，扮演好“舵手”的角色，最大化发挥产业园功能。

园区选址方面。人力资源服务产业园实质上是产业带、产业集群，其主体是企业，产业园的商务办公环境、研发孵化功能以及服务配套设施等非常重要。调研的 6 家人力资源服务产业园负责人强调，地段优势对于招引高端人力资源机构的吸引力要大于政策的优势，建议东莞市在产业园选址方面充分考虑，选取好的区位条件，大力提升产业园在获取资源、服务和市场方面的便利性，推动产业园可持续发展，努力争创省级、国家级产业园。

机构筛选方面。上下游产业链的完整性是人力资源服务产业园引入企业的普遍标准。人力资源服务领域有多种业务形态，包括招聘、派遣、猎头、培训、咨询、外包、代理等。建议产业园在筛选入园企业时注重行业发展上下游产业链的完整性，一方面选择龙头企业，另一方面关注行业稀缺性，选择成长性好的公司进驻。同时，进一步拓展行业的广度，例如与人力资源服务产业相关或以人力资源服务产业为核心的领域，也可以集聚到人力资源服务产业园中来。此外，可考虑设立机构孵化器，培养行业发展的新生力量，通过园内优惠的政策、良好的环境，让初创期企业健康成长，让园区成为人力资源服务企业的孵化基地。

（三）组建一个行业协会

由东莞市人力资源和社会保障局指导，龙头人力资源服务机构牵头，筹建东莞市人力资源服务行业协会，把市内人力资源服务机构、人力资源从业者统筹联动起来。通过建立完善行规行约和行业服务标准，为政府相关部门制定人力资源政策提供信息调研服务。同时，支持行业协会积极参与和承办相关活动，充分发挥行业协会在行业自律、行业发展等方面的作用。具体而言：

一是构建多方位对接平台。做好政府与机构之间的对接，协助政府部门开展行业调研、政策解读会、人力资源服务等大型活动；做好企业与机构的对接，将企业需求和人力资源服务产品匹配起来；做好高校与机构的对接，协助开展校企合作洽谈会、高层次人才活动周等活动。

二是构建行业交流与资源整合平台。建立完善行规行约，制定标准化体系，举办学术交流、专业论坛、交流考察、会员沙龙等线上线下活动，促成行业交流，为会员及行业企业提供系统增值服务。

三是构建人才服务与发展平台。紧贴行业和市场发展需求，统筹资源，开展从业人员分级培训（包括基础人才、中层管理人才、高层管理人才），并组织机构参与各类社会公益性服务等。

特色工作篇

打造创新创业人才高地
提升“技能人才之都”品质

——2020年东莞市人力资源和社会保障局人才工作总结及2021年人才工作计划

2020年，在市委市政府的正确领导下，市人力资源和社会保障局坚持以习近平新时代中国特色社会主义思想为指导，强化人社担当，把握“三区”叠加重大机遇，围绕“湾区都市、品质东莞”建设部署，深入实施“人才强市”战略，加快打造创新创业人才高地，提升“技能人才之都”品质，汇聚海内外人才力量，为推进产业高质量发展增注动能。

一、加快打造创新创业人才高地

（一）强化人才政策靶向引力

突出经济社会和产业发展需求导向，出台全国首个研发人才专项扶持政策，从引进、培育、发展、服务全过程提供支持，每名研发人才可享受最高100万元经济贡献奖励、10万元素质提升奖励和9000元青年见习（实习）补贴，每家企业可享受最高每年50万元引才奖励和60万元柔性引才奖励，同时通过完善研发人才供需链、扩大研发人才寻聘地、开设研发人才云课堂等重点举措，打造研发人才生态圈，推动全域创新和全链条创新。截至2020年年底共有517家企业入库，646名人才提交经济贡献奖励申请，编制完成青年人才莞训计划、研发人才云课堂、创新人才地图等项目实施方案，推动政策落地见效。完善事业单位岗位管理相关政策，通过动态调整专业技术岗位结构、设置特设岗位、放宽岗位聘用条件等系列创新举措，为东莞市事业单位引才、留才、用才提供更加灵活的政策支持。启动市特色人才、博士后人才政策修订工作，探索制定综合领域人才项目扶持政策，推动建立更具亮点和竞争力的立体化人才政策体系。

（二）拓展招才引智工作平台

广东奥普特科技股份有限公司新获批设立国家级博士后科研工作站，至此，全市累计建有博士后科研工作站26个、分站10个、创新实践基地34个，70个博士后工作平台累计招收博士后人才419名。佳禾智能科技股份有限公司、东莞铭普光磁股份有限公司、东莞市诺丽电子科技有限公司等17个单位新获批设立省级博士工作站，全市累计建有博士工作站43个，在站博士252名。

（三）突出高端人才引育成效

支持高层次人才申报国家级人才计划，1名人才入选2020年国家“百千万人才工程”并获得“有突出贡献中青年专家”荣誉称号；1名人才入选2020年度中国留学人员回国创业启动支持计划。新增副高级以上职称专业技术人才2096人，超额完成省创新驱动任务指标。发布《东莞市事业单位短缺人才目录》，开展2期百名博士党政国企人才招聘活动，第一期遴选8名博士人才入职东莞市事业单位，第二期确定 12 名博士人才进入体检环节。推行新时代创新人才引进培养政策，引进硕士以上学历（中级以上职称）人才 1157 名，支持 1675 名人才提升至硕士以上学历（副高级以上职称）。

（四）全面升级人才服务保障

1. 健全人才服务体系。调研走访深圳、佛山、江门、杭州、宁波和苏州 6 个城市 23 家人力资源服务机构和 6 个人力资源服务产业园，形成《关于促进人力资源服务业实现高质量发展的调研报告》，探索制订东莞市人力资源服务业高质量发展扶持政策、人力资源服务产业园先行区工作方案和人力资源服务行业协会章程，统筹规划行业发展，提升人力资源配置市场化水平。出台《东莞市人才入户实施办法》《东莞市人力资源和社会保障局人才入户资格准入实施细则》，扩大企业自评人才的企业范围，对全日制大专学历人才取消参保年限要求，放宽人才入户门槛；上线人才入户一体化平台，实现人才入户全流程网办，其中学历类人才（暂不含留学人员）、东莞市“技术能手”“首席技师”“莞邑工匠”及企业自评人才可实现“秒批”；2020 年共有 18287 名人才通过申请人才入户获得入户东莞市资格。制定优才卡政策，计划为持卡人提供政务办理、安居保障、子女入学、配偶安置、社会保险、医疗便利、商事登记、金融、交通、体育、旅游、通关和居留等全方位配套服务，营造人才来莞创新创业的良好环境。

2. 丰富人才服务载体。新建北京、合肥 2 个国内人才工作站，累计建成南京、武汉、长沙、成都、长春及西安等 8 个国内人才工作站，全面铺开引才工作网络。启用东莞优才服务中心，进驻 1727 项业务，为人才提供“一站服务直接办、优先服务智慧办、预约服务精准办、代办服务代跑办、协办服务灵活办、便才服务暖心办”等优质服务，目前累计为 576 名人才办理了 79 个事项 825 人次。设立全市首个青年人才驿站，搭建面向来莞青年人才提供求职推介、创业孵化、政策咨询、培训交流、文化融入、短期住宿等服务的综合平台，成为来莞青年人才“安心第一站”。依托东莞创新创业人才服务中心，通过线上线下相结合模式，举办海内外高层次人才项目对接、东莞人才工作成果展览、博士后沙龙、素质提升培训、青年人才交流等60多场活动，打造人才集聚“磁场”。

3. 加强人才资源对接。办好“东莞高层次人才活动周”系列活动，其中广东省制造业“千企智造·智汇行动”（东莞市专场）暨东莞高层次人才交流洽谈会、研发人才交流洽谈会共邀请来自清华大学、北京大学、中国科学院大学、浙江大学等84所国内重点高校的200多名博士人才和高校代表，前来与全市55家企事业单位对接洽谈，现场达成求职意向430人次，其中研发岗位290人次，占比67%；达成博士后项目合作意向45项、科技项目合作意向25项；78名人才通过单位面试，其中研发岗位48名，占比61%。举办“东莞名企名校行”引智活动，线上组织74家重点企业参加25场硕博人才专场招聘会，录用博士后、博士33人，硕士65人；线下组织31家企业赴合肥与高校人才现场对接，达成博士后、博士、硕士等人才录用意向74人。开展2020年优企优才智汇东莞活动，108个单位组团参加第十八届中国国际交流大会“智聘百强全国中高端人才”综合网络招聘会，点击量8260人，参与互动5200人。举办第十一届校企合作洽谈会，首次启用“24小时不打烊”的“线上云洽谈”，贯穿春秋两个毕业季，促进高校、企业、人才三方资源匹配，全国各地408所高校和东莞市1345家企业对接洽谈，洽谈人数30.03万人次，达成就业意向3.27万人次；组织东莞市90家企业赴四川、广西、甘肃10所高校开展专场宣讲招聘，接收简历10344份，预录用2072人，签订校企合作协议49份。

4. 深化职称制度改革。争取省人力资源和社会保障厅支持，在

地级市中首个承接卫生系列副高级职称评审权，成为东莞市承接中小学教师和建筑系列副高级职称评审权后的又一次突破。据初步统计，2020 年东莞市申报卫生系列副高级职称达 1572 人，较上一年增长 30.78%。支持有条件的行业学（协）会有序承接职称评审服务工作，已向东莞市土木建筑学会、工程师协会、化工学会、畜牧兽医学会、水利学会、园林绿化与生态景观协会、电力行业协会、环境科学学会等 8 个社会组织下放职称评审服务职能，2020 年受理评审申报 2649 人，较去年增长 26.2%。支持广东华中科技大学工业技术研究院和广东省智能机器人研究院开展职称自主评审。以职业属性和岗位要求为基础，根据不同职业、岗位、层次的人才特点和职责，优化专业技术人才评价机制，调整职称评审委员会设置。按照产业发展新需求，调研全市人工智能领域发展现状，探索在人工智能领域增设职称专业的可行性。

5. 持续提升宣传影响力。创新政策解读途径，策划多场“直播带货”推广活动，由市人力资源和社会保障局领导出镜录制政策解读小视频，以接地气的解读方式为东莞市人才政策宣传“代言”。把握关键宣传节点，结合研发人才专项扶持政策出台、东莞优才服务中心启用、东莞高层次人才活动周开幕、世界技能大赛广东选拔赛开赛等，适时推出系列专题报道，打好宣传组合拳，提升城市人才引力。2020 年，中央、省、市等各大主流媒体累计刊发东莞人才相关报道 512 篇；百度词条收录“技能人才之都”“东莞紧缺人才目录”“东莞首席技师”等词条分别达到 2720 万条、148 万条、35.6 万条；第十一届校企合作洽谈会 12 场云上直播形成东莞特色宣传品牌，《中国报道》《南方日报》《东莞日报》等 10 多家媒体累计推出 25 篇专题报道，其中《2020 年东莞市校企合作洽谈会即将“云上”启动》《东莞以全新的形式打开校企合作洽谈会》登上“学习强国”平台，影响力进一步提升。

二、提升“技能人才之都”品质

（一）完善技能人才培养政策机制

出台职业技能培训标准开发与认证试行办法、技能人才引进培养资助办法，形成技能人才培养“1+10”政策框架，覆盖技能人才培养全链条、全过程。今年以来推动学历技能素质提升 30.55 万人，其中学历提升 2.27 万人、技能培训 26.83 万人、素质提升 1.45 万人。全力推进职业技能提升行动，出台东莞市职业技能提升行动实施方案，大规模开展职业技能培训。

（二）全面推行东莞特色培训模式

1. 打造“一镇一品”产业人才培训品牌。采取财政资助方式，鼓励企业、行业组织、院校和社会培训机构立足专业镇建设和特色产业需求，开展特色项目和技能素质提升培训 14.24 万人次。

2. 创新国际合作办学机制。支持公办职业院校、市高技能公共实训中心等选择骨干专业开设国际课程班并给予补贴。目前市技师学院、东莞理工学校等 11 所公办职业院校在机电一体化、数控加工、智能化控制技术等 41 个专业开设国际课程班，在校生 4082 人。

3. 推进公益性实训模式。按照市高技能公共实训中心公益性实训模式，结合镇街产业及区域分布建立 13 家高技能公共实训分基地，形成以市高技能公共实训中心为龙头的实训体系，2020 年面向企业、职业院校开展实训 16 万人次。

4. 推行企业新型学徒制。广泛发动企业、职业院校、培训机构积极开展培训，2020 年共有 40 家企业申报备案，备案职工 3197 人。启动“培”你“赢”销专项培训计划。对接企业国内外市场开拓需求，开发电子商务、宣传营销、新媒体运营等培训，培养一批视频主播、广告策划等高素质营销人才。

（三）扩大优质技能培训资源供给

1. 推动技工教育高水平发展。形成以市技师学院为标杆，各技工院校特色专业错位发展的技工教育新格局。市技师学院在全省率先引进德国“双元制”和英国“现代学徒制”等先进职教模式，创新“技能+学历+国外证书”培养模式，在全省首批开设 4 个技师专业，建设 19 个学习型工厂，与 400 多家大中型企业建立校企合作关系，在校生突破 1.2 万人，高技学生占比 96.97%，就业率达 99%以上。

2. 鼓励企业设立技师工作站。今年新增设立 30 家“技师工作站”，采取名师带徒方式传承技艺，开展技术攻关和技能竞赛等活动。目前全市累计设立 102 个技师工作站，其中 1 个获评国家级技能大师工作室。

3. 打造“互联网+”技能培训平台。联合市教育局建立市民素质提升教育平台，开设非全日制学历教育 32 个专业 452 门课程，技能提升课程和素质课程 257 门，报名人数近 35.3 万人，拓展人才便捷学习渠道。打造“技能莞家”线上学习平台。整合市技师学院、市高技能公共实训中心等多个单位数字资源，推出 127 门课程向个人免费开放，涵盖工业机器人、机械工程、智能家居、汽车维修、粤菜师傅等多个领域。

4. 开展企业职工适岗职业技能培训。鼓励企业依托网络培训平台开展职工适岗职业技能培训，并给予补贴。

（四）开发多元技能人才评价标准

1. 积极参与国家、省标准开发。与中国劳动和社会保障科学研究院合作开发的工业机器人系统操作员纳入国家新职业；承担国家、省职业标准和试题库开发任务，组织指导东莞职业技术学院承接模具工国家题库开发，参与完成广府风味菜烹饪工艺、广式点心制作工艺2个专项职业能力规范的开发。

2. 加快推进“东莞标准”开发。公布使用东莞市第一批52个（专项职业能力29个、职业技能培训课程标准23个）职业技能培训标准，其中“塑胶镜片成型”“瓷砖雕刻”“冲压机器人装调”等25个专项职业能力标准通过人力资源和社会保障部备案；“工业机器人虚拟仿真离线编程”“手机结构件制造”“工业机器人系统集成”等8个职业技能培训课程标准纳入省职业技能课程标准目录。

3. 开展职业技能等级认定试点。支持东莞新奥燃气集团、东莞市轨道交通有限公司等单位结合岗位特点和生产需要开展职业技能等级认定和发证工作，实现“谁用人、谁评价、谁发证”，并逐步在全市推广。

4. 做好高技能人才选树评价。破除学历、资格证书壁垒，突出能力业绩贡献，累计评定10名“莞邑工匠”，选树400名“首席技师”。

5. 广泛组织技能竞赛。建成世界技能大赛工业控制项目广东省集训基地、烘焙项目中国集训基地，积极承办有关项目竞赛。首次争取到世界技能大赛烘焙项目全国选拔赛、世界技能大赛工业4.0项目全国选拔赛、中国技能大赛烘焙项目以及全国行业职业技能竞赛智能楼宇管理员项目的承办资格。

三、2021年工作思路

2021年是“十四五”规划的开局之年，我们将瞄准东莞创新型一线城市发展定位，坚持人才第一资源思路和人才优先发展战略，加快谋划推动人才引育工作，强化高水平人才队伍建设，全力以赴夯实高质量发展人才支撑：

（一）厚植高层次人才引育优势，促进高端智力资源集聚

1. 破除人才流动机制障碍。按照“积极稳妥、循序渐进、先易后难”原则，探索向东莞市条件成熟的重点大科学装置、基础研究平台、机构、高校下放人才评价和认定权限，试点对国家级大科学装置等自身已有较成熟评价机制单位的人才在全市范围内予以采认，支持大湾区综合性国家科学中心先行启动区（松山湖科学城）引才用才。

2. 加速释放政策聚才效应。紧密对接产业高质量发展需求，修订市特色人才、博士后人才、境外紧缺人才政策，制定综合领域人才项目扶持政策、省级以上人才项目配套政策，提升政策开放度和竞争力；用好研发人才、新时代创新人才引进培养、产业发展与科技创新人才经济贡献奖励等政策，发挥政策体系聚才效益。

3. 强化招才引智平台建设。争取进一步扩大东莞市博士后工作平台、博士工作站建站数量规模；建立站际交流机制，以集中组织和自主组织相结合方式开展多元化学术科研交流、产学研考察、市情参观、文体拓展等活动，加强平台单位及博士后、博士人才间沟通交流，打造共同提升、共谋发展的博士后、博士文化圈。

4. 发展人力资源服务产业。加快出台人力资源服务产业高质量发展扶持政策及一揽子配套实施细则，成立市人力资源服务行业协会，依托寮步松湖智谷建设东莞人力资源服务产业园先行区，鼓励有条件的镇街结合产业特点建设各具特色的人力资源服务产业园，带动提升全市人力资源服务产业发展水平。

5. 推动人才服务提质增效。加紧制定优才卡政策配套细则和办理规程，以第三代社保卡为载体加快制卡发卡进度，确保政策落地

见效；完善优才服务中心功能，打造兼具标准化日常服务、多样化专项服务和个性化精准服务的人才服务示范点并逐步向全市推广，鼓励建立镇街优才服务专区（专窗），营造人才发展最优服务环境。

6. 扩大人才工作宣传效益。创新宣传手段，加强政策解读，树立人才典型，彰显亮点成效，打造宣传品牌，推动宣传工作出新出彩，扩大城市影响力和美誉度，在全社会营造识才聚才敬才用才的浓厚氛围。

（二）深化“技能人才之都”建设，凝聚共识塑造技能生态

1. 聚焦“技能效能”，提高技能人才对企业效益的贡献。开展“技能效能诊断”，引导企业建立数量充足、结构合理的技能人才梯队，建立技能与科研、生产、管理协同提升全要素生产率机制，建设“企业技能生态系统”。提高“培训效能”，对标先进城市技能培训行业发展态势，规范和扶持全市培训行业发展。引进优势培训机构，鼓励现有培训机构优化提升，发展新型培训机构业态，构建受训人才、企业、培训机构、培训师资共生多赢的局面。

2. 聚焦“技能资源”，促进技能人才和资源在全市集聚。推进职业技能提升公共服务体系建设，优化技能人才供需服务，培育相关服务机构，丰富技能人才、信息、资源供需对接载体、资源和活动，提高东莞市在职业技能工作领域的影响力，增强对技能人才的吸引力。做强技能竞赛，以世界技能大赛为牵引，立足产业发展需求开展职业技能大赛，以赛促学、促教、促技，推动东莞技能竞赛成为企业对接技能人才的重要平台。

3. 聚焦“技工教育”，增加技能人才和技能培训的有效供给。加大力度促进技工学校发展，发挥技工学校在职业技能培训中的积极和独特作用，提高技能培训、特别是高技能培训的有效供给。加强技工学校、培训机构、镇街协同创新中心、龙头企业、产业链企

业的协同，促进产教融合、产学融合、产训融合。

4. 聚焦“人才评价”，提高技能人才工作与东莞市产业发展的匹配度。进一步鼓励企业、学校、培训机构等参与开发适应全市产业发展需要的工种、专项能力和培训课程，使更多东莞标准成为国家标准和省标准。推动社会第三方职业技能等级认定，引导和鼓励企业开展技能等级自主认定，探索企业职业技能等级认定与薪酬制度挂钩，调动社会开展技能提升的积极性，提高职业技能等级认定与东莞产业发展契合度。

5. 聚焦“技能东莞”，强化“技能人才之都”政策支撑和工匠精神氛围营造。不断强化政策支撑，提高政策红利，加强对技能人才工作和技能效能的考核，促进技能工作真正成为硬任务、硬指标、硬实力。加大宣传力度，弘扬工匠精神，进一步培育形成认同和尊重技工，走技能成才、技能报国之路的社会风尚。加强市镇联动，推动镇街加大技能提升投入，以技能人才集聚赋能产业发展，建设“技术进步、员工成长、产业集聚”的“镇街技谷”，使技能工作在基层广泛开展。

加大创新人才培育力度　优化科技人才引进模式

——2020年东莞市科学技术局人才工作总结及2021年人才工作计划

一、2020年工作总结

（一）调整优化科技人才政策体系

一是研究起草了《东莞市战略科学家前沿技术创新中心组建实施办法》（送审稿），拟依托散裂中子源、材料实验室、东莞理工学院等重大科技创新平台引进战略科学家团队，强化东莞市源头创新人才引育力度，提升全市源头创新能力。二是调整优化了科技人才政策体系，探索“源头创新-技术创新-成果转化及产业化”全链条科技人才引进扶持模式，研究起草了《东莞市建设综合性国家科学中心创新创业项目管理办法》（征求意见稿）。三是研究修订《东莞市海外人才工作站建设实施方案》，在原政策基础上加大招科引智的奖励力度，并支持站点在海外组织科技创新对接活动。

（二）继续实施人才专项引才育才

一是完成广东省“珠江人才计划”引进第八批创新创业团队2

个项目和市第五批创新科研团队15个项目的立项。同时，进一步加强对在研团队项目的跟踪服务和资金使用监管，完成了到期团队监理、整改、验收等工作。二是继续实施院士成果转化项目，引进院士专家团队及项目在莞落地，支持推动2位院士项目成果在莞落地实施，并受理了2个拟引进的院士成果项目申请，正在开展相关同行咨询评议。三是依托研究生联合培养（实践）培育青年科研人才，组织265家本土企业累计发布657个研发项目和3579个岗位需求，吸引来自130所高校1800名研究生来莞参加培养（实践）；围绕源头创新需求，近两年累计推送234名中国科学院大学等高校的研究生到中子科学中心和松山湖材料实验室培养实践；2020年广东省研究生联合培养基地（东莞基地2）项目新获全日制研究生联合培养指标101个，顺利完成任务。

（三）加强建设创新平台引才聚才

一是依托散裂中子源组建粤港澳中子散射科学技术联合实验室，不断提升大装置服务高端人才开展前沿研究的能力，吸引世界各地高端科研人才来莞实验研究，目前已有超过300名来自中科院的高端科研人才常驻东莞工作。二是加快建设松山湖材料实验室集聚高端科研人才，目前已经引进10名海内外院士、27个创新样板工厂科研团队，集聚双聘和全职人员700多人。三是支持东莞理工学院广纳高端科研人才，加快高水平理工科大学建设。推动东莞理工学院与散裂中子源对接建设多物理谱仪、与松山湖材料实验室联合共建材料学科，支持其申报国家、省重点科研项目，组织200多位专家博士入库科技特派员计划。

（四）依托院士峰会及人才周引进高端人才

一是承办了2020粤港澳大湾区院士峰会，以“科学引领，跨界创新，融合发展”为主题，举办了AI+医疗健康领袖峰会、重大创新成果发布会、抗疫院士说等13个专题活动。邀请了54位海内外院士专家及一大批海内外高端人才参会，有5个合作项目大会签约；市领导分别“一对一”拜访了相关院士，达成了一批合作意向。同时，重点召开了综合性国家科学中心（松山湖科学城）发展战略咨询座谈会，邀请近20名院士专家为松山湖科学城发展建言献策。通过院士峰会的举办，市科技局会同广东院士联合会、高新技术产业协会推动实施制造业企业家首席科学家顾问计划，累计走访对接了近50家企业，达成一批院士合作项目。二是承接“2020东莞高层次人才周”部分活动，邀请了50名海外人才参加高层次人才交流洽谈会和海内外高层次人才项目路演活动，为高层次人才聚集起到了良好的促进作用。

（五）承接外国专家工作服务境外高端人才

一是继续落实外国人来华工作许可工作，截至2020年11月底，发放有效工作许可证4916个，数量仅次于深圳和广州，其中A类2255个，B类1755个，C类906个；疫情期间通过“不见面受理”等方式帮助有需要的外国人办理相关服务。二是推动清华大学东莞创新中心获科技部认定成为国家引才引智示范基地，成为全省获批的两个基地之一。三是推动42家企业申报广东省银龄人才计划，全市共有6家企业获得立项。

二、2021年工作计划

围绕东莞市“十四五”规划的人才工作要求，并结合全市深度参与粤港澳大湾区国际科技创新中心、综合性国家科学中心建设的实际情况和发展需求，市科技局根据自身工作实际，提出2021年人才引育工作设想：

（一）谋划科技人才政策和服务体系

加快出台《东莞市科技创新创业项目资助暂行办法》和《东莞市战略科学家前沿技术创新中心组建实施办法》，发挥东莞科技、产业的优势，围绕创新链条节点进行体系性引才；探索授权大科学装置和高校院所定向引荐源头创新团队；针对企业技术创新需求引进产学研合作团队；围绕科研成果转化和产业化应用引进创业团队；建立多元化的扶持服务措施，除无偿资助外，探索采取股权投资方式支持，研究制定风险补偿机制、市镇协同机制等具体措施，引导专业投资机构、孵化园区、属地镇街等各方资源协同支持项目落地。

（二）做好海外人才服务和审批工作

一是发挥现有8个海外人才工作站的渠道作用，适时开展海外人才交流对接活动，争取修订出台新的海外人才工作站政策；二是继续做好外国人来华工作许可审批工作，积极承担外国专家确认函等新下放业务；三是做好2021年境外高端人才认定及个税补贴政策的实施，完成业务受理、审核、报批程序。

（三）做好东莞市名校研究生联合培养（实践）工作

一是争取建设全国工程专业学位研究生联合培养开放基地，获得更多研究生联合培养指标和资源支持；二是深化与相关高校合作，扩大研究生联合培养的规模；三是推进研究生联合培养工作站建设，挖掘东莞市重点企业优质项目，促成研究生联合培养（实践）示范工作站的建设。四是加强研究生联合培养（实践）服务，将训练营打造成研究生学习、交友平台，丰富在线学习平台课程，挖掘企业项目与岗位需求，促成更多研究生与企业项目对接。五是加强研究生联合培养（实践）校园文化品牌建设，促进校友资源整合，加强“开放基地大学”研究生的身份认同感和凝聚力。

（四）扎实筹办院士峰会活动

做好 2021 院士峰会筹办工作，进一步发挥松山湖管委会活动筹办主体作用，尽早确定活动主题和方案；发挥广东院士联合会东莞中心作用，继续开展制造业企业家首席科学家顾问计划，争取促成一批合作项目签约，并引进一批海内外高层次人才。

强化引才育才举措　不断增强人才活力

——2020 年松山湖高新区人才工作总结及 2021 年人才工作计划

一、主要举措

（一）人才结构逐步优化

截至 2020 年年底，松山湖高新区总就业人口约 18 万人，累计引进各类国家级人才 65 名，其中双聘院士 12 名；省市创新创业领军人才 103 名，其中有海外经历的约占 64%；市特色人才 277 名，其中有海外经历的约占 40%；省创新科研团队 27 个，东莞市创新科研团队 23 个。2020 年新引进国家级人才 2 名、市级人才 4 名，高层次人才创业项目 5 个。

（二）聚焦松山湖港澳青年创新创业基地建设

一是稳步推进基地“一中心多站点”的建设。松山湖人才大厦作为基地中心，新建成松山湖港澳青年创新创业基地多功能厅，将双创基地建设进展情况、示范性的科技成果转化项目展示、精品样板车间、港澳青年人才社区等功能区块融入其中，于 2020 年 5 月底正式对外开放。截至2020年12月初，已完成各类参观、调研接待共105场，接待人次近1700人。在“多站点”建设中，今年基地新增8个站点，分别为中天·国际金融园港澳青年创新创业基地、瑞鹰3I港澳青年科技创新创业基地、中国科学院云计算中心、Founder space松山湖国际创新中心、林润智谷、松山湖万汇云谷科技产业园、松山湖国际创新创业社区、中科·创新广场孵化器。基地“一中心多站点”累计可提供超过120000平方米的港澳项目孵化面积，可容纳港澳孵化户数超1400个，港澳优质人才项目承载力显著提升。截至2020年12月初，园区已有74家港澳青年创业项目完成工商注册，2020年新增项目30个，项目集聚速度加快。

二是积极营造基地创新交流氛围。常态化举办科技Corner、人才沙龙、项目路演、人才社群等系列港澳人才交流活动。今年已举办港澳活动23场，吸引1000多名港澳人才参加，并推进近20个港澳项目精准对接投资机构。借传统节假日之际，以“粽情端午”“月满中秋、情溢松湖”为主题举办港澳人才社群活动，调动港澳人才积极性，营造浓厚的湾区创业氛围。主办“逐梦湾区，松湖扬帆”——松山湖港澳青年交流推介会，邀请莞港澳三地的政府、高校、科研机构、专业协会的教授专家、青年及创业代表参加活动。打响松山湖港澳双创基地知名度，提高松山湖双创基地在港澳地区的影响力。

（三）深化人才服务工作

1. 助力人才企业复工复产。2020年初因新冠肺炎疫情，人才企业发展受到较为明显的影响。我们对园区高层次人才进行电话和问卷调研，切实了解疫情对人才及项目影响。切实落实省市相关纾困政策，同步结合园区实际对人才企业进行帮扶，向人才企业发放防疫物资，给予办公场地及租房租金优惠。安排专人全力做好纾困措施解读及协调沟通等工作，先后协助微模式、国志激光等20余家企业申请“人才贷”。

2. 制定2020年松山湖领导联系高层次人才工作方案。建立领导走访人才企业机制，将班子成员分15组走访服务园区30家重点人才企业，开展现场走访服务，解决企业及项目所遇到的问题。建立“华为服务专班”，即时服务企业人才的政策解读、申报、落户、教育及其他生活和配套服务问题。

3. 精准化招才引智。建立市区联动机制，与市委组织部、市人力资源和社会保障局联合举办2020年海内外高层次人才东莞行活动。通过“一对一”服务，为人才、项目、资本、市场提供对接，成功引进国家高层次人才某教授落户松山湖，某国家高层次人才成立图玛机器智能实验室科技（东莞）有限公司，并协助国家高层次人才某教授与华为对接。以主动出访为抓手，不断优化人才招引形式，赴山东、北京、苏州、厦门等高层次人才聚集地，开展“多对一”拜访对接，先后实地走访北京尚水信息技术股份有限公司、安进医疗科技（北京）有限公司以及北京大学、中国石油大学等人才项目及高校团队。邀请来自北京大学的高层次人才赴松山湖进行实地考察，并促成某博士与东莞市长工微电子有限公司和东莞链芯半导体科技有限公司的对接合作。

4. 做实做强引才工作。松山湖招才引智活动自2010年举办至今，已累计组织近800家企业到武汉、西安、成都、南京、哈尔滨、桂林等重点高校云集的城市引进人才。活动经过多年耕耘，在企业和各地高校中均反响热烈，已成为园区招才引智和形象宣传的重要特色活动。东莞市人力资源和社会保障局松山湖分局都会在高新区内的三所高校举办校园专场招聘会，一方面是给尚未落实就业单位以及需要转岗的毕业生提供了更多更好的就业选择，借助校企人员正面交流的平台，推动各系与企业建立起沟通渠道，为日后开启校企合作牵线搭桥；另一方面是帮助企业招聘优质高校毕业生、满足自身用工需求，推动高新区企业平稳快速发展。

5. 深化优化人才培养。2018 年，市政府出台了《关于实施百万劳动力素质提升工程打造“技能人才之都”的意见》，对“技能人才之都”建设做出了总体规划和部署。以此为契机，为了进一步加强高技能人才的培养工作，东莞市人力资源和社会保障局松山湖分局结合区内相关高新行业的未来发展方向以及企业的建议和诉求制订了一系列的培训计划。据统计，2018 年，东莞市人力资源和社会保障局松山湖分局将“机器人自动化”“设备技师”“线缆技能”以及“高级心理教练”作为区内的特色精品培训项目，并将 HR 特训营、家庭医生技能培训班、企业内部调解员培训等作为技能晋升培训项目，累计开展约 250 场培训，累计培训 5315 人次；2019 年，将工业机器人、电子商务作为高新区特色精品课程，并将员工关系、人力资源管理师等作为技能素质提升项目，累计培训 4031 人次，超额完成市局下达的培训任务。2020 年，将工业机器人、电子商务、项目管理师等作为高新区特色精品课程，并将网络工程师、劳动关系协调员等作为技能素质提升项目。

东莞“首席技师”是市政府授予企业技能岗位工人的荣誉称号，旨在选树技能人才标杆，弘扬精益求精的工匠精神，鼓励技能带头人主动参与技术攻关和革新，解决企业的生产操作难题，开展名师带徒，传授技艺特长及绝技绝活。目前，松山湖共有 19 名“首席技师”。技师工作站是东莞依托企业、行业培养高技能人才和助推企业生产技术攻关创新的重要载体。推进技师工作站建设，有利于充分发挥企业、行业协会和科研生产型事业单位现有高技能人才的作用，通过采取师傅带徒弟等方式传承技艺，培养高水平的技能人才队伍；有利于发挥企业、行业协会和科研生产型事业单位现有平台和技术优势，开发行业特色人才培养标准，开展技能人才培训和技术交流，进而推动整个行业和企业转型升级和技术进步。目前，松山湖已建立起6家技师工作站，技能人才培养的平台得到有效拓展，社会化参与技能人才培训的机制初步形成。

6. 开辟人才服务新空间。位于松山湖人才大厦十楼的高层次人才俱乐部，设有开放式公共路演厅、健身房、茶室和书吧等，打造集休闲、社交、健身、路演和会务于一体的高品质空间。为人才产业的对接、小规模人才聚会交流提供更为人性化的环境。定期面向松山湖高层次人才俱乐部会员组织系列主题分享活动，以"黑天鹅"下的中国经济与新基建新机遇、中高层管理者的自我修炼、松山湖高层次人才健身沙龙活动等为主题开展活动，助推人才企业发展。2020年新增高层次人才俱乐部会员350人，截至2020年12月底，累计会员数量达534人。

（四）人才政策的落实及修订

1. 切实兑现人才政策。

《东莞松山湖推动港澳人才创新创业实施办法》实施以来，已受理了43家港澳企业申请落户奖励、租房补贴、跨境交通补贴、平台机构初创服务补贴等。

《东莞松山湖高新区青年科技创新人才培养工程实施办法》实施以来，已完成第一批青年科技人才资助金额拨付；启动第二批青年科技人才申报工作，共有23人通过了专家评审。

2. 完善修订人才政策。

深入散裂中子源东莞科学中心、东莞理工学院、松山湖材料实验室、东莞新能源科技有限公司、广东智能机器人研究院、清华大学东莞创新中心等园区典型人才集聚型企事业单位调研，实地考察了解园区引进海外人才的现状及诉求，起草海外人才引进工作方案，完善人才政策体系。编制《东莞市松山湖高新区人才安居管理办

法》，拓宽对可分配人才房的定义，实行货币补贴与实物补贴相结合的补贴方式，探索研究人才房配售的可行性及标准。起草《东莞松山湖推动台港澳人才创新创业实施办法》，将台湾双创人才纳入政策覆盖范围，助力台港澳人才创新创业。

二、2021 年工作计划

（一）夯实人才政策体系

计划出台松山湖园区高层次人才的认定及奖励政策，围绕产业创新需求，对做出突出贡献的高层次人才以及引进园区高层次人才的用人单位予以奖励；出台实施港澳人才政策，加大对港澳双创人才的就业创业支持力度，优化申报程序，降低申报复杂度；优化人才房分配管理方案，出台人才安居政策，保障人才房的有序合理供给，适当放宽对海外人才在户籍、档案等方面的硬性要求。

（二）提升港澳双创基地品牌知名度，强化后端服务

以松山湖科学城建设为契机，依托松山湖港澳青年创新创业基地，打造国际化、年轻化、智能化的一流人才创新创业社区。积极发挥一中心多站点、一园辐射九镇的牵引与配套作用，统筹功能区港澳资源，构建共建共享、协同发展体系。通过组织开展人才沙龙、论坛讲座、参观交流、项目路演等常态化活动，提升基地品牌知名度。

（三）制定“松湖人才”评定标准

制订“松湖人才”的分类定级原则，根据定级原则建立细分行业的人才评定标准。建立举荐专家库，并建立相应举荐质量分析机制及推荐权重优化机制，动态调整荐才专家库。并依照“松湖人才”的定级原则，建立相应人才评定举荐机制。

扎实开展各项人才工作 切实提升人才服务水平

——2020年南城街道人才工作总结及2021年人才工作计划

2020年，南城街道紧扣东莞市全力打造“湾区都市、品质东莞”的工作要求，完善工作机制选才育才，优化政策环境用才留才，形成具有南城特色的人才工作格局，现将工作情况总结如下：

一、2020年人才工作总结

（一）丰富人才交流活动

今年8月，配合市委组织部举办“海内外高层次人才东莞行”活动，接待9位海内外高层次人才到南城考察，参观了南信产业国际、高盛科技园、中天联科国际信息产业园及园区企业。专家组实地考察了解了几个园区的运营、招商、企业入驻等情况，深入走访了广东盘古信息科技股份有限公司、东莞市盟大塑化科技有限公司、东莞市智赢智能装备有限公司、东莞市清研公共科技服务中心、东莞慧瓷智造打印科技有限公司等优秀企业，与企业负责人座谈，深入互动交流。组织40多名企业代表参加东莞高层次人才交流洽谈会，实地考察对接项目路演活动，7家企业参加“东莞名企名校行”招才引智活动（线上硕博专场）。

（二）畅通人才服务绿色通道

今年7月，东莞市人力资源和社会保障局南城分局进驻南城街道政务服务中心，全面公开进驻事项的办事指南，动态调整实施清单，确保线上线下公布内容准确一致；人才入户全流程网上申办，按照新系统、新入户政策流程办理，实行线上审核，实现办事群众“零跑动”；受理了66个符合《东莞市企业人才子女入学实施办法》的国家高新技术企业科技人才子女入学指标申请和22个符合《南城街道产业园区企业人才子女入读公办学校暂行办法》政策的天安数码城、联科国际信息产业园等园区入驻企业人才子女入学指标申请，为留住人才、吸引人才打好夯实基础。配合做好粤港澳大湾区急需紧缺人才目录编制工作，组织87家新兴产业及重点企业完成线上问卷调查。发动企业申报博士后科研工作站、广东省博士工作站、享受政府特殊津贴人员、十百千万人才工程等重点人才项目。

（三）优化产业发展政策推动人才创新创业

召开推动经济高质量发展暨科技创新工作会议，会上传达了省市推动制造业高质量发展和科技创新工作会议精神，解读《东莞市关于促进外贸稳定发展的实施意见》，部署下一阶段经济高质量发展和科技创新任务。

（四）加大人才政策宣传推介力度

根据街道企业数量多、人才覆盖面广的特点，今年组建3个企业微信群和1个毕业生微信群，有效利用现代社交媒体手段，将市统一制作的人才政策电子版，通过微信群、QQ群等媒介进行宣传，对人才政策的申报流程和注意事项进行讲解，及时做好答疑解惑工作。对引进市创新领军人才的2家企业进行定期联系，构建良好的政企互动人才工作模式。

（五）积极开展技能人才培养提升技能素质

1. 开展企业技能人才服务。今年东莞南城新科磁电制品有限公司、正太控股（广东）有限公司2家企业申报技师工作站，推荐30人申报首席技师。

2. 开展技能人才培养工作。为切实做好疫情期间企业职工线上适岗职业技能培训工作，受理了广东嘉荣超市有限公司、东莞市康帝酒店管理有限公司、华嘉食品有限公司等31家企业申请职工线上适岗职业技能培训，共培训5494人，指导东莞市轨道交通公司有限公司、东莞南城新科磁电制品有限公司、南城相关培训机构开展“一镇一品”人才培训备案5554人。

3. 开展农村电商培训工作。为配合东莞市直播电商和网络经济发展，进一步支持企业复工复产。2020年6月，举行“培你赢销”启动仪式，组织动员辖区80多名户籍社区居民、失业人员、就业困难人员、高校毕业生报名参加直播带货技能人才培训。

（六）引领粤港澳青年来莞就业创业

1. 东莞市港澳青年创新创业服务先行区在南城挂牌。全面开展港澳青年创新创业服务工作，主要依托产业园区，为港澳青年提供就业创业平台，引导企业提供适合港澳青年的岗位，开展人才交流、创新创业分享和项目路演等活动，积极营造“开放共融”环境。

2. 南城首个青年人才驿站挂牌。驿站以“凝聚人才、对接产业、服务企业、推动发展”为目的，旨在为有意来莞就业创业的青年人才提供免费临时住宿、就业创业、政策信息推送和社会融入等一站式服务。

（七）开展领导干部联系高层次人才活动

制定《南城街道开展“把握‘三区’叠加机遇，推进人才高地建设”领导干部联系高层次人才活动工作方案》，17名班子成员先后走访联系高层次人才34人，听取各类高层次人才反映意见建议41条，收集高层次人才反映的问题，包括公司规模化生产、人才住房、交通环境整治等内容，了解中小企业在疫情防控期间项目建设、生产经营中遇到的困难和问题，及时予以协调解决。

二、2021年人才工作计划

认真贯彻落实“十四五”规划和全市深化人才发展体制机制改革的工作部署，着力做好东莞市“十百千万百万”人才工程行动各项工作，促进南城人才队伍全面发展，增创质量型人口红利新优势。

（一）强化人才培训，推进创新创业

1. 抓好企业技能人才培训工作。结合南城街道企业特色和专业性质，加强人才引进与特色技能人才培训相结合，主动谋划，继续推进企业技能人才评价工作及“一镇一品”人才培训工作，扩大影响力，形成具有南城特色的人才工作格局。

2. 加强劳动力技能晋升工作。加强培训政策的宣传力度，鼓励劳动者参加培训，指导企业和培训机构加强制造业相关的培训，及时为劳动者申请技能提升培训补贴。同时，积极做好“首席技师”政策宣传和高技能人才评选推荐工作。

3. 加强创业服务工作。加大创业政策宣传力度，落实创业成功奖励，为创业人员提供政策咨询、落实各项扶持政策，加大创业服务，扶持劳动力创业。根据南城街道产业发展需求，利用现有创业孵化基地和电商创业等平台，鼓励和引导本土以及外地高校毕业生进入平台创业；加强对大学生创业指导，提供人才政策服务。根据街道人才发展规划及成长型企业岗位需求，激发广大青年人才立足岗位创新创业的活力。

（二）强化人才服务，确保人才保障

1. 抓好条件准入类人才入户工作。切实按照《东莞市人才入户管理办法》工作要求，完善受理流程，规范审批手续，严格按照“即来即办”的要求，严把审核关，提高人才入户办理效率，切实做好人才服务，为稳定人才做好保障。

2. 抓好专业技术资格认证工作。加强职称评审工作管理，及时审核，及时报送，在提高工作效率、加快审核时间的同时，严格把好审核、评审关，规范评审程序，提升评审质量，确保评审工作的公平公正。

3. 做好领导联系高层次人才工作。继续做好联系高层次人才工作，收集各类高层次人才的意见建议，并为高层次人才提供协助、解决困难。

促进人才产业融合发展　打造高质量发展新引擎

——2020年塘厦镇人才工作总结及2021年人才工作计划

2020年，塘厦镇委、镇政府始终秉持“创新是第一动力、人才是第一资源”的宗旨，坚定不移实施“人才强镇”战略，以提升城市环境为主抓手，着力优化和改善城市中的经济环境、政策环境、创新环境、生活环境，重大产业项目不断集聚，以项目牵引人才发展的良好局面逐步形成。

一、2020年工作总结

（一）优化经济环境，引导人才发展

塘厦坚持“工业立镇”“工业强镇”原则不动摇，不断拓展产业发展空间，大力推动引才载体建设。打造特色产业园区集聚人才，科苑城片区是带动塘厦镇经济发展的引擎和高新产业成长的摇篮，也是东莞市广深港澳科技创新走廊的重要节点之一。塘厦镇通过扩容提质和明确产业导向，将科苑城创新节点扩容至10多平方公里，积极引进先进装备制造业、先进材料制造业和先进电子信息制造业等领域优质的科技创新产业项目，着力将其打造为承接深圳高端产业外溢的示范平台。夯实产业基础来涵养人才。塘厦构建了以“三

电”（电子信息、电源、家用电器）为支柱的现代产业体系，拥有工业企业1万多家，规模以上工业企业789家。今年，又成功引进广东瑞勤通讯科技有限公司、东莞顺络电子有限公司等45个关键性、龙头型、补链型的产业类重点项目，总投资达618亿元。同时，塘厦镇积极培育本土上市企业，精准服务20家上市后备企业，推动广东坚朗五金制品股份有限公司、东莞市奥海科技股份有限公司等细分行业的领军企业实现挂牌上市，正全力打造资本市场的“塘厦板块”，使各类人才在塘厦创业有机会、干事有舞台。

（二）拓宽引才渠道，优化人才结构

一是加大高层次人才引进力度。1—10月新增博士3人，硕士21人，高级职称专业技术人才63人，超额完成市下达的指标任务。人才总量方面，全镇人才总量达到11万人次，其中博士53人、硕士2026人，副高级职称以上专业技术人才达250人，高级工以上技能人才3300人，高层次人才总量占比5%。全镇人才总量、人才结构实现“量质齐升”，高层次人才的增速明显，但总量仍亟待提升。在人才孵化平台方面，新增东莞市中汇瑞德电子股份有限公司、广东坚朗五金制品股份有限公司2个东莞市技师工作站。

二是借力高层次人才活动平台。在市委组织部牵头下，联合松山湖管委会、南城街道、长安镇共同举办了“创聚东莞——2020海内外高层次人才东莞行”活动。创新创业环境推介会上，塘厦镇委副书记、镇长叶惠明向与会专家代表、人才代表介绍了塘厦的创新创业环境、人才政策、产业特色以及其他优惠政策措施等。2020年8月20日，还组织由海内外高层次人才和专家代表组成的考察组到塘厦进行实地考察，并与有技术和人才需求的塘厦科技企业代表进行对接座谈，共谋合作前景，共商发展大计。

三是推动领导干部联系高层次人才工作常态化制度化。制订

《2020年塘厦镇领导干部联系高层次人才活动方案》，按照每名领导至少联系1~2名高层次人才的规定，与镇内高层次人才、优秀企业家建立一对一的定期走访联系。2020年10月21日，唐耀文书记带队到广东东莞先进陶瓷与复合材料研究院，走访了3名教授。11月5日，叶惠明镇长带队到广东志成冠军集团有限公司，走访了某院士及创新团队核心成员。在"关键少数"的示范带动下，全镇18名镇领导干部于2020年9月至11月间走访联系了27名高层次人才。共收集意见建议16条，帮助解决企业发展难题3个。

四是抓好镇人才政策的落实。2019年，塘厦印发了《塘厦镇高层次人才引育工程实施办法》《塘厦镇新时代创新人才综合补贴实施办法》《塘厦镇技能人才培养实施办法》。在做好政策宣传的基础上，积极动员符合条件的人才申报。

（三）培育创新环境，提升人才发展

充分发挥承接深圳产业外溢的前沿阵地优势，利用重大科技项目对人才的磁吸效应，让项目跟着人才走、人才围着项目转，"先人一步"整合和吸收外部创新资源和人才资源，抢夺科技创新竞争"智高点"。

近年来，塘厦镇依托"企业+创新团队"模式，依靠市场化手段，推动广东志成冠军集团有限公司引进了湖南大学某院士领导的电能绿色变化创新团队，增强了塘厦镇电子电源支柱产业的核心竞争力。

依托"政府+研究院"模式，推动院士领衔的松山湖材料实验室在塘厦成立东莞先进陶瓷与复合材料研究院。同时，引进松山湖材料实验室多孔陶瓷、透明陶瓷、单晶薄膜等3个由教授带领的创新科研团队，形成5个成熟的可产业化技术，成立9家项目公司。目前，塘厦正在推进中国科学院半导体研究所在塘厦设立研究院，通

过构建“研究院+产业生态圈”模式，助力塘厦打造集成电路和半导体材料科创产业基地。

发挥企业主体作用，积极引导和支持各类企业建设研发机构，鼓励大型骨干企业、高新技术企业增加研发投入。目前，全镇拥有国家认可实验室2个、省级工程中心24个、市级工程中心10个、博士后科研工作站2个、博士后创新实践基地3个、高新技术企业400家，专业镇创新指数在广东省工业类百强镇中排名第五。全镇研发经费由2015年的5.2亿元增长至2019年的13.3亿元，居全市镇街第二。2019年专利申请量为5009件，授权量为4046件，均位居全市镇街（园区）第二。

（四）提升生活环境，保障人才发展

始终坚持“一把手”抓“第一资源”，聚焦人才安居难、子女就学难、看病就医难、交通出行难等“难点”“堵点”，全方位做好人才服务，多维度解决后顾之忧，使人才心无旁骛干事创业。

住房方面，塘厦镇对新推出的居住用地均要求配建10%~20%的人才住房，为人才在塘厦安居乐业提供保障。

教育方面，塘厦现有各类学校、幼儿园69所，塘厦初级中学、中心小学是全市首批品牌学校。为补齐教育短板，开展了教育扩容提质攻坚战，先期投入9亿多元，已动工建设塘厦镇第二实验小学，并计划于2020年年底前扩建塘厦初级中学以及动工建设第二初级中学，建成后至少增加公办学位10000个。未来三年，塘厦镇还将投资近15亿元建设4所公办学校。

医疗卫生方面，建成了辐射周边镇街的东莞市东南部中心医院，正与广州中医药大学合作建设教学医院，全镇拥有社区卫生服务机构20个、各级各类医疗机构81个，形成了“15分钟健康圈”。

交通方面，全面打响品质交通千日攻坚战，计划投资20亿元，升级优化道路及新建道路19条，着力打通与深圳对接的断头路，升级改造镇内的瓶颈路。依托赣深高铁东莞南站，构建起与深圳融合发展的立体交通网络。

在持续完善公共服务的同时，高标准推进城市更新改造，重塑优质产业、生活空间。目前正在推进6个“工改工”项目和5个综合类开发项目，其中包括人才公园、体育公园等民生设施，改造面积7.3平方公里，计划总投资2000多亿元。

二、2021年人才工作要点

一是坚持党管人才，联合住房和城乡建设、人力资源和社会保障、经济发展等职能部门做好人才公寓管理办法的前期调研工作，加快推进人才公寓的上市和管理。

二是坚持抓好领导干部联系高层次人才工作，切实解决人才后顾之忧，使人才在塘厦心无旁骛干事创业。

三是抓好全镇人才的宣传、申报和受理，切实发挥政策对人才的激励作用。

四是认真做好优才卡的动员和申报工作，切实提升人才的综合服务水平。

五是做好与深圳市龙华区的人才合作，通过探索建立互派干部人才挂职锻炼的培养机制，解决塘厦城市规划、工程建设、教育、医疗方面的专业技术人才短缺问题。

六是探索与龙华区合力打造集创业孵化、公共服务和人才交流于一体的协同创新中心，力争将龙华的科技创新资源与塘厦的产业转化优势相结合，打造塘厦的“人才飞地”。

七是做好人才的政治吸纳，把各方面人才凝聚到党和国家事业中来，聚天下英才而用之。

人才政策篇

东莞市加强研发人才引进培养暂行办法

第一章 总 则

第一条 为贯彻落实《东莞市人民政府关于贯彻落实粤港澳大湾区发展战略全面建设国家创新型城市的实施意见》(东府〔2019〕24 号)精神，全面提升我市支柱产业、先进制造业和战略性新兴产业的科技创新能力，推动全域创新和全链条创新，着力打造一支支撑我市实施创新驱动发展战略、实现经济社会高质量发展的研发人才队伍，特制定本办法。

第二章 适用对象

第二条 本办法所适用的用人单位是指在我市注册、纳税，具有独立法人资格，依法经营，诚实守信的企业或机构，包括我市重点发展产业领域的企业，重点培育发展的高新技术企业，以及其他鼓励发展的企业(包括市“倍增计划”试点企业以及协同倍增企业、市百强创新型企业、高层次人才创办企业、建有研发平台的企业等)和经省市相关主管部门认定、评定的新型研发机构，广东省实验室以及国家重大科技基础设施法人单位，且须符合以下基本条件之一(广东省实验室以及国家重大科技基础设施法人单位除外)：

(一)企业上年度营业收入总额不少于 3000 万元，研究开发费用总额不少于 500 万元或占营业收入比重不低于 7%，且营业收入总额增长比例不低于我市同期 GDP 的增长比例（且须为正数），研究开发费用总额同比增长不低于 5%；其中，软件和信息技术服务业企业上年度营业收入总额不少于 1000 万元，研究开发费用总额占营业收入比重不低于 5%。

（二）企业在我市建有经各级有关部门认定的研发平台，包括市级以上工程技术研究中心、重点实验室、企业技术中心等，且上年度研究开发费用总额同比增长不低于 10%，总额不少于 300 万元。

（三）入选市级以上人才计划的高层次人才创办企业，包括国家重大人才计划、省市创新科研团队、省高层次人才、市引进创新创业领军人才入选者创办或领办的企业。

（四）新型研发机构上年度获得国家和省项目资金 200 万元以上，或技术合同交易额在 200 万元以上，或研究开发费用总额在 1000 万元以上。

第三条 本办法所称的研发人才是指在我市工作，能够在相关技术领域开展原创性研究，进行发明创造，或进行工艺革新、技术改良、流程改革等创新活动的技术技能人才。其中，申请研发人才奖励措施的人才须同时符合以下基本条件：

（一）在符合基本条件的用人单位工作。

（二）忠于本职、业绩突出，经所在单位认可，在技术研发相关部门的研发、技术、生产岗位上任职的人才，或参与用人单位项目、技术、产品研发的团队成员，或在生产一线岗位从事技术技能工作的高技能人才。

（三）由所在单位为其在莞缴纳社会养老保险费满 12 个月，申报时仍处于正常参保缴费状态。

（四）未达到国家法定退休年龄。

（五）人事档案关系在我市，或具有我市户籍，或累计在莞缴纳社会养老保险费满 5 年。

（六）未参加国家禁止的组织及其活动，无刑事犯罪记录。

第四条 本办法所称的新引进研发人才是指由符合基本条件的用人单位引进，满足本科以上学历学位、初级以上职称、技师以上职业资格或职业技能等级、年度工资薪金收入不少于 20 万元等条件之一，在所在单位的技术研发部门、项目、技术和产品研发团队等从事研发和技术技能活动或为相关研发活动提供服务，且上一年度内在我市首次就业的人才。

第五条 本办法所称的柔性引进人才是指由符合基本条件的用人单位通过课题研究、项目合作、兼职聘用、咨询顾问、技术指导等形式从市外引进的海内外高层次人才，引才对象可不受国籍、户籍、人事档案关系、缴纳社会保险等限制，且须满足以下条件之一：

（一）符合申报时有效的《东莞市特色人才目录》所列特色人才认定标准的人才。

（二）在国内外高校、科研院所从事重大项目或关键技术的研究工作，且担任相当于副教授、副研究员及以上职务（职称）的专家学者。

（三）具有硕士以上学位或中级以上职称，且在国内外大型企业、高校、科研机构的关键岗位从事科研开发或技术应用工作 5 年以上的，并掌握先进技术的专业人才。

（四）在国内取得高级技师职业资格，在相关领域的企业或公共服务机构从事技术工作 5 年以上，能解决用人单位关键核心技术或产品生产工艺难题的技能人才。

第三章 奖补措施

第六条 研发人才奖励措施。经用人单位推荐的研发人才，可申请以下奖励：

（一）研发人才经济贡献奖励。对于上年度在莞缴纳工资薪金个人所得税2.5万元以上的研发人才，或通过技术转让、许可或以科技成果作价投资等方式取得的年度技术成果转化收入达到30万元的研发人才，按研发人才上一年度缴纳工资薪金个人所得税以及科技成果转化形成的个人所得税市留成部分最高不超过80%的标准奖励个人，每人每年最高100万元。在资金总规模范围内，根据申请数量，可适当调整奖励比例。

（二）研发人才素质提升奖励。对于2017年1月1日后，在我市工作期间取得国家承认的硕士以上学位、高级职称或高级技师职业资格证书（高级技师职业技能等级证书）。

条件类别	奖励标准	扶持方式
取得正高级职称	10万元/人	一次性发放
取得副高级职称或博士学位（取得不分正副高级的高级职称，按取得副高级职称标准奖励）	8万元/人	
取得硕士学位或高级技师职业资格证书（高级技师职业技能等级证书）	4万元/人	

第七条 青年见习（实习）补贴。实施“青年人才莞训计划”，鼓励用人单位围绕我市重点发展产业领域，面向青年人才开发一批技术、技能、研发服务等研发相关的就业见习（实习实训）岗位，组织和吸纳普通高校全日制在校生及应届毕业生、毕业2年内高校毕业生、技工院校高级工班和预备技师班毕业生等青年见习（实习）人员在莞就业见习和实习实训，对见习（实习）人员给予一次性的生活补贴，补贴标准如下：

（一）博士研究生或毕业2年内的博士毕业生，每人每月补贴3000元，补贴期最长不超过3个月。

（二）硕士研究生或毕业 2 年内的硕士毕业生，每人每月补贴 2000 元，补贴期最长不超过 3 个月。

（三）普通高校全日制本科和专科（含高职）在校生及应届毕业生、技工院校高级工班和预备技师班毕业生，每人每月补贴 1000 元，补贴期最长不超过 3 个月。

前款所称的见习（实习）人员，每人只能以见习、或实习、或实训的形式享受一次生活补贴，且与我市其他同类补贴项目不重复享受。

第八条 用人单位引才补贴。根据用人单位在上年度新引进研发人才的学历学位、职称、职业资格或职业技能等级、年度薪酬等条件给予用人单位一次性引才补贴，每家单位每年累计补贴最高不超过 50 万元，补贴标准如下：

（一）新引进具有博士学位、副高级以上职称，或年度工资薪金收入额不少于 30 万元的人才，给予用人单位 10000 元/人的引才补贴。

（二）新引进 4 名以上具有硕士学位、中级职称、高级技师职业资格（高级技师职业技能等级），或年度工资薪金收入额不少于 20 万元的人才，给予用人单位 5000 元/人的引才补贴。

（三）新引进 8 名以上具有全日制本科学历学位或在国（境）外获得学士学位、初级职称、技师职业资格（技师职业技能等级）的人才，给予用人单位 2000 元/人的引才补贴。

新引进研发人才如在国（境）外世界知名大学获得博士或硕士学位的，相应的引才补贴按照博士 20000 元/人、硕士 10000 元/人的标准执行。

第九条 柔性引才补贴。按照用人单位当年度柔性引才实际支出薪酬总额的 30% 给予用人单位引才补贴，具体要求和补贴标准如下：

（一）用人单位在与柔性引进人才签订合作协议或工作合同时，应明确其每年累计在莞工作时间不得少于 30 天，且不超过 183 天；每年累计在莞工作时间不在规定时间段内的不予扶持。用人单位应于协议或合同签订后 1 个月内，到市人力资源社会保障局审核备案，逾期不予受理。

（二）柔性引才补贴采取后补贴的方式，用人单位先行支付引进人才的相关薪酬和费用，再按本办法规定申请柔性引才补贴，其中柔性引进人才每年在莞工作 30～60 天的，给予最高不超过 10 万元/人的补贴；每年在莞工作 61～183 天的，给予最高不超过 20 万元/人的补贴，每家用人单位每年补贴名额不超过 3 人。

第四章　奖补申报流程

第十条　建立用人单位信息库。申请入库的企业或机构应符合本办法规定的基本条件。用人单位入库申报流程如下：

（一）受理申请。市人力资源社会保障局在征求相关部门意见后发布申报公告，在全市范围内公开征集入库单位，并接受符合本办法基本条件的用人单位的入库申请。

（二）拟定名单。各园区、镇（街道）人力资源社会保障分局对申请单位提交的资料进行初审，初审通过后由市人力资源社会保障局汇总相关资料，并交由相关职能部门复核。市人力资源社会保障局根据复核情况，征求相关职能部门意见后，拟定入库名单。

（三）名单公示。市人力资源社会保障局在其门户网站上对拟入库名单进行公示，公示期为 5 个工作日，公示期满无异议或经调查异议不成立后，确定为用人单位信息库入库名单。

第十一条　奖励补贴的申报流程：

（一）受理申请。市人力资源社会保障局在征求相关工作部门意见后发布申报公告，接受已入库用人单位的申请以及入库用人单位中符合研发人才奖励措施规定人才个人的申请。

（二）拟定名单。各园区、镇（街道）人力资源社会保障分局对申请单位、申请人所提交资料进行初审，初审通过后由市人力资源社会保障局汇总相关资料，并交由相关职能部门复核。市人力资源社会保障局根据复核的情况，征求相关职能部门意见后，拟定奖励补贴对象名单。

（三）名单公示。市人力资源社会保障局在其门户网站上对拟奖励补贴对象名单进行公示，公示期为 5 个工作日，公示期满无异议或经调查异议不成立后，确定为奖励补贴对象名单。

（四）方案审定。市人力资源社会保障局根据审核和公示情况提出奖励补贴方案，征求相关部门意见后，报市政府审定。

（五）资金拨付。奖励补贴方案审定后，由市人力资源社会保障局将资金划拨到各园区、镇（街道）财政分局，由各园区、镇（街道）财政分局或人力资源社会保障分局按照申领情况和有关规定办理资金拨付。

第五章　重点举措

第十二条　完善研发人才供需链。依托“人社大数据”系统，加强与人才工作站、人力资源服务机构、高校就业指导与服务中心等单位的深度合作，打造涵盖企业研发人才需求、重点高校专业人才供给的校企人才供需云平台。优化升级云招聘功能，不断拓宽线上招聘渠道，并通过定向邀约，每年举办不少于 2 场研发人才专场招聘会或行业人才专场招聘活动。实施“青年人才莞训计划”，吸纳一批高校、职业院校、技工院校的在校生和毕业生等青年人才在莞就业见习和实习实训，组织动员一批研发实力强的企业、新型研发机构等用人单位，面向青年人才开发一批研发相关的就业见习（实习实训）岗位，推动青年见习（实习）补贴扶持措施，定期开展

"青年人才见习（实习）季""院校实习实训月"等见习实习服务活动，加强名校研究生培养（实践）基地、高技能公共实训基地、职业院校定点实习实训基地等培养载体的建设，促进一批优秀青年人才在莞就业、创业。（市人力资源社会保障局牵头，市科技局、市教育局配合）

第十三条 扩大研发人才寻聘地。借助大数据和云计算技术，聚焦产业链和创新链，编制集国内外高校和科研院所的专家、教授、科研人员、博士后、博士、技术经理人等高层次人才信息于一体的创新人才地图，精准标识出最佳人才寻聘地，为全市用人单位精准引才、靶向猎才提供最佳路径。鼓励全市企业和研发机构建立研发项目需求清单，面向国内外公开征集研发人才和合作对象，加强柔性引才引智。（市人力资源社会保障局、市科技局负责）

第十四条 开设研发人才云课堂。充分整合现有高校、职业院校、新型研发机构及专业培训机构线上线下教育资源，采用"互联网+教育"模式，在莞易学平台基础上，为研发人才打造一站式线上培训平台，面向全市研发人才提供专业技术培训、职业技能提升等在线课程，并帮助企业量身定制线上培训菜单，利用云直播定期开展在线培训活动。（市人力资源社会保障局、市教育局负责）

第十五条 打造研发人才强磁场。依托松山湖科学城高端创新要素集聚的优势，围绕人工智能、新一代信息技术、新材料、先进制造、生物医药、环境科技等重点领域，吸引一批具有国际影响力的学术会议、论坛、行业峰会、开发者大会等落地东莞，打造研发人才生态圈。对经市科技局备案同意的百强创新型企业举办的学术会议、论坛、行业峰会，每家企业每年给予最高不超过100万元科技论坛补贴。支持各类专业学会、行业协会、院校科研机构等根据企业需求开展各类研发人才交流活动，对经市人力资源社会保障局备案同意举办的研发技术类讲座或专题培训活动，给予最高不超过15

万元/项的资金补贴，每年补贴10项左右。（市科技局、市人力资源社会保障局负责，市工业和信息化局配合）

第十六条 用好人才服务关键招。符合安居保障条件的研发人才，可申请相关租赁补贴或优先租（购）人才住房，鼓励有条件的园区、镇（街道）根据实际情况，以实物配置、货币补贴等方式优先保障研发人才住房需求。符合入户条件的研发人才需要将户口迁入本市的，按照现行入户政策进行办理；研发人才有子女入学要求的，如符合《东莞市高端人才和企业人才子女入学实施办法》（东府办〔2019〕45号）的相关规定，可按照该政策执行。研发人才及其配偶、子女到我市居住的，并计划在就业园区、镇（街道）依法缴纳社会保险的，可按规定优先办理各项社会保险关系转移接续，随到随办。定期组织在莞见习（实习）的青年人才开展主题学习、青年联谊、文化沙龙、市情宣传等人才交流活动，营造支持青年就业和成长发展的良好氛围。（市人力资源社会保障局、市公安局、市教育局负责）

第六章 监督管理

第十七条 市人力资源社会保障局牵头，会同市发展改革、科技、工业和信息化、统计、市场监管等部门组织开展用人单位的申报、核定和管理工作。

市人力资源社会保障局统筹和协调研发人才政策的制定和组织实施；负责编制资金年度预算、决算；负责编制申报指南，明确申报的具体条件、申报方式、申报材料、申报时间等内容；负责用人单位的入库申请与管理；负责组织资金的申报以及奖励补贴名单的审核，编制年度奖励方案，并报市政府审定；负责办理资金下达给园区、镇（街道）的拨付工作；负责资金使用安全、监督检查、绩效评价和信息公开；负责核实申请人的社会保险情况；负责编制科技创新人才地图。

市财政局负责审核、批复资金年度预算、决算；落实资金预算安排，并对资金管理及使用情况进行检查监督和绩效评价。

市科技局负责核实国家高新技术企业、市百强创新型企业、工程技术研究中心和重点实验室以及高层次人才创办企业等单位资质；协助核实新型研发机构获得项目资金、技术合同交易额、研发费用等情况；协助核实申请人的科技成果转化收入相应的项目；负责建立研发项目需求清单。

市发展改革局负责核实战略性新兴产业和重点培育发展高新技术产业的企业所属行业类别；协助核实有关申请单位信用情况。

市工业和信息化局负责核实省市级企业技术中心等单位资质；核实软件和信息技术服务业企业的单位资质。

市统计局负责核实申请单位按照国家统计口径提供的营业收入、研发费用情况；负责核实申请单位所属类别（支柱产业、先进制造业）。

市教育局负责开展研发人才线上培训平台的建设工作。

市市场监管局负责核实申请人的科技成果转化收入相应的项目和负责核实申请单位的信用情况。

市倍增办负责提供市倍增企业（含试点企业、协同倍增企业）名单。

市公安局负责核实申请人的户籍信息和守法情况。

市税务局负责核验申请人的纳税信息。

各园区、镇（街道）人力资源社会保障分局负责协助宣传和落实研发人才引进培养政策；负责辖区内政策的申请与受理、申请资料的初步审查以及资金拨付工作；加强对辖区内政策适用对象的指导服务工作，并协助核实申请人人事档案关系信息。

第十八条 申请单位、申请人应如实提供申请材料，并对申请材料的真实性和准确性负责。申请单位或申请人提供虚假信息、作出虚假承诺、提供编造或伪造等虚假材料，或者以不正当手段获取扶持名额或扶持资金的，经查实后，由市人力资源社会保障局取消其申请或资格，且 5 年内不得享受我市的各类资助；对已拨付的财政奖励、补贴资金由市人力资源社会保障局予以追缴；涉嫌犯罪的，依法移交司法机关处理。

第十九条 被有关部门确定为失信联合惩戒的实施对象，包括企事业单位、社会组织及其法定代表人、主要负责人和其他负有直接责任人员，不纳入本办法适用范围。申请对象处于联合惩戒措施信息核实期间或被有关部门立案调查期间的，也不适用本办法。

第七章 附 则

第二十条 本办法适用对象中，涉及营业收入、研究开发费用等相关要求的企业，须在我市企业研发活动统计范围或科技统计调查范围内，营业收入、研究开发费用等指标以企业在统计联网直报平台或火炬统计调查平台填报的相关年度报表为准。

第二十一条 本办法由市人力资源社会保障局负责解释。如本办法与我市其他政策有重复、交叉的情况，按照“就高、从优、不重复”原则执行。

第二十二条 本办法自发布之日起实施，有效期 1 年。

东莞市人力资源和社会保障局技能人才引进培养资助办法

第一章 总 则

第一条 为贯彻落实《关于实施百万劳动力素质提升工程 打造“技能人才之都”的意见》（东府〔2018〕104 号）文件精神，以我市产业发展需求为导向，弘扬新时代工匠精神，支持我市企事业单位和社会组织大力引进培养紧缺急需技能人才，增加高技能人才有效供给，制定本办法。

第二章 具体措施

第二条 支持高层次技能人才能力提升。每年资助一批“中华技能大奖”、“全国技术能手”、“广东省技术能手”、东莞市“首席技师”（在享受政府津贴期内的“首席技师”除外）、“莞邑工匠”（在享受政府资助和奖励期内的“莞邑工匠”除外）、“东莞市技术能手”、高级技师或与高级技师相当层次的高层次技能人才赴国内外参加与个人专业密切相关的技术技能研修培训、交流学习、职业技能竞赛等活动，由市财政按不超过 10 万元人民币/人标准进行资助。该项目每年资助总额不超过 200 万元。

第三条 大力引进紧缺急需高技能人才。对 2018 年 1 月 1 日之后（含 2018 年 1 月 1 日，下同）新引进且引进前已取得《东莞市企业紧缺急需职业（工种）目录》中所列职业（工种）二级（技师）以上职业资格证书或职业技能等级证书的人才，按一级（高级技师）10000 元/人，二级（技师）5000 元/人的标准给予紧缺急需高技能人才引进综合补贴。所需资金由市财政和申请人工作单位所在镇街（园区）财政按 5∶5 的比例分担。

第四条 加大培养紧缺急需高技能人才力度。符合条件的技能人才通过参加培训或自学提升职业技能，获得我省核发的国家职业资格证书、国家技能等级证书、专项职业能力证书、特种作业操作证书、培训合格证书等符合规定的证书，可按照《广东省人力资源和社会保障厅、广东省财政厅关于印发广东省职业技能提升培训补贴申领管理办法的通知》（粤人社规〔2019〕43 号）规定申请职业技能提升补贴，补贴资金优先从“职业技能提升行动专项资金”中列支，不足部分从就业补助资金中列支。其中对取得《东莞市企业紧缺急需职业（工种）目录》中所列职业（工种）三级（高级工）及以上资格证书的技能人才，可在规定标准基础上提高 30%，具体申报条件和办理流程按劳动力职业技能提升培训补贴和失业保险技能提升补贴申领管理办法有关规定执行。

第五条 提升高技能人才待遇。推动高技能人才激励和服务体系建设，合理界定高技能人才享受待遇的范围和层次，进一步提升高技能人才的待遇水平。对已获得相应职业资格证书或职业技能等级证书、取得相关荣誉称号、获得相关奖项、取得相关业绩的高技能人才可按规定申请认定评定市特色人才，享受相关待遇。

第三章 申报条件和流程

第六条 高层次技能人才能力提升资助的申报条件和流程为：

（一）申报条件。

申报高层次技能人才能力提升资助的高技能人才须同时符合以下条件：

1. 申请时，年龄不超过55周岁，在我市工作已满5年的非财政供养人员，以累计缴满5年社会保险（包含生育保险、医疗保险、养老保险、工伤保险以及失业保险5个险种，以下简称“社会保险”）记录为准，且社会保险为正常缴费状态；

2. 已获选为“中华技能大奖”、“全国技术能手”、“广东省技术能手”、“莞邑工匠”、东莞市“首席技师”、“东莞市技术能手”，或已取得高级技师职业资格证书或相当层次职业技能等级证书；

3. 所申请的技术技能研修培训、交流学习、职业技能竞赛等资助项目有利于其个人技术技能提升，且与个人专业密切相关；

4. 在我市未领取过类似资助或补贴。

（二）申报流程。

高层次技能人才能力提升资助分统一资助和个人资助两种实施方式。统一资助是由市人力资源和社会保障局委托相关机构统一组织实施，并将资助资金拨付给受委托机构统一使用。个人资助是指由符合条件的个人申报，每人限申请1次能力提升资助，资助资金按总额控制、据实报销原则审核后拨付给个人。市人力资源和社会保障局每年根据实际情况确定实施方式。

高层次技能人才能力提升资助参照党政机关和事业单位临时出国和因公出差经费管理办法相关标准执行，其他相关费用如培训费、竞赛参赛费、会议费、入场费等据实列支。如相关费用已由工作单位或任何其他方支付或资助，则该项费用不能纳入资助范围。

统一资助方式按照以下流程执行：

1. 选定项目。由市人力资源和社会保障局拟定资助项目。

2. 受理申请。市人力资源和社会保障局根据工作安排发布申请公告，接受符合条件的个人申请。

3. 资格审核。市人力资源和社会保障局组织专家根据申请人的专业、从事岗位与资助项目关联情况、预期效果等进行综合审核和优先排序，确定资助名单。

4. 名单公示。由市人力资源和社会保障局对资助名单进行公示，公示期为 5 个工作日。如公示期间接到异议，由市人力资源和社会保障局负责调查核实并处理；经调查异议成立且确认不符合条件的，撤销其资格，从备选名单中择优替补。

5. 组织实施。由市人力资源和社会保障局按规定委托相关机构统一组织实施资助项目。

6. 资金拨付。市人力资源和社会保障局向财政部门编制财政预算，并按规定将资金拨付给受委托机构。

个人资助方式按照以下流程执行：

1. 受理申请。市人力资源和社会保障局根据工作安排，定期接受个人资助申请，个人资助项目实施起始时间于 2018 年 1 月 1 日之后，且该项目在申请之日已实施完毕。

2. 申请初审。由市人力资源和社会保障局会同有关部门对申请项目进行初步审查。

3. 申请复审。由市人力资源和社会保障局组织专家根据申请人专业、从事岗位与资助项目关联情况、预期效果进行综合审核和优先排序，确定资助名单。

4. 资助申请。在资助名单范围内的申请人向市人力资源和社会保障局提出申请，并提供相应票据及材料。

5. 名单公示。由市人力资源和社会保障局对符合资助提交的申请人名单进行公示，公示期为 5 个工作日。如公示期间接到异议，由市人力资源和社会保障局负责调查核实并处理；经调查异议成立且确认不符合条件的，撤销其资格。

6. 资金拨付。市人力资源和社会保障局审核资助申请后，向财政部门编制财政预算，并按规定将资金拨付给申请人。

第七条 申报紧缺急需高技能人才引进综合补贴申报条件和流程为：

（一）申报条件。

申报紧缺急需高技能人才引进综合补贴的高技能人才须同时符合以下条件：

1. 申请人在我市首个用人单位为其缴纳社会保险的起始时间在 2018 年 1 月 1 日之后，申请时申请人为非财政供养人员（男性不超过 60 周岁、女性不超过 50 周岁）、在我市现任职单位连续缴纳社会保险至少满 1 年且社会保险为正常缴费状态；

2. 2018 年 1 月 1 日之后在我市首次缴交社会保险前已取得《东莞市企业紧缺急需职业（工种）目录》中所列职业（工种）二级（技师）及以上职业资格证书或职业技能等级证书；

3. 在现任职单位所从事的岗位工作内容与所申请补贴的工种密切相关且技能级别相符；

4. 未享受过我市特色人才特殊政策待遇、劳动力职业技能提升培训补贴、失业保险技能提升补贴，或其他人才引进综合补贴。

（二）申报流程。

1. 受理申请。市人力资源和社会保障局根据工作安排发布申请公告，接受符合条件的个人申请。

2. 申请审核。各镇街（园区）人力资源和社会保障分局对申请人所提交资料进行初审，初审通过后交市人力资源和社会保障局复核。

3. 汇总公示。市人力资源和社会保障局对通过审核的申请人进行汇总，在市人力资源和社会保障局网站上对申请人名单公示 5 个工作日，公示期满无异议或经调查异议不成立后，确定为补贴对象。

4. 资金拨付。市人力资源和社会保障局将市级负担的补贴资金划拨到各镇街（园区），由各镇街（园区）人力资源和社会保障分局将市、镇街（园区）两级资金统一发放给申请人。

第四章　监督管理

第八条　市人力资源和社会保障局负责本办法的牵头实施、组织协调和工作监管。

各镇人民政府（街道办事处、园区管委会）负责落实镇街（园区）承担的补贴资金预算安排，做好资金核拨、审核、监管等工作。

市财政局负责落实有关市财政资金预算安排，对资金使用情况进行监督检查和绩效评价。

各有关单位负责协助核查申请人的相关资格。

第九条　申请人应如实填报个人信息和提供申请资料，并对所提供信息和资料的真实性和准确性负责。申请人所在单位应如实向审核部门提供申请人身份、现实工作情况及其从事的岗位与所申请资助补贴的职业（工种）级别是否相符等情况。对弄虚作假、欺骗冒领的个人或单位，将列入失信联合惩戒“黑名单”，除追回补助款外，并按相关法律法规给予处理。涉嫌犯罪的，依法移送司法机关处理。

第十条　相关主管部门及其工作人员不按照规定履行职责，滥用职权、玩忽职守、徇私舞弊的，依法追究行政责任；涉嫌犯罪的，依法移送司法机关处理。

第五章　附　则

第十一条　被有关部门确定为失信联合惩戒的实施对象，包括企事业单位、社会组织及其法定代表人、主要负责人和其他负有直接责任人员，不纳入本政策实施对象范围。

第十二条 本办法由市人力资源和社会保障局负责解释，自2020年5月19日起实施，有效期至2021年12月31日止。

东莞市青年发展规划（2020—2025 年）

深入贯彻落实中共中央、国务院《中长期青年发展规划（2016—2025 年）》和省委、省政府《广东中长期青年发展规划（2018—2025 年）》部署要求，结合我市青年发展实际，制定本规划（列在任务分工首位的为牵头单位，其他为参加单位）。

本规划所指“青年”的年龄范围是 14~35 周岁（规划中涉及婚恋、就业、未成年人保护等领域时，年龄界限依据相关法律法规的规定）。

一、总体要求

以习近平新时代中国特色社会主义思想为指导，全面贯彻党的十九大和十九届二中、三中、四中全会精神，深入贯彻习近平总书记对广东重要讲话和重要指示批示精神，贯彻落实习近平总书记关于青年工作的重要思想，坚持党管青年原则，坚持中国特色社会主义群团发展道路，聚焦青年发展需求，优化青年成长环境，促进青年全面发展，培养青年更好地成长为中国特色社会主义事业的合格建设者和可靠接班人，争当建设“湾区都市、品质东莞”的生力军和突击队。

到 2025 年，具有东莞特色的青年发展政策体系和工作机制更加完善，青年友好型社会环境不断优化，全市青年思想政治素养和全面发展水平明显提升，成为具有家国情怀、责任担当、湾区视野、创新思维，能够推动东莞建设成为国际一流湾区和世界级城市群中宜居宜业的高品质现代化都市，堪当实现中华民族伟大复兴中国梦历史重任的新时代青年。

二、发展领域、目标及措施

（一）青年思想道德

全面加强青年思想政治工作，教育引导广大青年增强“四个意识”、坚定“四个自信”，做到“两个维护”。重点面向大中学生骨干、团干部、青年知识分子、新经济组织和新社会组织青年等群体，深入实施青年马克思主义者培养工程，加强理想信念教育。充分发挥思想政治理论课、德育课在青年学生思想政治教育中的主渠道作用，实施智慧德育工程，打造精品思政课。把培育和践行社会主义核心价值观融入青年教育引导全过程，有效融入青年日常生活。培育和规范大中学校思想建设类学生社团，扎实推进“灯塔工程”。普遍设立中学团校，深化团、队衔接和“推优入党”工作。规范升旗仪式、成人仪式、入团入队仪式。加快推进中小学德育基地建设。强化“最美南粤少年”等榜样选树活动，培养德智体美劳全面发展的接班人。加强青少年党史、国史和改革开放史教育，加强对五四运动史料的收集整理，传承和发扬五四精神。深化民族团结进步教育，铸牢中华民族共同体意识。开展国防教育，引导适龄青年积极履行服兵役义务责任。把互联网作为开展青年思想教育的重要阵地，加强对青年网民的舆情分析和网络引导，增强防范化解涉及青年重大风险的意识和能力。推动东莞青年新媒体矩阵建设，实施青年网络新媒体伙伴计划，广泛联络互联网企业、自媒体、正能量网络大

V，加大积极正面网络文化产品生产，引导商业网站和青年自媒体强化责任、健康发展，扩大主流价值影响力。实施“青网计划”——青少年网络文明志愿行动，广泛开展青少年网络素养教育，鼓励将网络素养教育纳入学校课程。（市委宣传部、市委统战部、市委网信办、市委党校、市委党史研究室、市教育局、市文化广电旅游体育局、团市委）

（二）青年教育

促进教育公平和均衡发展，加大公共教育投入，全力推进教育扩容提质千日攻坚行动，用三年左右时间扭转学位供给不足的局面。至 2025 年，力争完成全部纳入教育扩容提质千日攻坚行动计划的建设项目，更好地满足青年对优质教育资源的需求。巩固推动基础教育优质均衡发展，加强优质特色高中、高校建设，促进民办学校品牌化和集团化发展。高标准推进湾区大学建设，加快香港城市大学（东莞）、东莞理工学院新型高水平理工科大学示范校建设，引导在莞高校参与大湾区高等教育集群建设和协同发展。加快学习型城市建设，打造“莞易学”市民学习品牌，构建灵活开放的青年终身教育培训体系。大力发展继续教育、职业技能培训、远程教育，深入实施新生代产业工人“圆梦计划”，鼓励支持成人高校、开放大学和高等职业院校面向流动青年、贫困青年和残疾青年等群体开展形式多样的职业培训和文化素质教育活动。坚持立德树人、实践育人，党建带团建、队建工作在学校党建督导考核占比不少于 10%。在教育部门设立共青团、少先队兼职教研员，建立中学共青团、少先队名师工作室。落实学校团委书记中层正职待遇、大队辅导员中层待遇。落实将从事共青团、少先队工作量计入教师在岗工作总量并计算相应课时，所获得的荣誉和研究成果享受与教育行政部门同等待遇。推动在中小学教师职称序列中单设“思政类”科目，符合评聘条件的少先队辅导员可参评学科教师职称或思政类教师职称。全面实施中小学每周 1 课时少先队活动课、高校共青团“第二课堂成绩单”制度，广泛开展大中专学生“三下乡”、科技创新、志愿服务等实践活动。鼓励机关、企事业单位、社会组织等为青年社会实践提供帮助和便利。全面加强新时代大中小学劳动教育，在大中小学设立劳动教育必修课程。大力推动校外教育发展，抓好市青少年活动中心和园区、镇（街道）青少年活动中心建设。（市教育局、市财政局、市人力资源社会保障局、团市委）

（三）青年健康

建立青年体质健康水平监测体系，健全大中小学生健康体检制度，关注异地务工青年健康状况，开展健康监测。推动“全民运动之城”建设，组织青年广泛参与全民健身运动，培养体育运动爱好。实施“健康校园行动计划”，保证学生每天至少锻炼 1 小时，基本实现青少年熟练掌握至少两项运动技能。在全市大中学及村（社区）广泛举办青年篮球赛事，擦亮东莞“全国篮球城市”名片。推进社区体育公园等各类便民体育设施建设，构建城市社区 15 分钟健身圈，方便青年就近开展体育健身运动。推进“青少年世界”建设，创新管理运营机制，为我市青少年打造集娱乐、体育、科普、教育为一体的城市专业性公园。把青少年生命安全和应急避险教育纳入学校教育重要范畴，提高青年应对自然灾害、事故灾难、公共卫生事件的自我保护意识和防灾避险能力，逐年降低青年群体因交通事故、溺水、生产事故等导致的意外伤害发生率和致死率。开展控烟限酒等全民健康专项行动，逐步降低青年传染病发病率、肥胖率、吸烟率、近视率等。加强青少年心理健康教育和服务，落实学校心理健康教育，建设专职心理健康教师和心理健康志愿者队伍，扶持心理健康咨询社会服务机构发展。推广在中学设立心理健康辅导咨

询室、未成年人成长指导中心，在高校设立心理健康教育与咨询中心（室），及时为遭受欺凌、校园暴力、家庭暴力、性侵害等伤害的青少年提供心理干预和服务。引导青年树立文明、健康、理性的婚恋观念和正确的家庭观念。推广建设“莞青恋爱局”青年婚恋交友公益平台，常态化开展健康、精准、务实的青年婚恋交友公益活动。实施青春期性健康教育工程，在各类学校推广性健康课程，在初中及以上学校开展预防艾滋病健康教育。完善艾滋病、性病防治工作机制，切实降低发病率。预防不当性行为对青少年造成的伤害，预防早孕现象。动员符合条件的青年参加免费婚前及孕前优生健康检查、产前重点病种筛查诊断项目。预防和减少非意愿妊娠和人工流产，降低人工流产率。（市卫生健康局、市教育局、市民政局、市财政局、市文化广电旅游体育局、市应急管理局、市城市管理综合执法局、市总工会、团市委、市妇联）

（四）青年文化

实施青年文化精品工程，打造一批富有东莞特色和时代气息的青年题材文化产品。发挥中国国际影视动漫版权保护和贸易博览会等展会的引导带动作用，鼓励青年文艺工作者创作莞味文艺精品。充分考虑高端人才和年轻人的时尚需求，建设一批高水平的文化项目，推动草坪音乐会等文化活动拓展升级。加大媒体融合力度，在报刊、电台、电视台、新闻网站设立青年栏目或节目，丰富青年题材报道，增加优秀青年文化精品的宣传内容和频次。提高财政资助力度，促进民间资本投入，建设一批青年文化活动阵地，鼓励各类文化阵地、文化团体承接公益性青年文化服务。推动优秀传统文化、红色文化、高雅艺术进校园，鼓励学校开设优秀传统文化类公开课。积极推广龙舟、莞香、千角灯、麒麟舞等非物质文化遗产、传统工艺和民间工艺，引导青年参与保护、振兴、传承等工作。实施青年阅读素养提升计划，加强图书馆等基础文化设施建设，促进阅读学习型青年社团发展，推动青年人均年度图书阅读量逐年提高。发现和凝聚青年文化人才，建立青年文化艺术人才库，加强对网络作家、自由撰稿人、独立演员歌手等青年群体的联系服务和组织吸纳。开展对青年文化心理和文化现象的基础理论研究，加强对青年文化作品知识产权的保护，鼓励青年积极参与文化产业创新。（市文化广电旅游体育局、市委宣传部、市教育局、市总工会、团市委、东莞广播电视台）

（五）青年人才

坚持党管人才原则，深入实施“十百千万百万”人才工程，加强青年人才培养支持力度，打造青年发展型城市。强化对青年人才的政治引领和吸纳，推动青年人才参与智力帮扶，引导青年人才爱国奉献。注重在重点学科领域培养扶持一批青年拔尖人才。探索建立青年人才数据平台，继续实施青年人才培养提升计划，推进青年人才驿站项目建设和运营，构建青年人才全链条服务体系。依托在莞高校、科研机构和重点企业建设一批青年人才培养基地。充分发挥青年人才成长促进会作用，举办“高层次人才进校园”活动。做好青年科技工作者职称晋升与技能提升工作，积极推选国家、省、市优秀科技工作者，提高青年科技工作者的社会认同度。加强青年技能人才队伍建设，助力加快建设“技能人才之都”。加强党政青年人才队伍建设，加大园区、镇（街道）和市直机关之间年轻干部双向交流力度。促进青年企业家人才培养交流，加强青年莞商联合会、青年企业家协会建设，办好莞商学院，完善青年企业家常态化培训机制。推动青年企业家协会与我市国外友好城市的相关机构建立友好关系，探索青年企业家联合培养、国际人才资源合作机制。加强湾区青年人才交流合作，实现大湾区青年人才优势互补。加大青年

人才保障支持力度，加快出台市优才卡管理办法，落实人才安居办法，完善“人才政策雷达”功能。持续擦亮东莞高层次人才活动周、海内外高层次人才东莞行、“蓝火计划”博士生工作团、名企名校行等特色品牌。推进名校研究生培养（实践）基地建设。坚持“靶向引才”“精准用才”，依托大科学装置、新型研发机构和高新技术企业等载体，提高青年人才和紧缺人才落户占比。（团市委、市委组织部、市委统战部、市委外办、市科技局、市工业和信息化局、市人力资源社会保障局、市住房城乡建设局、市工商联、市科协）

（六）青年就业与创新创业

完善青年就业和劳动保障机制，建立健全就业失业动态监测和就业政策效果评估机制，加大对实习见习、新就业形态的支持力度，重点面向贫困家庭子女、青年失业人员、退役青年军人和残疾青年等群体开展就业能力培训，按规定提供培训补贴。持续实施“展翅计划”，鼓励和引导全市党政机关、事业单位、优质企业常态化开发提供大学生实习岗位。广泛动员用人单位向符合条件的未就业高校毕业生、各类失业青年提供就业见习岗位，符合条件的提供就业见习补贴和见习留用补贴。继续实施高校毕业生“三支一扶”“三下乡”“西部计划”等基层服务项目，做好征召应届高校毕业生入伍工作。建立离校未就业高校毕业生、东莞户籍未就业高校毕业生实名数据库，并全部纳入公共就业人才服务范围，应届高校毕业生初次就业率达96%以上，离校未就业高校毕业生就业服务率达100%。围绕东莞打造广东高质量发展名片部署安排，聚焦发展数字经济、智能经济、健康经济、绿色经济、创意经济等新经济新业态，鼓励动员青年积极参与源头创新和成果转化，助力东莞加快构建具有国际竞争力的现代产业体系。鼓励和支持“莞二代”积极投身高新技术产业和战略性新兴产业。大力支持青年创新创业，发挥松山湖港澳青年创新创业基地、滨海湾青年创新创业城和常平香港城带动作用，全市范围内引导支持 50 个创业孵化基地做精做强，支持各类加速器、科技企业孵化器、众创空间和小型微型企业创业创新示范基地为青年创业者提供优惠条件。常态化开展青创大赛、青创讲堂、青创训练营、城市推介、创业环境考察等活动，挖掘、培育、孵化优秀青年创新创业项目。鼓励各类青年人才和青年集体参与青年岗位能手、青年文明号、青年安全示范岗等推荐评选活动。(市人力资源社会保障局、市教育局、市科技局、市工业和信息化局、市财政局、市征兵办、市总工会、团市委、市科协)

（七）青年交流与合作

加强对在莞港澳台青年的爱国教育，弘扬优秀传统文化，讲好东莞故事，不断增强青年对“一国两制”的正确认知、对中华民族的深刻认同和对东莞高质量发展的生动感知。落实国家放宽港澳人士执业限制的政策措施，推进港澳青年职业资格互认，来莞就业创业的港澳青年可同等享受我市创新创业政策。完善面向港澳台青年的教育、医疗、社保等配套政策。推动落实事业单位公开招聘港澳居民管理办法，鼓励学校、医院、科研机构等公益事业单位设置特色岗位、聘用港澳青年人才。高标准建设一批大湾区青年家园，积极为在莞港澳青年提供创业孵化、政策解释、交流互动、社交融入等针对性服务。以“青年同心圆计划”为统揽，稳步提高莞港澳青少年交流交往的频次和规模，整合资源实施文化、历史、科技、公益、体育等领域交流融合项目。深化莞港澳中小学“姊妹学校”合作，加强往来交流。以“伙伴计划”为引领，在莞培养一批熟悉港澳文化、与港澳青年结对创业的青年伙伴。充分发挥莞港青年交流促进会、东莞台胞台属联谊会、澳门东莞同乡会等港澳台社团的作用，加强与港澳台青年社团联系和交流，引导鼓励港澳台青年来莞

学习、就业、创业、居住、置业。发挥东莞侨留会桥梁纽带作用，加强对莞籍国外留学青年、归国留学青年的服务和凝聚。深入推进“海智计划”，为海外青年科技人员回莞创业搭建灵活高效的服务平台。继续办好“湾区青创荟莞港”等品牌活动，加强深莞惠、穗莞等青年交流互动，推动深化合作、融合发展，共同参与粤港澳大湾区建设和支持深圳建设中国特色社会主义先行示范区。继续办好“国际友城夏令营”，促进中外青年友好交流合作。发挥世界莞商联合会纽带作用，搭建我市青年与国际青年交流合作桥梁。（市委统战部、市委外办、市委台港澳办、市教育局、市科技局、市人力资源社会保障局、市文化广电旅游体育局、团市委、市科协、市侨联）

（八）青年社会融入与社会参与

积极稳妥提升人大代表、政协委员和领导干部中的青年比例。充分发挥青联广泛团结各族各界青年的功能，强化共青团在青联组织中的引领作用。加强共青团对学联组织的指导，推动学联组织引导学生追求进步、维护学生合法权益。支持共青团、青联代表和带领青年积极参与人大、政府、政协、司法机关、社会有关方面的协商。建立健全人大代表、政协委员青少年事务联系机制，为青年参与政治生活畅通渠道。鼓励青年参与城乡基层群众自治，支持非户籍常住青年居民参加村（社区）“两委”选举。支持共青团、青联和学联依法承接政府职能转移和发展培育骨干青年社团。健全政府购买青年社会组织服务的机制，支持青年社会组织承接青年事务。建立市社会工作协会青少年事务社工专业委员会，实施青少年事务“社会组织+”战略，加强和改进对青少年社会组织的联系、服务、监督和管理。鼓励和支持专业社工及志愿者参与青少年事务社会工作。制订我市青少年社会工作服务标准，创建一批青少年事务社会工作重点实训基地，建立青少年事务社会工作专业人才政策体系，至 2025 年实现每 10 万东莞青年配备的青少年事务社工人数不少于 25 人的目标。实施“筑梦计划”，重点增进异地务工青年、青年企业家、青年社会组织骨干、青年新媒体从业人员、高校青年教师、归国留学青年等群体的政治认同和社会参与。完善志愿服务制度体系、组织体系、项目体系，各园区、镇（街道）志愿者协会配备 2 名以上专职社工。深化志愿服务信息化管理，依托广东志愿者信息管理服务平台（“i 志愿”系统），引导青年党员、团员普遍成为注册志愿者，倡导青年将志愿服务作为时尚生活方式。鼓励青年志愿者投身新时代文明实践中心（站）建设，开展东莞市大学生志愿者服务社区行动，完善志愿服务供需对接。鼓励青年投身“河莞家”志愿者河长、“保护母亲河”、垃圾分类等生态环境保护行动，参与防治污染攻坚战。完善社会应急救援志愿服务体系建设，培育各类应急救援志愿者队伍，建立应急救援志愿者和志愿服务组织资格认证和培训演练制度。支持基层和社会建设志愿者学院，加强志愿服务研究和志愿者培训。（团市委、市委组织部、市委统战部、市文明办、市教育局、市民政局、市财政局、市人力资源社会保障局、市生态环境局、市应急管理局、市红十字会、市侨联）

（九）青年权益与预防犯罪

全面贯彻实施有关青少年发展的法律法规，健全青少年权益保护机制。充分发挥共青团、青联组织代表和反映青年普遍性利益诉求的作用。加强对困难青年群体、异地务工青年及其未成年子女等群体的关爱和权益维护工作。加大临时救助政策的落实力度，着力解决包括异地务工青年在内的困难群众突发性、紧迫性、临时性生活困难。持续推进青少年普法工程，推动建立青少年法治教育实践基地，配齐配强中小学校兼职法治副校长、辅导员，进一步增强青少年宪法意识和法治观念。深化各级“青少年维权岗”“零犯罪零受害”社区创建活动。强化重点青少年群体管理服务功能，建立完善各级重点青少年群体动态排查和信息导入共享机制，实施“青春护航工程”“甘露行动”“希望有约”“彩虹行动”等帮扶矫治重点青少年群体项目。推进启智学校启航分校建设，加强对罪错未成年人入校矫治工作，拓展青少年事务社工参与专门教育的渠道。支持市镇两级莞香花青少年综合服务中心建设，到 2025 年每片区至少建成 1 个青少年权益维护和预防青少年违法犯罪省级示范性阵地，并推动各园区、镇（街道）建成莞香花青少年综合服务中心，每个中心配备 2 名以上专职社工。加强对残疾青年、外来务工青年与退役青年军人的服务保障。整治净化社会文化环境，加强青年出版物市场监管和网络文化产品审查，持续加大网络生态治理力度。强化工作联动，构建未成年人司法保护社会支持体系。（团市委、市委政法委、市委网信办、市中级人民法院、市人民检察院、市教育局、市公安局、市民政局、市司法局、市财政局）

（十）建立健全党管青年制度

把党管青年工作纳入党建工作考核，建立市镇两级青少年工作党政联席会议机制。健全党领导下的以共青团为主导的青年组织体系和工作机制。坚持党建带团建，把党建带团建工作纳入党委领导班子党建工作考核，落实一般由党委专职副书记分管共青团和由分管教育工作的班子成员联系共青团工作的机制。加强团的基层组织建设，凡是建有党组织、符合建团条件的单位，党组织负有建立团组织的责任，机关、学校、农村、社区、国有企业、社会组织、非公企业等符合建团条件的应建立团的基层组织。将“推优入党”纳入党员发展工作规划，落实“28 周岁以下青年入党一般应从团员中发展、发展团员入党应经过团组织推荐”的规定。把团干部队伍建设纳入党政干部队伍建设和人才队伍建设整体规划，选任专职团干部注重人岗相适、相对年轻，建立团的中层以上干部转岗推荐机制，有计划做好团干部转岗输送工作。在公检法、大型国有企业等青年集中的行业系统按章程完善团组织建设，推动团委书记专职开展团的工作。各园区、镇（街道）党（工）委每年至少1次专项听取共青团工作汇报和专题研究青年工作。各园区、镇（街道）团委书记是党员的可以列席同级党委会。各级党组织要加大对团的支持和保障力度，安排一定经费，用于开展“推优入党”、青年骨干教育培训和基层团组织建设等工作。进一步加强团的各级代表大会及其委员会建设，在市级团的委员会设立专门委员会，建立团的委员会成员联系团代表、团代表联系团员青年的“两联”工作机制。各园区、镇（街道）团组织按照辖区常住人口50万以下、50万~100万、100万以上的规模应分别配置不少于5名、7名、9名专职团干部。加强服务青年发展阵地建设，根据青年人口分布状况推广建设“青年之家”，打造线上线下联系服务团员青年的公益性、专业化工作平台。充分发挥共青团在青年组织体系中的引领作用，支持市青联、市学联、市少工委、市志联、市青企协、市青促会健全组织体系。在社会科学研究机构、高等学校、党校、团校中加强青年学研究。（市委组织部、市委党校、市财政局、市人力资源社会保障局、团市委、市社科联）

三、组织保障

（一）加强监测评估。设立市青少年工作党政联席会议机制，每半年至少召开一次全体会议，通报研究实施本规划的有关情况。各园区、镇（街道）要建立青少年工作党政联席会议机制，各相关部门要结合职责积极促进青少年发展。团市委要牵头做好规划的任务分解、进度安排和过程调控，不断完善推动规划有序实施的工作机制。建立东莞青年发展监测指标体系，收集、整理、分析相关青年发展数据和信息，通过自我评估和督导审查相结合的方式对规划落实情况进行科学评估监测，动态调整政策措施，切实促进青年发展。

（二）营造良好环境。大力宣传党和国家关于青年工作的重大方针政策，宣传规划实施中的先进经验和工作成效，形成全社会关心、支持青年发展的良好社会氛围。不断将共青团改革推向前进，把握当代东莞青年发展的新特征新规律，尊重青年的主体地位，实施更积极的青年发展政策。

（三）保障经费投入。完善支持青年事业发展的财政政策，市、镇两级要加大青年事业发展投入，将规划实施所需经费纳入财政预算，在场地、经费、项目上给予必要的支持，促进青年基本公共服务均等化。各园区、镇（街道）要根据本地财政情况落实经费保障，注重多层次、多渠道筹集资金，充分整合社会资源，鼓励社会资本参与青年事业、助力青年发展。

东莞市关于加强社会工作专业岗位开发与人才激励保障的实施办法

第一章　总　则

第一条　为加快推进我市社会工作专业人才队伍建设，不断提高社会工作专业化职业化水平，根据省民政厅等 13 部门《关于加强社会工作专业岗位开发与人才激励保障的实施意见》（粤民发〔2019〕83 号），现就加强我市社会工作专业岗位开发与人才激励保障，制定本办法。

第二条　加强社会工作专业人才队伍建设，促进专业社会工作发展，是创新社会治理、激发社会活力的内在要求，是完善现代社会服务体系、满足人民群众个性化多样化服务需求的制度安排，是推进国家治理体系和治理能力现代化的重要内容。开发和规范社会工作专业岗位，提升社会工作专业人才薪酬待遇和激励保障水平，是发展专业社会工作的当务之急，是有效吸引和稳定广大社会工作专业人才长期投身专业化社会治理与服务的迫切需要。

第三条　本办法所称的社会工作专业人才是指具备社会工作专业知识和技能，专门从事社会工作服务的人员，包括取得社会工作者职业水平证书的高级社会工作师、社会工作师、助理社会工作师。

第四条 本办法所称的社会工作专业岗位是指行政事业单位、群团组织、基层单位、社会组织等根据国家、省、市有关规定，为更好履行职能而设置的社会工作专业岗位。承接社会工作服务职能的事业单位可开发社会工作专业技术岗位。

第五条 加强社会工作专业岗位开发与人才激励保障应遵循以下原则：

（一）坚持党的领导、把准方向。牢牢把握习近平新时代中国特色社会主义思想方向，始终把党的领导作为加强社会工作专业人才队伍建设的根本保证，充分发挥各级党组织领导核心作用，明确社会工作专业人才作为党委、政府服务人民的重要力量，体现党和政府对困难群体和特殊群体的关心，夯实党的执政基础，确保党中央、国务院决策部署得到全面贯彻落实。

（二）坚持按需设岗、以岗定薪。按照国家、省、市有关规定，根据现实发展需要，积极开发社会工作专业岗位，将符合条件的社会工作专业人才配置到相应社会工作专业岗位，落实相应的薪酬待遇。

（三）坚持分类指导、有序推进。根据行政事业单位、群团组织、基层单位、社会组织的性质与特点，适应不同领域专业社会工作发展的实际需要开发社会工作专业岗位，完善社会工作专业人才薪酬待遇与激励保障措施。

（四）坚持保障基层、稳定一线。充分发挥专业岗位的承载作用、薪酬待遇与激励保障政策的导向作用，切实解决广大社会工作专业人才的后顾之忧，积极引导、重点保障社会工作专业人才到基层一线和群众最需要的地方开展专业服务。

第二章　社会工作专业岗位设置

第六条 市社会福利中心、市金菊福利院、市殡葬管理所、市福利彩票发行中心、市社会捐助接收站、市殡仪馆应按照《广东省民政事业单位岗位设置管理指导意见》（粤人社发〔2010〕72号）要求，将社会工作专业岗位明确为主体专业技术岗位。

第七条 市青少年活动中心、市中小学德育基地、市光荣院、市军休所、市残疾人辅助器具服务中心、市残疾人劳动就业管理办公室、市残疾人托养中心、市特殊幼儿中心、市残疾人康复中心、市残疾人社会组织服务中心、市残疾人体育训练中心等以社会工作服务为主的事业单位，根据工作需要将社会工作专业岗位明确为主体专业技术岗位。

第八条 医院、学校等需要开展社会工作服务的单位，要将社会工作专业岗位纳入专业技术岗位管理范围。

第九条 各镇街（园区）要加快推进社会工作专业人才队伍建设，综合利用或整合辖区社工站、党群服务中心、社区综合服务中心（站）、综治中心（站）、群团组织服务阵地等基层公共服务平台，配备社会工作专业人才队伍。

全市公立医院，镇街（园区）退役军人服务中心，公办养老机构、残疾人服务机构等至少配备1名社会工作专业人员；镇街（园区）禁毒机构按照每30名户籍吸毒人员配备1名社会工作专业人员；镇街（园区）司法机构按照每10名社区矫正对象配备1名社会工作专业人员；镇街（园区）工会组织按照每3000至5000名职工或30至50家基层工会配备1名社会工作专业人员；镇街（园区）团委组织按照每万名东莞青年配备2名社会工作专业人员；镇街（园区）妇联组织按照每万户家庭配备1名社会工作专业人员。村（社区）工作人员队伍中至少配备2名社会工作专业人员，统筹开展社会救助、养老服务、社会事务、儿童福利、残疾人事务、慈善事业、社区治理等服务。

第十条 社会工作服务机构或相关的公益服务类社会组织要建

立以社会工作专业岗位为主体的人才使用体系，支持慈善组织、社会服务类行业协会和基金会、民办养老机构、民办残疾人服务机构等社会组织结合自身需要与特点设置社会工作专业岗位；有条件的企业可根据《关于加强工会社会工作专业人才队伍建设的实施意见》（粤工总〔2019〕34 号）有关标准设置社会工作专业岗位。

第三章 社会工作专业职级管理

第十一条 实行国家社会工作者评价类职业资格与相应系列专业技术职务评聘相衔接，取得国家社会工作者职业资格证书人员，用人单位可根据工作需要，聘用（任）相应级别专业技术职务。

初级社会工作专业技术岗位名称为助理社会工作师一级岗位、助理社会工作师二级岗位，分别对应十一级至十二级专业技术岗位。中级社会工作专业技术岗位名称为社会工作师一级岗位、社会工作师二级岗位、社会工作师三级岗位，分别对应八至十级专业技术岗位。高级社会工作师以及社会工作员的岗位名称、等级划分，待国家出台具体办法后另行规定。

社会工作专业技术岗位人员录（聘）用、晋级，参照事业单位专业技术岗位相关制度执行。

第十二条 社会组织社会工作专业职级分为助理社会工作师、社会工作师、高级社会工作师。助理社会工作师分为一级助理社会工作师、二级助理社会工作师；社会工作师分为一级社会工作师、二级社会工作师、三级社会工作师；高级社会工作师以及社会工作员的职级划分，待国家出台具体办法后另行规定。

第十三条 市民政局负责制定社会组织社会工作专业职级评定标准及实施细则、制定社会组织社会工作专业职级薪酬指导价格、实施或委托第三方实施社会组织社会工作专业职级评定。

第十四条 社会组织社会工作专业职级实施备案管理，实施备案的专业职级在全市范围内适用。

第十五条 社会组织可根据社会工作专业人员的专业职级聘用到相应的社会工作服务岗位。

第四章 社会工作专业人才激励

第十六条 聘用到事业单位的正式工作人员，按照国家有关规定确定工资待遇；对聘用到事业单位的普通聘员，按照《东莞市机关事业单位聘员薪酬管理实施办法》确定工资待遇；对以其他形式就业于基层党政机关、群团组织、事业单位的社会工作专业人员，由用人单位综合职业水平等级、学历、资历、业绩、岗位等因素并参考本单位同类人员合理确定薪酬，同时按照国家有关规定办理社会保险和公积金。

第十七条 镇街（园区）、村（社区）自治组织直接聘用的社会工作专业人员，其薪酬待遇按照社会组织社会工作专业职级薪酬指导价格执行。

第十八条 社会组织、企业的社会工作专业人员薪酬待遇参考社会组织社会工作专业职级薪酬指导价格执行。

第十九条 将社会工作专业人才纳入我市人才发展规划，作为急需紧缺和重点人才引进；高级社会工作师纳入我市人才安居、人才子女入学保障范围；培养社会工作高层次人才，鼓励开展课题研究、培训进修、学术交流等活动。

第二十条 鼓励社会工作行业组织开展评先评优，对有突出贡献的社会工作专业人才进行表彰奖励；对基层实践经验丰富、业务水平突出、群众反响热烈、在业界具有较强影响力的社会工作专业人才，推荐参加省专业社会工作领军人才遴选等活动。

第二十一条 社会工作行业组织、慈善组织可依法设立社会工作专业人才奖励基金，对有突出贡献的社会工作专业人才进行奖励。

社会工作专业人员就职单位可根据实际对有突出贡献的社会工作专业人才进行奖励。

第二十二条 优先吸纳政治素质好、业务水平高的社会工作专业人才进入党员队伍，支持有突出贡献的社会工作专业人才进入人大、政协参政议政。

第二十三条 承担社会服务职能的行政事业单位、群团组织在招录（聘）社会服务相关职位工作人员和选拔干部时，同等条件下优先录（聘）用具有丰富基层实践经验、善于做群众工作的社会工作专业人才。

第二十四条 鼓励符合条件的社会工作专业人才通过依法选举、组织选配等进入社区（村）党组织、居（村）民自治组织，同等条件下优先吸纳。

第二十五条 依托各类新闻媒体和活动载体，广泛宣传专业社会工作优秀人物、先进事迹和典型经验，大力报道专业社会工作发展历程及最新成就，积极争取社会各界对专业社会工作发展的参与支持，大力营造关心、理解、尊重社会工作专业人才的浓厚社会氛围。

第五章 组织保障

第二十六条 市委政法委、市教育局、市公安局、市民政局、市司法局、市财政局、市人力资源社会保障局、市卫生健康局、市退役军人事务局等部门以及市总工会、团市委、市妇联、市残联等群团组织要高度重视社会工作专业岗位开发与人才激励保障工作，履行各自职责，相互支持配合。

第二十七条 市委政法委要注重发挥社会工作专业人才在促进基层社会治理、平安东莞建设中的作用，协调推进综治领域社会工作专业岗位开发与人才激励保障工作。

第二十八条 市民政局要发挥牵头引导作用，联合推进各领域社会工作专业岗位开发，加快建立健全社会工作专业人才激励保障制度；积极引导社会资金支持社会工作专业人才激励保障工作，探索面向市场开展社会工作服务，通过合理收费解决专业人员薪酬保障和机构生存发展等问题。

第二十九条 市财政局要加大社会工作专业岗位开发与人才激励保障的支持力度，要将应由政府承担的社会工作专业人员薪酬待遇和激励保障经费纳入财政预算，加大财政投入，加强绩效评价，确保资金使用效益。

第三十条 市人力资源社会保障局要加强社会工作专业人才管理，对取得国家社会工作者水平评价类职业资格证书的社会工作专业人员纳入专业技术人员管理范围，指导做好相关事业单位社会工作专业岗位开发、社会工作专业人才评价、薪酬待遇落实和激励保障工作。

第三十一条 市教育局、市公安局、市司法局、市卫生健康局、市退役军人事务局等部门以及市总工会、团市委、市妇联、市残联等群团组织要做好各自领域的社会工作专业岗位开发与人才激励保障工作，确保社会工作专业人才有广阔的职业发展空间。

第六章 附 则

第三十二条 本办法由市民政局会同有关部门负责解释。

第三十三条 本办法自印发之日起施行，有效期 5 年。

东莞市人才入户实施办法

第一章　总　则

第一条　为优化我市人口结构，提升城市竞争力，畅通人才入户渠道，规范入户管理服务，制定本办法。

第二条　符合规定的人才准入条件，且未参加国家禁止的组织、活动，无刑事犯罪记录的非莞户籍人员申请入户我市，适用本办法。

本办法不适用于港澳台人员和外国人。

第三条　市人民政府统筹全市人才入户管理服务工作，各园区管委会、镇人民政府（街道办事处）和各有关部门负责具体实施。全市人才入户工作所需经费纳入同级财政预算解决。

发展和改革部门负责将人才入户统一纳入全市人口发展规划统筹管理。

政务服务数据管理部门负责建立和维护“秒批”通用平台，并制定相应进驻、共享工作机制。

人力资源和社会保障部门负责在市“秒批”通用平台基础上建立和维护人才入户“秒批”专项模块，负责审核人才准入资格。

公安部门负责办理各类人才的入户手续，审查申请人及随迁人员守法情况。

各有关部门根据各自职责配合做好相关工作，协助解决日常审核工作中遇到的问题。

第四条 人才入户工作应遵循客观公正、公开透明、科学评价、程序规范、高效便民的原则。

第二章 申请条件

第五条 符合第二条规定，在我市依法参加社会基本养老保险并符合下列准入条件之一，可申请将户籍迁入我市：

（一）在国（境）外学习并获得硕士以上学位，年龄未满 50 周岁的人员；或在国（境）外学习并获得学士学位，年龄未满 45 周岁的人员。

（二）具备国内普通高等教育全日制硕士研究生以上学历，年龄未满 50 周岁的人员；或具备国内普通高等教育全日制本科学历，年龄未满 45 周岁的人员；或具备国内普通高等教育全日制大专学历，年龄未满 40 周岁的人员。

（三）具备国家承认学历的非普通全日制本科以上学历，在我市连续参加社会基本养老保险缴费满 3 年，年龄未满 35 周岁的人员。

（四）省内职业学校、技工院校学制教育毕业两年内的人员。

（五）具备高级职称，年龄未满 50 周岁的人员；或具备中级职称，年龄未满 45 周岁的人员；或具备初级职称，年龄未满 40 周岁的人员。本项所述人员应当同时具备中技或中等教育以上学历。

（六）具备高级技师国家职业资格，年龄未满 45 周岁的人员；或具备技师国家职业资格，年龄未满 40 周岁的人员；或具备高级工国家职业资格，年龄未满 35 周岁的人员；或具备中级工国家职业资格，在我市连续参加社会基本养老保险缴费满 3 年，年龄未满 30 周岁的人员。本项所述人员的职业资格应当与现时所在的工作岗位相匹配，证书工种应当同时符合我市紧缺急需职业（工种）目录。

（七）5 年内，在世界技能大赛中获奖或获得“中华技能大奖”

“全国技术能手”“广东省技术能手”“东莞市技术能手”以及东莞市“首席技师”“莞邑工匠”称号，年龄未满50周岁的人员。

第六条 企业自评人才。由各园区、镇（街道）制定辖区企业自评人才年度计划。符合条件的企业可为其员工提出入户申请。企业推荐的员工应属于企业急需的骨干人才，同时应具备中技或中等教育以上学历，年龄在50周岁以下，且在该企业连续参加社会保险缴费满1年。经当地园区管委会、镇人民政府（街道办事处）审批同意后，该员工可以申请人才入户。企业自评人才资格不做跨年度使用，逾期作废。

在我市登记注册、依法经营、不存在经营异常或严重违法失信记录且符合以下条件之一的企业，可为其员工向当地园区、镇（街道）人力资源和社会保障部门提出人才入户申请：

（一）东莞市“倍增计划”试点企业；

（二）经认定的大型骨干企业；

（三）国家高新技术企业；

（四）经各级科技主管部门认定的工程技术研究中心、重点实验室、实验室，企业技术中心，院士工作站，博士后科研工作站、博士后创新实践基地、博士工作站企业；

（五）国家重大人才工程、省“珠江人才计划”、市创新科研团队、市创新创业领军人才入选者创办或领办的企业；

（六）在我市注册设立的新型研发机构；

（七）国家级制造业创新中心、省级制造业创新中心企业；

（八）经认定的东莞市成长型中小企业、上年度新升规小微工业企业、专精特新中小企业（高成长中小企业）、科技型中小企业；

（九）园区、镇（街道）重点发展企业。

第三章 人才准入资格申请及审核

第七条 人才准入资格实行网上申请、受理、审核和管理。

第八条 符合人才准入条件的，申请人应在网上一次性提交所需的全部资料，对提交资料的真实性负责。

第九条 各园区、镇（街道）人力资源和社会保障部门负责对人才准入资格进行审核。

第十条 在审核过程中对申请人填报的信息、资料等存疑的，人力资源和社会保障部门有权对申请人开展调查，涉及申请人的相关单位应当予以协助配合。申请人不配合审核部门调查的，人力资源和社会保障部门可对该申请作不予审核通过处理。

为减少人工干预，提高审核效率，具备条件“秒批”的应当实行“秒批”。不具备条件“秒批”的，人力资源和社会保障部门应当自受理申请之日起 5 个工作日内完成审核，并将审核结果告知申请人。情况特殊的，可延长审核时限。需要延长时限的，应当告知申请人。

第十一条 申请人对审核结果有异议的，可在收到审核结果之日起 30 个工作日内向人力资源和社会保障部门申请复核。人力资源和社会保障部门应当自收到复核申请之日起 10 个工作日内完成复核，并将复核结果告知申请人。情况特殊的，可延长复核时限。需要延长时限的，应当告知申请人。

第十二条 经审核通过的，申请人获得自通过之日起 6 个月内有效的准入资格；人力资源和社会保障部门负责将符合准入条件的申请人名单推送至市数据资源共享平台，公安部门直接通过市数据资源共享平台获取审核通过的申请人信息。

第四章　入户办理

第十三条 获得准入资格的申请人，应在准入资格有效期内通过网上或窗口向公安机关提出户口迁入申请。

第十四条 获得准入资格的申请人，准予其配偶、未成年子女随本人同时迁入本市户籍。

第十五条 入户办理应遵循优先迁入自有房产家庭户原则，按如下优先次序迁入：

（一）申请人有自有房产的（含本人、配偶、未成年子女名下的房产）应申请将户口迁入到自有房产；申请人的成年子女或父母有房产的，可申请将户口迁入成年子女或父母房产。

（二）申请人无自有房产的，应将户口迁到工作单位集体户；工作单位无集体户的，应将户口迁到工作单位所在园区、镇（街道）新型社区。工作单位所属园区、镇（街道）以缴纳社保登记地为准。

第十六条 申请人户口在外省，且本人单独申请入户的，公安机关应当自其网上提交申请资料之日起 1 个工作日内完成审核，窗口现场受理的按“即来即办”处理；有随迁人员的，公安机关应当自受理申请之日起 5 个工作日内完成审核。审核通过的，发放《准予迁入证明》。情况特殊确需延长办理时限的，应当告知申请人。

申请人在《准予迁入证明》40 天有效期内回原籍地办理户口迁出手续，获得原户籍地签发的《户口迁移证》（有效期 30 天）后到我市公安机关办理入户手续，领取《居民户口簿》。

第十七条 申请人户口在本省，公安机关实行“一站式”入户办理。本人单独申请入户的，公安机关应当自受理申请之日起 3 个工作日内完成审核。有随迁人员的，公安机关应当自受理申请之日起 5 个工作日内完成审核。审核通过的，发放《居民户口簿》。情况特殊确需延长办理时限的，应当告知申请人。

第十八条 公安机关审核发现申请人或随迁人员参加国家禁止的组织、活动或者有刑事犯罪记录的，不予办理入户；申请人有参加国家禁止的组织、活动或者有刑事犯罪记录的，公安部门应当同时通报人力资源和社会保障部门，由人力资源和社会保障部门取消该申请人的人才准入资格。

第五章 监督管理

第十九条 申请人应当对申报信息和申报材料的真实性负责。申请人提供虚假信息、作出虚假承诺、提供变造、伪造或虚假材料的，一经审查发现，相关情况纳入个人信用记录，且自作假行为被作出处理之日起，5 年内不接受申请人及随迁人员入户申请。已获得准入资格的，直接取消其资格；已办理迁户手续的，按户口管理有关规定，将户口退回原户口迁出地，同时取消申请人及随迁人员按户籍资格获得的本市相关公共服务及待遇。涉嫌违法犯罪的，依法追究相关法律责任。

第二十条 用人单位在企业自评人才工作中应确保推荐信息和材料的真实性。存在弄虚作假行为的，一经审查发现，取消该用人单位的自评人才资格，自弄虚作假行为被作出处理之日起，该用人单位 5 年内不得申请自评人才资格，5 年内不接受该用人单位法定代表人、经办人入户申请。相关情况分别纳入企业、个人信用记录，涉嫌违法犯罪的，依法追究相关法律责任。

第二十一条 各园区、镇（街道）和有关部门及其相关工作人员在人才入户工作中实行经办责任制，违反本办法及其他有关规定的，依法追究相关行政责任；涉嫌违法犯罪的，依法追究相关法律责任。

第六章 附 则

第二十二条 市人力资源和社会保障局可根据人才入户申请情况，适时对各类人才实行分类管理，精准施策。

第二十三条 本办法所称“未满”不包含本数，“以上”包含本数。本办法所涉参加社会保险的，均需在参保缴费状态，暂停参保或终止参保的不予通过；对参加社会保险有年限要求的，均不包含补缴、转移或视同缴费年限部分。

第二十四条 广东省外通过评审、考核认定取得的职称证书，应当先到工作单位所在地园区、镇（街道）人力资源和社会保障分局办理资格确认。

第二十五条 人力资源和社会保障部门要严把人才的职业资格审核关，必要时可对申请人职业能力进行测评，并对有关职业资格工种（名称）实行负面清单管理。

第二十六条 市政府对高层次人才、获得特殊奖励或表彰人员、机关事业单位和驻莞单位人员、随军家属等入户另有规定的，按其规定执行。

第二十七条 本办法涉及的相关职能部门，可以在不违背上级规定及本办法规定的前提下，在各自职责范围内，按规定制定相应的实施细则。

第二十八条 本办法由市人力资源和社会保障局、市公安局、市发展和改革局负责解释。

第二十九条 本办法自 2020 年 9 月 1 日起实施，有效期至 2025 年 8 月 31 日。本办法实施之日起，原《东莞市人才入户管理办法》（东府〔2015〕111 号）、《东莞市条件准入类人才入户实施细则》（东府办〔2015〕122 号）、《东莞市企业自评人才入户实施细则》（东府办〔2015〕124 号）同时废止。

东莞市优才卡管理暂行办法

第一章　总　则

第一条　为进一步完善高层次人才服务保障机制，根据《广东省人民政府关于印发〈广东省人才优粤卡实施办法（试行）〉的通知》（粤府〔2018〕96号）、《东莞市人民政府关于印发东莞市“十百千万百万”人才工程行动方案的通知》（东府〔2018〕147号）等文件精神，结合我市实际，制定本办法。

第二条　东莞市优才卡分为玉兰卡和莞香卡。持卡人凭东莞市优才卡在我市按照有关政策规定享受相对应的待遇和优惠便利服务，享受绿色通道服务。

第二章　申领对象

第三条　在莞工作或创新创业，获得国家级、省级、部分市级相关荣誉、奖项、技术职务或称号，对我市经济发展做出突出贡献及经市委、市政府认定紧缺急需的高层次人才，不受国籍、户籍和身份限制，可申领玉兰卡。

第四条　在莞工作或创新创业，对我市经济发展做出积极贡献及经市委、市政府认定紧缺急需的高层次人才，不受国籍、户籍和身份限制，可申领莞香卡。

第三章 服务内容

第五条 玉兰卡持卡人可享受以下服务：

（一）行政便利。持卡人可享受专业人才服务队伍提供的专人“一对一”行政审批和服务事项代办服务。（责任单位：市政务服务数据管理局、市人力资源社会保障局）

（二）子女教育。持卡人子女入读义务教育阶段公办学校，享受本市户籍学生同等待遇。具体由持卡人工作单位或自有房产所在地教育主管部门负责统筹安排。［责任单位：市教育局、各园区、镇（街道）］

（三）医疗保障。医保定点社区卫生服务中心（站点）为持卡人建立完整的健康档案，为其提供基本医疗服务、公共卫生服务等服务。持卡人在我市指定医院预约门诊就医时，享受全程导诊服务。持卡人每年可免费享受一次健康体检服务，其中，获评我市特色人才称号的，按特色人才健康体检费用补助标准执行；未获评我市特色人才称号的，按不高于 1200 元每人的标准给予健康体检补助，超出部分由持卡人自行承担。（责任单位：市卫生健康局、市人力资源社会保障局、市医疗保障局）

（四）社保服务。持卡人所在的工作单位有建立企业年金的，可在规定范围内提高其企业年金单位缴费额度；尚未建立企业年金的用人单位符合建立企业年金条件的，可优先为持卡人建立企业年金，再逐步覆盖全体职工。持卡人及其未在本市就业的配偶、子女可以按规定以灵活就业人员的方式参保。（责任单位：市人力资源社会保障局）

（五）个税服务。持卡人取得的省级人民政府、国务院部委和人民解放军以上单位，以及外国组织、国际组织颁发的科学、教育、技术、文化、卫生、体育、环境保护等方面的奖金，依据税法免征

个人所得税。（责任单位：市税务局）

（六）公积金贷款。在本市依规缴存公积金的持卡人，使用住房公积金贷款购买、建造、翻建、大修自住住房的，住房公积金贷款额度可按规定上浮 20%。其他的贷款条件及要求参照当前我市住房公积金贷款政策执行。（责任单位：市住房公积金管理中心）

（七）文艺专享服务。持卡人可享受玉兰大剧院剧臻卡会员卡优惠，可享受该剧院重大演出剧目优先购票优惠政策，可提前预订相关演出剧目。（责任单位：市文化广电旅游体育局）

第六条 持有玉兰卡或莞香卡的人才，均可享受以下服务：

（一）政务服务。持卡人在市镇两级政务服务中心办理行政审批及服务事项可使用绿色通道，并享受专人全程协调服务。［责任单位：市政务服务数据管理局、各园区、镇（街道）］

（二）户籍办理。持卡人及其配偶、子女可依照相关政策规定将户口迁入本市，享受绿色通道服务。属华侨身份的，可享受市侨务局优先安排办理服务。（责任单位：市公安局、市侨务局）

（三）安居保障。符合相关政策规定条件的持卡人可优先享受市镇两级人才公寓及相关租房补贴。持卡人在我市购买商品住房，可享有本地户籍居民同等待遇。［责任单位：市住房城乡建设局、各园区、镇（街道）、东实集团］

（四）子女入学。持卡人子女入读义务教育阶段公办学校，享受免费义务教育待遇，也可根据实际情况安排至政府购买学位的民办学校。具体安排由持卡人工作单位所在地或自有房产所在地教育部门负责。［责任单位：市教育局、各园区、镇（街道）］

（五）社会保险。持卡人及其配偶、子女到我市居住，并计划在就业园区、镇（街道）依法参加社会保险的，可按规定优先办理各项社会保险业务（含保险关系业务和各项待遇业务），随到随办。（责任单位：市人力资源社会保障局、市医疗保障局）

（六）医疗便利服务。持卡人及其直系亲属可在我市任意一间二级（含按二级管理）以上医院享受绿色通道服务，快速便捷就医。（责任单位：市卫生健康局）

（七）停居留和出入境。外籍持卡人及其随行直系亲属可按照相关政策规定，在签证居留证件方面享受便利。外籍持卡人可在申请永久居留、聘雇外籍家政服务人员方面享受政策优惠。对来莞从事短期访问、商务事由的外籍持卡人，可凭接待单位公函按规定换发5年内有效的R字签证。（责任单位：市公安局、市科技局）

（八）商事登记。持卡人可将优才卡作为投资身份证明，申请市场主体设立登记、变更登记，材料齐全、符合法定形式的，应及时受理、限时办结。（责任单位：市市场监管局）

（九）金融服务。持卡人在市内相关金融机构、保险机构和外汇管理机构享受VIP通道服务。由试点银行向符合条件持卡人提供最高2000万元创业类和最高100万元消费类免抵押、免担保的人才信用贷款，并在贷款利率、还款期限等方面享受银行提供的优惠政策。外籍持卡人及其配偶、子女可在我市开设银行账户，办理存取款和汇兑业务，鼓励银行通过多渠道提供更加便捷的服务。（责任单位：市金融工作局、中国人民银行东莞市中心支行、东莞银保监分局）

（十）交通服务。持卡人及其配偶、子女可在我市申请机动车驾驶证审验、换证、补证和机动车注册、转移、变更、注销登记时享受市有关部门提供相关便利服务；持卡人可按本地户籍人员有关规定购置小型机动车。外籍持卡人凭通行证或护照、在我市居住或工作的证明，可享受市车管部门绿色通道服务，对与我国签订互相认可的境外驾驶证，优先办理境外驾驶证换发国内驾驶证业务。（责任单位：市公安局）

（十一）就业服务。持卡人及其配偶、子女符合条件的可参加我市专业技术职称评定、考试或执业（职业）资格考试，执业（职业）

资格注册登记。符合条件的可享受相关就业人才补贴。（责任单位：市人力资源社会保障局）

（十二）配偶安置。持卡人配偶愿意在本市就业的，根据个人配偶就业履历及个人条件，市镇两级人力资源社会保障部门积极帮助推荐就业，符合条件的可享受相关就业人才补贴。（责任单位：市人力资源社会保障局）

（十三）文体服务。持卡人凭优才卡可享受市级文化部门所属剧场优先赠票服务，可享受免费进入纳入我市政府定价、指导价管理的文化旅游景区和所属公共体育场馆免费入场馆健身服务。（责任单位：市文化广电旅游体育局）

（十四）旅游服务。持卡人凭优才卡可享受免费进入我市市镇两级管理的文化旅游景区服务。（责任单位：市文化广电旅游体育局）

（十五）科研通关服务。持卡人出入境时，可享受海关根据有关规定给予的科研、教学物品及合理数量的自用物品通关便利，符合规定的，及时予以免税验放。持卡人可享受海关指定专门机构和人员及时办理持卡人出入境物品审批、验放等手续的便利服务。持卡人申报国家、省级科研项目时，同等条件下优先推荐、优先立项、优先支持。持卡人在莞创办的企业属于国家鼓励发展的投资项目，在投资总额内因生产需要进口必要的自用设备和按照合同随设备进口的技术及配套件、备件，除国家规定不予免税的商品外，可申请办理减免税手续。（责任单位：市科技局、市科学技术协会、东莞海关）

（十六）政策宣传支持。持卡人可享受各园区、镇（街道）及各有关部门提供的送政策上门服务，精准对接；持卡人可获优先邀请参加市内各园区、镇（街道）及各部门组织的人才支持政策宣传活动；持卡人可优先参加莞商学院举办的各类活动。［责任单位：各园区、镇（街道）、市科技局、市科学技术协会、市人力资源社会保障

局、市工业和信息化局、市商务局]

（十七）学习培训服务。持卡人可优先受邀参加各类人才交流、联谊活动，优先获得相关企业创新创业项目需求汇编，优先享受重点对接交流项目推介服务；持卡人优先参加我市组织的培训、考察及赴外交流等活动。[责任单位：各园区、镇（街道）、市科技局、市科学技术协会、市人力资源社会保障局、市工业和信息化局、市商务局]

第四章　办理程序

第七条　申请。申请人或申请人所在单位通过“东莞人社”小程序、登录东莞市人才综合服务平台提出申请或向东莞优才服务中心或单位所在园区、镇（街道）人力资源社会保障分局提出申请，按照办理指南填写申请表格，按规定提交证明等材料。

第八条　审核。市人力资源社会保障局负责审核申请人提交的资料，有关部门负责协助审核申请人资料。

第九条　确定。市人力资源社会保障局在成功申请优才卡持卡人身份的人才的社保卡更新优才卡资格信息。根据申请人在我市的聘用（劳动）合同期或相关合作协议期确定优才卡有效期，最长为3年。有效期满前需续办的，持卡人应在有效期满前30日内登录东莞市人才综合服务平台或向单位所在地人力资源社会保障分局申请续期。

第十条　失效。东莞市优才卡有效期期满未续办的自动失效。符合条件的人才可按新办程序重新申办东莞市优才卡。持卡人有下列情况之一的，由市人力资源社会保障局取消其东莞市优才卡持卡人身份：

（一）在申报市镇两级财政扶持资金、各类人才计划、科研项目或者从事科学研究中，存在弄虚作假或持卡人被追究刑事责任的；

（二）因个人原因或工作变动不在东莞创新创业的；

（三）其他应当予以取消的情形。

通过单位或者组织申办的东莞市优才卡，因持卡人离开单位或者组织，或者离开我市的，相关单位或组织应当向市人力资源社会保障局申请注销该持卡人的优才卡持卡人身份。

第五章 组织实施

第十一条 建立部门间协调工作机制。

市人才工作领导小组办公室负责统筹协调东莞市优才卡服务工作重大事项。市人力资源社会保障局会同有关部门共同组织实施。

市人力资源社会保障局负责组织协调各职能部门开展优才卡具体实施工作，负责为申领优才卡的人才提供受理、审核和管理等服务。市人才工作领导小组各成员单位、各园区、镇（街道）及司法、商务、市场监管、金融、税务、银行、银保监等主管部门，根据各自职能，贯彻落实本办法规定。

第十二条 责任分工。有关部门应根据各自职能与分工，及时制定本办法所列服务事项的具体操作指南，明确落实措施、办理流程、办结时限和具体责任人，明确责任到人到岗，加强政策宣传和人员培训。按照分级负责的原则，指导各园区、镇（街道）对口部门和服务事项具体承接单位（机构）落实好东莞市优才卡服务事项。

第十三条 服务保障。依托市人力资源社会保障局网站及东莞市人才综合服务平台，并与各部门联网协作，为持卡人提供线上服务。

第十四条 经费保障。市财政按规定落实资金安排，确保工作顺利开展。

第十五条 责任追究。在东莞市优才卡办理、管理和服务过程中，出现违反政策法规和本办法规定损害申请人或者持卡人利益的，对相关责任单位和个人，依照有关规定予以处理。

第六章 附 则

第十六条 国家、省、市对持卡人有其他待遇规定，从其规定。根据国家、省、市有关人才政策的调整，及时调整优才卡申领对象目录。

第十七条 在2019年之后入选我市市级及以上重点人才计划的人才，可免申请程序，由相关部门提供名单，市人力资源社会保障局直接审核确定其优才卡持卡人身份。

第十八条 本办法与东莞市其他人才政策不一致的地方，按就高、从优、不重复享受的原则执行。

第十九条 本办法由市人力资源社会保障局会同各有关单位部门负责解释。

第二十条 本办法自2020年12月9日起实施，有效期至2023年12月8日。

东莞市大力引进台湾创新创业青年人才实施办法

第一章　总　则

第一条　为配合推进“湾区都市、品质东莞”建设，根据我市《“构建大湾区机制下莞台港澳深度合作新格局”重点工作实施方案》和《关于进一步深化莞台经济社会文化交流合作的若干措施》有关要求，大力引进更多台湾青年创新创业项目来莞落地发展，加快松山湖海峡两岸青年创业基地（以下简称“青创基地”）平台建设，特制定本办法。

第二条　本办法所称的“引进台湾青年创新创业项目专项资金”（以下简称“专项资金”），是指由松山湖财政预算管理，用于引进台湾青年创新创业项目以及建设青创基地的专项支出。市财政在原定 5000 万元支持额度内，继续对专项资金给予支持。

第三条　专项资金使用管理遵循专款专用、公开透明、统筹管理、绩效跟踪、加强监督的原则，确保资金使用规范、安全和高效。

第二章　管理职责

第四条　松山湖管委会负责全面统筹专项资金，开展专项资金申报评审、使用计划、监督管理等工作。

松山湖管委会制定专项资金管理办法，松山湖产业发展局承担专项资金的具体管理工作，做好专项资金项目申报、审核、监督管理工作，及时将专项资金使用情况上报松山湖管委会。松山湖财政分局负责专项资金预算管理和资金拨付，配合市财政局对专项资金使用开展监督检查和绩效评价工作，在市财政投入额度用完后落实资金安排。

第五条 市台港澳事务局负责项目协调审核，复核通过评审的创业启动资金资助申请。

第六条 青创基地是两岸青年交流的桥梁和台湾青年来大陆实习就业创业的重要载体，为台湾青年创新创业项目搭建服务平台、提供政策支持、营造有利的创业环境。青创基地的日常运营管理由松山湖产业发展局负责，该局可根据工作需要授权第三方运营单位进行管理。

第三章 资金使用范围

第七条 申请资助的台湾青年创新创业项目须符合以下条件：

（一）商事主体、税务登记关系均在松山湖，具有独立法人资格，未被列入“企业经营异常名录”或“严重违法失信企业名单”；

（二）正式入驻青创基地及其授权的创业基地、孵化器；

（三）台湾青年创新创业项目所注册的企业，企业创始人年龄在45周岁（含）以下，台湾籍，应为企业技术带头人，或担任主要负责人；在企业的注册登记中台湾籍人员所占股份（含技术入股）累计比例不低于25%；

（四）申报项目属于松山湖主导产业领域（包括高端电子信息产业、生物技术产业、机器人产业、新能源产业以及文化创意、电子商务、服务外包等现代服务业）及松山湖管委会扶持的其他战略性新兴产业领域的项目和急需配套的项目。

第八条 经同意入驻青创基地的台湾青年创新创业项目，可在政策有效期内免费使用办公场地和“拎包入住”公寓，并享受以下补贴：

（一）创业启动资金。对各项目给予创业启动金的额度根据专家评分结果确定。综合评分85分（含85分）以上，给予20万元；综合评分70分至84分，给予15万元；综合评分60分至69分，给予10万元；综合评分60分以下，不予资助。同一企业创始人在松山湖创办或参与创办的创业项目只可以申报一次创业启动资金。

（二）入驻企业优先安排入住青创基地的“拎包入住”公寓，若其数量不能满足项目发展需要，则入驻企业可申请住房租金补贴。每个入驻企业可享受2年内每月不超过3000元的房租补贴，据实列支，不包括水电和物业管理等日常开支。

（三）培训参展补贴。入驻青创基地的台湾青年创新创业项目，参加由各级教育或人力资源行政主管部门审批，依法设立的教育培训机构组织的创新创业培训，给予培训经费50%，每个企业每年不超过5万元的补贴。参加国内外行业展会，给予参展经费50%，每个企业每年不超过5万元的补贴。参展补贴范围为企业自费部分的展位费、展位装修费用及会议注册费。同一创业项目不能同时申报市和园区其他同类参展补贴政策。

（四）贷款贴息。对于获得全国商业银行小额贷款及科技贷款的台湾青年创新创业项目，将按照企业实际支付利息的70%，进行核定给予贷款利息补贴，每个企业每年补贴利息最高100万元，补贴期限不超过两年。同一创业项目不能同时申报市和园区其他同类科技金融贴息政策。

第九条 对青创基地及其授权的创业基地、孵化器的日常运营管理给予支持。包括青创基地日常办公开支、项目租住公寓租金支出、运营单位人员配套公寓租金支出、办公场地物业管理费、水电网络费及维护升级等运营费用，授权第三方运营单位的服务外包及绩效奖励费用，部门日常监管所需的如评审、监理、绩效评价等购买服务费用。上述费用由松山湖产业发展局按相关合同约定据实列支。

第四章 补贴申报、审批

第十条 各类补贴申报周期如下：创业启动资金（第一期发放）和创业项目住房租金补贴原则上按季度组织申报；培训参展补贴和贷款贴息按半年度组织申报。由松山湖产业发展局负责受理相关申报材料。

第十一条 各类补贴申报程序如下：

（一）申请。按照《东莞松山湖引进台湾创新创业青年项目专项资金申报指南》（以下简称“申报指南”）要求，申请单位报送申报材料至松山湖产业发展局。

（二）审查。松山湖产业发展局受理申请单位提交的申报材料，并对申报材料进行审查，包括申报材料的真实性。申报条件的符合性、可行性、技术指标等。根据实际情况，必要时可向相关部门征求意见。对于申报材料不完整或不符合报送规范要求的申请单位，将退回该项目全部申报材料。被退回的申请单位应在 5 个工作日内完成补充、更正并重新提交申报材料，逾期视为自动放弃申报。

（三）评审。松山湖产业发展局组织项目专家评审会，对申请创业启动资金并通过初审项目进行专业化审查，并给出评审意见，确定具体资助金额，评审结果提交市台港澳事务局复核。

（四）公示。通过审查和评审的申请单位将按批次集中进行社会公示，公示期为 7 天。公示期间有异议者须以书面形式向松山湖产业发展局提出，由松山湖产业发展局进行调查、处理及反馈。

（五）审批。公示期满无异议或异议不成立的，松山湖产业发展局报松山湖管委会审批及提请拨付。

第十二条 松山湖产业发展局按照松山湖管委会审批通过的名单拨付各类补贴。各类补贴拨付方式如下：

（一）创业启动资金根据专家评分确定具体资助金额，并划分按70%、30%比例，分两期进行拨付。其中，第一期资金在项目审批通过后支付；第二期资金在第一期资金到账半年后进行拨付。项目申领第二期资金时须营收额达10万元以上，并提交绩效工作报告（包括创业启动资金使用情况、项目目标完成进度等内容）及项目入驻考勤表，由松山湖产业发展局进行审查。

（二）若因不能安排入住青创基地“拎包入住”公寓而需要租住其他房源，则可申请租房补贴，并按照“先缴后补”的方式，每月实际补贴金额按房屋租赁发票据实列支，补贴期从实际缴纳租金日期起开始计算，每月补贴金额不超过3000元，补贴期限不超过2年。

（三）培训参展补贴、贷款贴息采取事后补贴方式按批次给予拨付。

第五章 监督检查

第十三条 松山湖产业发展局可委托具有相应资质的第三方机构对入驻项目的资金申报和使用进行核查；对青创基地运营单位的工作绩效进行评价，及时发现和纠正问题。财政、审计、监察部门按职责根据需要开展专项检查或审计。

第十四条 项目存在造假行为、提供虚假信息、骗取补贴资助等情形的，将视情节轻重予以取消申请资格、追缴补贴资助、列入黑名单等处理。情节严重的，依照有关法律法规追究相应责任。

第六章 附 则

第十五条 同一项目在享受本办法专项资金资助期间，不能同时申请其他同类青年创业性质的财政资金扶持，否则取消专项资金申请资格，并追缴依本办法已资助资金。

第十六条 本办法相关条文与现行的其他法律、法规和规范性文件如有冲突，如无特别说明，应以上位法和制定主体层级较高的文件内容为准，如与松山湖管委会此前制定的相关规范性文件有冲突，以本办法为准。

第十七条 本办法由松山湖管委会负责解释。

第十八条 本办法自发布之日起实行，有效期至 2022 年 12 月 31 日止，期满后根据创业政策调整及实际执行情况进行修改完善。在办法有效期内未完成拨付的创业启动资金和创业项目住房租金补贴，可按本办法第十二条第（一）款第（二）款延续至资金拨付完毕。

2019 年 7 月 31 日前已审批未完成拨付的创业启动资金，仍按《〈关于大力引进台湾创新创业青年人才的实施办法〉配套实施细则》（松生〔2016〕24 号）流程进行资金拨付。2019 年 7 月 31 日后发生的创业项目住房租金补贴以及青创基地的日常运营所产生的费用，纳入本办法支出范围，按本办法标准和流程执行。

东城街道创新驱动发展专项资金管理办法（试行）

第一章　总　则

第一条　为深入贯彻落实国家、省、市关于构建粤港澳大湾区的战略部署，积极推动东城街道融入全市关于创建国家创新型城市的战略计划，鼓励支持企业、孵化平台、创新团队等创新主体的培育、引进，着力奖励重大科技创新成果，大力支持企业掌握行业关键核心技术，推动产业上下游集聚，促使东城街道建设为创新强镇，特制定本办法。

第二条　本办法的扶持对象为促进东城街道自主创新活动和科技成果转化、科技产业发展的企业单位、研究机构、人才和项目。其中，企业单位、研发机构原则上为登记住所在东莞市东城街道的独立法人主体。

第三条　设立每年最高5000万元的“创新驱动发展专项资金”（以下简称“专项资金”），通过资金奖补等方式，对创新项目进行扶持资助。

第二章　创新企业培育

第四条　市创新型企业奖励扶持。对被评定为东莞市“百强创新型企业”以及“瞪羚企业”的企业实施以下扶持措施：

（一）对被评定为“百强创新型企业”的，一次性给予最高 100 万元奖励；对被评定为“瞪羚企业”的，一次性给予最高 50 万元奖励。

（二）对获得市关于创新型企业扶持措施的，经街道审定后，可根据市对企业实际的奖励补贴金额按照最高 1∶0.3 进行配套资助，每家企业每年可获该项奖励累计不超过 30 万元。

（三）对获得市“一企一策”的，对企业在东城街道发展中遇到现有政策体系无法解决的科技研发和成果转化重大问题，积极配合市科技局落实有关解决方案，为企业设置“绿色通道”。

第五条 高新技术企业认定奖励。对在东城街道提交高新技术企业认定申报材料，并成功推荐进入广东省科技厅评审环节的企业，一次性补助 3 万元；对在东城街道通过高新技术企业认定的企业，再一次性奖励 5 万元。

第六条 企业研发投入奖励。

（一）企业研发机构奖励项目。对被认定为国家、省、市级企业工程技术研究开发中心或重点实验室的企业，分别一次性奖励 300 万元、10 万元和 5 万元。

（二）企业研发投入奖励项目。对已被纳入规模以上统计库的企业，按照企业经税务部门核定可加计扣除的研发费用的 1%实施一次性奖励，每家企业最高奖励不超过 20 万元。

第三章 创新载体建设

第七条 支持搭建成果转化平台。从已通过省认定且运营评价中被评为 C 级或以上的科技企业孵化器（加速器）中，认定一批街道级科技创新成果转化示范基地，并实施以下扶持措施：

（一）对其引进的优秀科技成果转化项目，经街道审定后，原则上按该项目实际租用面积最高给予 15 元/平方米/月的补助，单个项目最高补助面积为500平方米，最多补助3年，每个孵化器每年合计补助金额不超过50万元。优秀科技成果转化项目包括但不限于经各省市上级部门认定的创新科研团队项目、高层次人才项目、创新创业大赛获一等奖或以上等产业化项目，且该项目已经在东城街道注册成立独立法人企业。

（二）对举办、承办国家、省、市创新创业大赛等成果路演、产业化项目路演等活动的，经街道审定后，按照东莞市关于该项活动的实际补贴金额最高1：0.2给予一次性奖励。

第八条 高层次人才团队双创平台扶持。

（一）对在东城街道注册、年销售额5000万元以上的企业，组建了院士工作站并通过上级部门认定的，经街道审定后，一次性给予最高30万元资助。

（二）对在东城街道注册、年销售额5000万元以上，且已建有省级或以上研发机构的企业，设立了博士后工作站、流动站、创新实践基地并通过上级部门认定的，经街道审定后，一次性给予最高20万元资助。

第九条 科技孵化载体奖励。对通过国家认定且年度考核评价合格或以上的科技企业孵化器，一次性给予孵化器运营单位50万元奖励；对通过省认定且运营评价中被评为C级或以上的科技企业孵化器，一次性给予孵化器运营单位20万元奖励。其认定级别提高后，按差额核拨奖励资金。

第四章 创新人才引进

第十条 战略科学家团队奖励扶持。对获得东莞市战略科学家团队立项的，经街道审定后，给予团队项目一次性最高3000万元奖励，并以“一事一议”的方式进行扶持。

第十一条 人才团队项目资助。对引进获得省、市立项资助的创新科研团队的独立法人企业，验收通过后按照东莞市实际奖励金额一次性给予最高 1∶0.5 配套奖励；对已获得外省、市认定的高层次人才或创新科研团队，落户东城街道创办企业或由东城街道企业引进落户的，经双方协议和街道审定后，可参照东莞市相应奖励标准给予最高 1∶0.5 的资助。每家企业累计可获该项奖励最高不超过 500 万元。

第十二条 人才培育扶持。通过组织举办创业路演、创业沙龙，高层次人才交流对接、企业实地参观交流、人才进修培训等活动，培育引进高层次人才。

第十三条 实施“旗峰英才卡”计划。持有东城街道颁发的“旗峰英才卡”的高层次人才，可在子女入学、医疗服务、户籍迁入、街道人才公寓租赁、创新项目资源倾斜等方面享受特殊优惠待遇，具体按照旗峰英才卡有关管理规定执行。

第十四条 实施人才团队安居计划。对符合条件的企业人才实行人才团队安居计划，可申请入住东城安居公寓，具体按照《东城街道安居公寓管理办法》（东城府函〔2018〕862 号）及有关规定执行。

第十五条 创新人才引进补贴。对符合条件的创新人才提供综合补贴，具体按照《东城街道新时代创新人才引进培养实施方案》（东城府函〔2019〕5 号）及有关规定执行。

第五章 创新成果扶持

第十六条 创新成果转化奖励。每年扶持不超过 10 项创新成果转化项目，申请奖励的项目年产值必须达 3000 万元以上且近两年的复合增长率须为正数，且每个项目按企业上一年度形成经济贡献在东城街道留成部分增量的 80%给予奖励。经街道审定后，项目成果转化后，按上一年度产值分档次给予一次性奖励：年产值 3000 万元至 1 亿元（含）的，每个项目直接奖励最高不超过 10 万元；年产值在 1 亿元至 2 亿元（含）的，每个项目直接奖励最高不超过 30 万元；年产值在2亿元以上的，每个项目奖励最高不超过50万元。

第十七条 重大科技成果项目扶持资助。对获得重大科技成果专项的独立法人企业，经街道审定后，可在验收通过后按照东莞市实际奖励金额一次性给予最高1：0.5配套奖励，每家企业每年累计可获该项资助不超过100万元。重大科技成果项目包括但不限于国家、省、市重大科技专项以及科学技术进步奖、专利奖等。

第十八条 创新项目培育扶持。对营业执照登记住所注册或变更为东城街道辖区内且具备独立法人的创新项目，如未购买过自有产权用地且采取租赁方式在东城街道办公运营的，自注册或变更日起3年内可向东城街道办事处申请租金补贴。经街道审定后，每家企业每年补助金额不超过50万元，补助时间不超过三年。创新项目包括但不限于获得国家、省、市级别创新创业大赛一等奖或以上，以及科技奖、专利奖一等奖或以上的项目。

第六章 创新申报评定

第十九条 东城街道党委会议和东城街道党政领导班子联席会议是本办法的最终审批机构，具体负责本办法的审定与修改、专项资金总额审议核定、年度计划审定、项目表彰审核、“一事一议”决策等事项，具有最终审批权。

第二十条 由东城街道创新驱动发展战略领导小组负责统筹东城街道促进创新驱动发展的具体工作，审核专项资金安排方案，支持创新强镇建设。

第二十一条 东城街道创新驱动办（以下简称“街道创新办”）负责提出专项资金的年度预算建议，受理专项资金的申请和材料审核，组织对有关项目的实施情况进行监督检查。

第二十二条 项目申报主体可参考东城街道办事处发布的项目申报指南进行资料提交。其中，引进类项目原则上不限定申报时间，常年受理。

第二十三条 符合奖励申报条件的申请单位、申报人，须向街道创新办提交下列资料：

（一）《东城街道创新驱动专项资金申请书》；

（二）企业营业执照、税务登记证副本、组织机构代码证副本、法定代表人身份证复印件等；

（三）项目批准文件、下达文书或合同等相关证明文件复印件。

第二十四条 申报单位应规范财政资金申报及管理。项目单位提出奖励申报时，须向街道创新办提交承诺函，承诺申报项目和资料的真实性、准确性和完整性。

第二十五条 对于经相关规定获批的奖励扶持，同一单位的同一个项目（指项目实施内容或支出内容相同），按最高级别奖励，不给予重复资助。

第二十六条 东城街道党委会议和东城街道党政领导班子联席会议可根据企业对街道的综合贡献和工作需要，对企业所获资助奖励金额进行调整。

第二十七条 专项资金经费的监管与绩效评价按有关规定执行。项目申报单位如有违反国家法律法规、弄虚作假等违规行为，东城街道将按有关规定追回已发放的资金并保留追究其法律责任的权利。

第七章 附 则

第二十八条 本办法实施期间内获审批通过的奖励对象，在资格存续期间可按本办法有关规定继续给予奖励。

第二十九条 本办法由街道创新办负责解释。

第三十条 本办法自发布之日起试行，至 2021 年 12 月 31 日结束，东城街道党委会议可根据实际情况对本办法进行修订和调整。街道此前出台的有关政策，凡与本办法规定不一致的，均按本办法执行。

关于加快推动东莞市人力资源服务业实现高质量发展的实施意见

人力资源服务业是为劳动者就业和职业发展，为用人单位管理和开发人力资源提供相关服务的专门行业，主要包括人力资源招聘、职业指导、人力资源和社会保障事务代理、人力资源培训、人才测评、劳务派遣、高级人才寻访、人力资源外包、人力资源管理咨询、人力资源信息软件服务等多种业务形态。人力资源服务业具有高技术含量、高人力资本、高成长性和辐射带动作用强等特点，是国家确定的生产性服务业重点领域。为进一步为我市人力资源服务业高质量发展注入新动能，提升我市人力资源配置市场化水平，推动经济发展、促进就业创业和优化人才配置，根据《人力资源市场暂行条例》（中华人民共和国国务院令第700号）、人力资源社会保障部和我省关于加快发展人力资源服务业的部署、《东莞市人民政府关于加快打造新动能推动高质量发展的若干意见》（东府〔2021〕1号）要求，结合我市实际，制定本意见。

一、指导思想

以习近平新时代中国特色社会主义思想为指导，深入贯彻落实党的十九大精神，按照省委十二届十三次全会和市委十四届十三次全会的部署要求，立足新发展阶段、贯彻新发展理念、构建新发展格局，认真落实省“1+1+9”工作部署和市“1+1+6”工作思路，围绕推动高质量发展主题，加快推动我市人力资源服务业高质量发展。实现人力资源服务产业化，拉动经济增长，为建设“湾区都市、品质东莞”提供强有力的人力资源保障。

二、总体目标

围绕“扶持新业态，做强中高端”两大核心部署，通过强机构、优产品、育环境，立足东莞产业发展需求，搭建人力资源服务机构集聚发展平台，形成产业集群，发挥集聚效应，打造多元化、多层次、专业化的人力资源服务产业链。力争到2024年，全市综合性人力资源服务机构总数达到600家，人力资源服务业从业人员2万人，引进和培育5家年营业收入10亿元以上的人力资源服务龙头骨干企业，建设1个东莞市人力资源服务产业园先行区，创建至少3个市级人力资源服务产业园、2个省级人力资源服务产业园和1个国家级人力资源服务产业园。建立健全人力资源市场发展机制，营造统一开放、竞争有序的市场发展环境。

三、政策措施

（一）推进产业集聚发展

1. 建设东莞市人力资源服务产业园先行区。采取市镇共建的方式，在寮步镇建设东莞市人力资源服务产业园先行区（以下简称“产业园先行区”），市财政给予产业园先行区一次性建园资助200万元、公共服务区域装修补贴200万元以及运营服务费90万元。市财政安排专项资金支持产业园先行区策划宣传招商、举办政策宣讲、举办大型展会、举办专场招聘、开展人才培训等。

2. 新入驻产业园先行区的知名人力资源服务机构，由市财政相应给予奖励。机构或其母公司近两年度均位列 HRoot 发布的《大中华区人力资源服务机构品牌 100 强榜单》第 51～100 名的，给予 10 万元奖励；机构或其母公司近两年度均位列 HRoot 发布的《大中华区人力资源服务机构品牌 100 强榜单》前 50 名的，给予 15 万元奖励；机构或其母公司属于世界 500 强企业的，给予 20 万元奖励。机构或其母公司近两年度均位列 HRoot 发布的《大中华区人力资源服务机构品牌 100 强榜单》的，其区域性总部注册入驻产业园先行区的，按照“一事一议”的方式给予机构最高 200 万元的奖励。本项奖励按照“就高”原则不重复享受。

3. 符合一定条件的新入驻产业园先行区人力资源服务机构，由市财政给予租金补贴。世界企业 500 强、中国企业 500 强、中国服务业企业 500 强、中国民营企业服务业 100 强、或大中华区综合排名前 100 名的行业领军人力资源服务机构总部或设立具有独立法人资格的分支机构；在境外上市、沪深证券交易所上市或全国中小企业股份转让系统（新三板）挂牌的人力资源服务机构；年营收在 5000 万元人民币以上的人力资源服务机构；人力资源服务业务为高级人才寻访（猎头）、人力资源测评、人力资源信息软件服务的，年营收在 3000 万元人民币以上，持续经营 3 年（含）以上的人力资源服务机构总部或分支机构；人力资源服务业务具有较强发展潜力和创新能力，近 3 年的营业收入增长值均为正值且年均增速不低于 30%，或利润增长值均为正值且年均增速不低于 15% 的人力资源服务机构，可享受租赁产业园先行区场地租金 50% 的补贴，单个机构最大补贴面积不超过 300 平方米，单月最高补贴金额不超过 4500 元，最长补贴时间不超过 3 年。

4. 鼓励全市机关事业单位、国有企业在同等条件下优先向产业园先行区内的人力资源服务机构购买招聘、外包、培训、测评等人力资源服务。

5. 鼓励有条件的镇街（园区）建设人力资源服务产业园。支持有产业发展需求、人才需求、基础条件成熟、行业集聚的镇街（园区）政府抓住粤港澳大湾区建设契机，采取自主建设方式，建立与区域经济发展相匹配、各具特色的人力资源服务产业园，在全市范围内形成若干个具有产业聚集、功能集成、广泛辐射作用的人力资源产业发展集聚区域。被认定为市级人力资源服务产业园的，由市财政一次性给予 50 万元的奖励；被认定为省级和国家级人力资源服务产业园的，可按《关于印发省级促进就业创业发展专项资金管理办法的通知》（粤财社〔2019〕211 号）规定享受 100 万元、200 万元的奖励，市财政按省奖励标准的 50%给予配套奖励。

（二）培育本土骨干机构

1. 培育本地服务品牌。加大对人力资源服务机构的投融资支持力度。支持有条件的人力资源服务机构进行现代企业制度改革，引导机构用好我市促进总部经济发展和资本市场发展各项优惠政策，推动机构上市融资发展，培育若干集团化、规模化、品牌化运作的人力资源服务企业集团。加强金融机构与人力资源服务机构之间的对接，鼓励各类创业风险投资机构进入人力资源服务业。鼓励机构注册和使用人力资源服务商标，形成一批东莞品牌的知名机构。

2. 搭建交流合作平台。积极搭建人力资源服务活动平台，举办全国性的人力资源服务供需对接、服务产品推介、高峰论坛等活动，加大对我市人力资源服务机构和服务产品的推介力度，打响东莞市人力资源服务机构品牌。支持我市人力资源服务机构与国外著名机构战略合作，定期组织开展与粤港澳大湾区内城市人力资源服务机构交流。大力推行“政府+机构+学校+企业”引才模式，带动本市人力资源机构深入到人才、劳动力输出地区，加强与当地学校、企业及人力资源机构深入对接、密切协作。

（三）支持机构优化创新

鼓励人力资源服务机构大力发展高级人才寻访、人力资源测评、人力资源服务外包、人力资源管理咨询、人力资源信息软件服务、人力资源薪酬绩效管理等新兴业态。每年开展东莞市人力资源服务优秀创新项目评审，对每个获评审优秀的项目由市财政给予最高不超过 30 万元的奖励。支持有条件的高等院校研发机构、人力资源服务知名机构设立创新实践基地，推动人力资源服务理论、商业模式、新技术、新业态等方面的研究和应用。

（四）落实税收优惠政策

自 2019 年 1 月 1 日至 2021 年 12 月 31 日期间，对符合小微企业条件的人力资源服务机构，年应纳税所得额不超过 100 万元的部分，减按 25%计入应纳税所得额，按 20%的税率缴纳企业所得税；对年应纳税所得额超过 100 万元但不超过 300 万元的部分，减按 50%计入应纳税所得额，按 20%的税率缴纳企业所得税。经认定为高新技术企业的，减按 15%的税率征收企业所得税。鼓励人力资源服务机构承接国外服务外包业务，经认定为技术先进型服务企业的，减按 15%的税率征收企业所得税。

（五）鼓励机构招才引智

鼓励人力资源服务机构引进高层次人才，对为我市引进特色人才的经营性人力资源服务机构，按类别给予奖励，每引进 1 名特级人才、一类人才、二类人才、三类人才或四类人才，按其人才层次分别给予50万元、20万元、10万元、5万元、2万元奖励。经营性人力资源服务机构为我市设立博士后科研工作站单位推荐博士后人员的，每推荐并录用成功1名给予2万元奖励。

（六）鼓励机构助推就业

鼓励人力资源服务机构提供就业服务，通过组织进校园开展专场招聘、进乡村摸清实际需求、进企业实施精准对接等方式，有针对性地开展精准招聘、创业扶持等多样化人力资源服务，有效促进高校毕业生、农民工等重点群体就业。对有创业意愿的劳动者，提供职业规划、创业指导、招聘用工、经营管理、投融资对接等一体化服务，通过服务创业有效带动促进就业。经营性人力资源服务机构推荐劳动者到我市重点用工企业、高新技术企业稳定就业满6个月的，可按每人400元给予机构职业介绍补贴。

（七）加强行业人才培养

1. 实施高级管理人才培养工程。提高行业从业人员专业化、职业化水平，建设一支素质优良、结构合理的人力资源服务业人才队伍，依托高校、职业院校、培训机构、大型企业，建立人力资源服务培训基地和实训基地，开展行业高层次管理人才培训。组织市内人力资源服务机构高级人才赴国内外知名高校、知名人力资源服务机构开展人力资源服务业发展高级研修。加大行业高层次管理人才引进和培养力度，享受我市人才优惠政策。

2. 加强行业从业人员素质提升。组织开展人力资源服务业从业人员的岗前培训和在岗素质提升培训，建立行业从业人员等级评价制度，制定不同等级人力资源从业人员薪酬指导价。鼓励人力资源服务机构结合我市产业特色开设一批优质的人力资源管理培训课程，加强人力资源服务业理论研究，鼓励有条件的高校培养人力资源服务业方向的专业硕士，加大专业学术人才培养力度。

（八）加强行业基础建设

1. 推动人力资源服务标准化建设。健全全市公共人力资源服务和经营性人力资源服务标准体系，鼓励行业协会和龙头机构制定服务标准，推行服务承诺、服务公约、服务规范等制度。加快制定市级人力资源服务产业园的认定标准和管理制度，建成一批市级人力资源服务业标准化示范基地。建立人力资源供求指数、岗位薪酬指数、行业薪酬指数、人力资源服务产品价格指数、人力资源服务业统计指数，定期发布东莞市人力资源服务业发展报告。围绕东莞产业发展，开展市场需求调查。

2. 建立人力资源服务机构诚信体系。加快构建守信激励和失信惩戒的良好制度环境，建立人力资源服务企业诚信服务等级评定制度，深入开展人力资源服务机构诚信主题创建行动，选树一批人力资源诚信服务示范机构，对获得国家、省、市人力资源诚信服务示范机构称号的人力资源服务企业，可享受物质和荣誉奖励。建立人力资源服务机构诚信示范“红黑名单”制度，形成诚实守信、规范发展的共同理念和良好氛围，不断提升诚信服务、优质服务水平。加强日常执法巡检，建立健全人力资源市场联合执法、年度报告公示和“双随机一公开”制度，有序开展清理整顿人力资源市场秩序专项行动，严肃查处线上线下人力资源服务违法违规行为。

四、组织保障

（一）加强组织领导。在市政府领导下，建立由市人力资源和社会保障局、市财政局、市发展和改革局、市工业和信息化局、市自然资源局、市市场监督管理局、市投资促进局、市金融工作局、市税务局、市统计局等部门及相关镇街（园区）组成的东莞市人力资源服务业发展工作领导小组，负责统筹指导和研究解决全市人力资源服务业发展中的重大问题，推动政策落地，市人力资源和社会保障局牵头负责具体组织实施和协调落实工作。

（二）加强经费保障。市财政按规定安排资金支持我市人力资源服务业发展。资金主要用于扶持人力资源服务产业园建设、引进知名人力资源服务机构、培养行业人才、拟定人力资源服务产业规划、举办全市性人力资源服务业重大活动等。各镇街（园区）政府可参照本意见，结合实际，研究制订相关配套政策。

（三）加强宣传引导。借助传统媒体和新兴媒体，着力宣传发展人力资源服务业的重要意义、扶持政策以及经验做法，重点推广作出突出贡献的人力资源服务机构，不断丰富宣传模式、拓宽宣传渠道，提高人力资源服务业的知晓度，努力营造社会重视、关心、支持人力资源服务业发展的浓厚氛围。

五、其他事项

（一）本实施意见涉及的对象主要是在我市范围内登记注册并获得人力资源和社会保障部门相关行政许可的人力资源服务机构。

（二）本实施意见为加快推动东莞市人力资源服务业实现高质量发展的指导性意见，当中涉及的具体奖补条件、申报资料、申报程序等实施细则由市人力资源和社会保障局牵头联合有关部门另行制订。

（三）本实施意见由东莞市人力资源和社会保障局牵头会同有关部门负责解释。

（四）本实施意见自印发之日起实施，有效期至 2023 年 12 月 31 日。

长安镇促进户籍居民就业创业奖励办法

第一条 为全面贯彻党的十九大和十九届二中、三中全会精神，深入贯彻习近平总书记重要讲话精神，努力促进居民就业创业，根据《关于印发〈关于做好新形势下就业创业工作的实施意见〉的通知》（东府〔2015〕88号）、《东莞市人民政府关于做好当前和今后一段时期就业创业工作的意见的通知》（东府〔2017〕116号）、《关于印发〈2018年东莞市就业创业工作要点〉的通知》（东人发〔2018〕27号）以及上级各项就业创业政策规定，按照镇委、镇政府的部署，大力促进我镇户籍居民充分就业、稳定就业和自主创业，帮扶困难人员实现就业，推动我镇实现稳定发展，结合我镇实际，特制定本办法。

第二条 高校毕业生企业就业奖励

（一）奖励对象

2018年及以后毕业的长安镇户籍全日制普通院校大专及以上学历毕业生（指高考生源地为长安户籍，不含通过自学考试、成人高考、网络教育等方式取得的各类成人教育学历），在东莞市内用人单位（党政机关、事业单位、社区、长安集团公司及财政供养的其他单位除外）实现就业的，给予企业就业奖励。

（二）奖励条件

奖励对象在东莞市内用人单位全日制岗位实现就业，签订1年以上（含1年）劳动合同，且按规定参加社会保险6个月（含6个月）以上的，给予企业就业奖励。奖励对象工作累计每满一年可申请一次，最长可申请两年（24个月）；一次性申请两年就业奖励的，须参加社会保险18个月以上（含18个月）。

（三）奖励标准

大专学历者，每人每年奖励12000元；

本科学历者，每人每年奖励14400元；

硕士以上学历者，每人每年奖励24000元。

（四）申请期限

申请人必须要在毕业后的3年内完成提交奖励申请（例如：2018年6月30日毕业，必须要在2021年6月30日前提交申请），逾期不予受理。申请人不能申请同一时段的高校毕业生企业就业奖励和青年创业奖励。

（五）申请材料

1.《长安镇户籍居民高校毕业生就业奖励申请表》。

2. 申请人的身份证、户口本原件及复印件。

3. 申请人的毕业证书、学历鉴定机构出具的验证证明或学信网有效的验证码（国外学历的需提交广东省教育部留学服务中心的学历学位认定书）原件及复印件。

4. 镇人力资源分局发放的高校毕业生就业指导培训证原件及复印件。

5. 申请人与企业签订的劳动合同原件及复印件（在不同企业工作的要提交全部相关劳动合同）。

6. 申请人所在单位参保的社保缴费凭证原件。

7. 申请人年度的工资表原件及复印件。

8. 申请人个人银行账户原件及复印件（财政指定银行）。

（六）申请程序

1. 申请人于每年的6月或12月，到镇人力资源分局领取并按要求填写《长安镇户籍居民高校毕业生就业奖励申请表》，持上述所列的有效证明材料进行申请。

2. 镇人力资源分局收到申请材料后，在15个工作日内审核完毕，并将审核后符合奖励条件的申请人名单在“东莞长安网”和镇人力资源分局政务公开栏进行公示，公示时间为7个工作日。

3. 对公示有异议的，由镇人力资源分局作进一步核实；对公示无异议的，由镇人力资源分局加具审核意见，报镇政府审批。经审批同意后，镇财政分局在30个工作日内将就业奖励款拨到申请人的个人银行账户。

第三条　青年创业奖励

（一）奖励对象

2018年及以后在长安镇内自主创业的长安镇户籍青年（指2018年1月1日前已落户长安，且年龄为18至35周岁的法定代表人或经营者），给予创业奖励。

（二）奖励条件

2018年及以后在长安镇内自主创业并领取工商营业执照或其他法定注册登记手续，在同一地址连续正常经营一年以上，并按规定参加社会保险6个月以上（含6个月）。创业每满一年可申请一次，最长可申请两年（即两次）；申请人一次性申请两年创业奖励的，申请人须参加社会保险满18个月以上（含18个月）。创业奖励必须由初创企业（含个体工商户，下同）的法定代表人或经营者本人提出申请，同时创业者必须在国家法律允许范围内合法自主经营，依法纳税。申请人不能申请同一时段的高校毕业生企业就业奖励和青年创业奖励。

（三）奖励标准

每人每年奖励30000元。

（四）申请期限

申请人必须在领取工商营业执照或其他法定注册登记手续后3年内提交奖励申请，逾期不予受理。

（五）申请材料

1.《长安镇户籍青年创业奖励申请表》。

2. 申请人的身份证、户口本原件及复印件。

3. 申请人在长安镇内依法申领的营业执照或其他登记注册证明的原件及复印件。

4. 申请人经营场地的租赁合同或其他经营场所证明原件及复印件。

5. 申请人所创办企业营业期内的纳税凭证原件及复印件（享受税收减免政策的提供相关证明材料）。

6. 申请人的社保缴费凭证原件。

7. 申请人个人银行账户原件及复印件（财政指定银行）。

（六）申请程序

1. 申请人于每年的6月或12月，到镇人力资源分局领取并按要求填写《长安镇户籍青年创业奖励申请表》，持上述所列的有效证明材料进行申请。

2. 镇人力资源分局收到申请材料后，在15个工作日内审核完毕，并将审核后符合奖励条件的申请人名单在“东莞长安网”和镇人力资源分局政务公开栏进行公示，公示时间为7个工作日。

3. 对公示有异议的，由镇人力资源分局作进一步核实；对公示无异议的，由镇人力资源分局加具审核意见，报镇政府审批。经审批同意后，镇财政分局在30个工作日内将创业奖励款拨到申请人的个人银行账户。

第四条 企业成立“居民车间”奖励

（一）奖励对象

在2018年及以后，按照《长安镇“居民车间”建设规范》要求，成立“居民车间”（即原“村民车间”，是指企业腾出操作相对简单、工作时间相对灵活的就业岗位，设立生产车间或生产班组，从事岗位包括但不限于生产一线、保安、保洁以及餐厨），招用本镇户籍法定劳动年龄内劳动力达10人及以上的企业（长安集团公司及财政供养的其他单位除外），给予成立“居民车间”奖励。

（二）奖励条件

2018年及以后，长安镇内“居民车间”招用本镇户籍劳动力达10人及以上，依法签订劳动合同，按规定参加社会保险，户籍劳动力就业时间均满一年以上，且在企业的基本工资不低于本市最低工资标准的，给予一次性奖励，同一企业只能申请一次。

（三）奖励标准

招用10至20人（含20人），给予一次性奖励8万元；

招用20人以上，给予一次性奖励15万元。

（四）申请期限

成立“居民车间”后3年内提出奖励申请，逾期不予受理。

（五）申请材料

1.《长安镇企业成立“居民车间”奖励申请表》。

2. 企业营业执照副本和税务登记证副本原件及复印件。

3. 招用的户籍居民每月的工资明细表原件及复印件。

4. 企业与招用户籍居民签订的劳动合同、社保缴费凭证原件及复印件。

5. 招用的户籍居民在就业企业的工作证原件及复印件。

6. 企业银行基本账户复印件。

（六）申请程序

1. 申请企业于每年6月或12月，到镇人力资源分局领取并按要求填写《长安镇企业成立“居民车间”奖励申请表》，持上述有效证明材料进行申请。

2. 镇人力资源分局收到申请材料后，在 15 个工作日内审核完毕，并将审核后符合奖励条件的名单在“东莞长安网”和企业所属社区人力资源服务站进行公示，公示时间为 7 个工作日。

3. 对公示有异议的，由镇人力资源分局作进一步核实；对公示无异议的，由镇人力资源分局加具审核意见，报镇政府审批。经审批同意后，镇财政分局在 30 个工作日内将奖励款拨到企业银行账户。

第五条 户籍居民就业补助

（一）补助对象

长安镇户籍居民（女 30 至 50 周岁、男 30 至 60 周岁），且符合下列条件之一的，给予就业补助；

1. 2018 年及以后，在长安镇内企业（长安集团公司及财政供养的其他单位除外）全日制岗位就业；

2. 在长安镇内“居民车间”全日制岗位就业（含原“村民车间”在职员工）。

（二）补助条件

补助对象入职前已入户长安镇，2018 年及以后到长安镇内企业或“居民车间”实现就业后，到镇人力资源分局或户籍所属社区人力资源服务站进行就业登记，依法签订劳动合同、按规定参加社会保险满 12 个月，工作满一年，在企业的基本工资不低于本市最低工资标准，且月工资总额（包括计时工资、计件工资、奖金、津贴和补贴、加班加点工资以及特殊情况下工资）不高于上一年度全市职工月平均工资。企业的法定代表人（或负责人）不能申请户籍居民就业补助。

（三）补助标准

1. 补助对象在长安镇内企业工作满一年，可申请 6000 元的就业补助，每人只可申请一次。

2. 补助对象在长安镇内“居民车间”实现就业的，工作每满一年，可申请一次就业补助6000元，不能一次性申请两年或两年以上补助。

（四）申请期限

1. 补助对象在长安镇内企业工作的，申请人入职起2年内提出申请，逾期不予受理。

2. 补助对象在长安镇内“居民车间”工作的，申请人在符合申请条件1年内提出申请，逾期不予受理。

（五）申请材料

1.《长安镇户籍居民全日制岗位就业补助申请表》。

2. 申请人的身份证、户口本原件及复印件。

3. 申请人与企业签订的劳动合同原件及复印件。

4. 申请人的社保缴费凭证原件。

5. 申请月份的工资表原件及复印件。

6. 申请人银行账户原件及复印件（财政指定银行）。

（六）申请程序

1. 申请人于每年6月或12月到属地社区人力资源服务站领取并按要求填写《长安镇户籍居民全日制岗位就业补助申请表》，持上述所列的有效证明材料进行申请。

2. 社区人力资源服务站收到申请材料后10个工作日内审核完毕，并将审核后符合奖励条件的申请人资料进行整理汇总，于当月月底前统一交至镇人力资源分局。

3. 镇人力资源分局在收到社区人力资源服务站上报汇总的材料后，在15个工作日内审核完毕，并将审核后符合奖励条件的申请人名单在“东莞长安网”和镇人力资源分局政务公开栏进行公示，公示时间为7个工作日。

4. 对公示有异议的，由镇人力资源分局作进一步核实；对公示无异议的，由镇人力资源分局加具审核意见，报镇政府审批。经审批同意后，镇财政分局在 30 个工作日内将就业补助款拨到申请人的个人银行账户。

第六条 特别条款

对于 2016、2017 届长安镇农村户籍居民高校毕业生，符合《长安镇促进农村居民就业创业试行办法》（长府〔2014〕5 号）申请条件的申请人，就业年限、创业年限及奖励标准按本办法执行（累计申请奖励不能超过 2 年）。申请期限自申请人毕业后 3 年内提交奖励申请，逾期不予受理。

第七条 监督管理及责任追究

（一）各申请企业、申请人要严格按规定申请奖励、补助资金。对弄虚作假、欺骗冒领的企业或个人，除追回奖励、补助款外，还将追究其法律责任，并纳入黑名单，今后不得享受人力资源部门的有关奖励、补助；镇人力资源分局将定期对欺骗冒领企业或个人向社会进行公布。

（二）对协助申请企业或个人弄虚作假、欺骗冒领奖励、补助资金的相关单位工作人员，将依据镇有关干部管理的规定进行处理，如涉及违纪违法的由纪检和司法部门依法追究其责任。

第八条 本办法由镇人力资源分局负责解释。

第九条 本办法自 2019 年 1 月 1 日起施行，有效期至 2023 年 12 月 31 日。原《长安镇促进农村居民就业创业试行办法》（长府〔2014〕5 号）同时废止。

桥头镇新时代创新人才引进实施方案

为贯彻落实习近平新时代中国特色社会主义思想和党的十九大精神，深入实施人才强镇战略，集聚一大批新时代创新人才，为我镇打造“品质、美丽、宜居”桥头提供强有力的人才支撑，根据《关于我省深化人才发展体制机制改革的实施意见》（粤发〔2017〕1号）和《东莞市人民政府办公室关于印发东莞市新时代创新人才引进培养实施方案的通知》（东府办〔2018〕106号）文件精神，结合我镇实际，制定本方案。

一、总体目标

实行更加积极、更加开放、更加有效的人才政策，营造激发人才创新创造活力的良好环境，加快引进培养创新人才，形成一支与我镇创新驱动发展相匹配的新时代创新人才队伍。

二、主要内容

（一）实施新引进人才综合补贴项目。实行更具竞争力的引才措施，对符合条件的新引进人才提供综合补贴。

1. 本方案所称的新引进人才，须同时符合以下条件：

（1）具有全日制普通高等教育本科以上学历，或具有初级以上职称，或上年度在我市缴纳个人所得税不低于3万元；

（2）人事档案关系在我市；

（3）2017年1月1日后引进我市（引进时间以首个我市用人单位为其缴纳社会保险的起始时间为准）；

（4）与我镇用人单位（党政机关、财政全额供养的事业单位除外）签订3年及以上劳动合同，在该单位工作并依法缴纳社会保险满1年；其中，具有本科学历、初级或中级职称，或上年度在我市缴纳个人所得税不低于3万元的人才，所在单位须符合本方案限定范围（详见附件）。

2. 新引进人才综合补贴标准如下：

序号	条件类别	最高补贴额度	补贴方式	资金来源
1	正高级职称	30万元/人	分5年等额发放	由市财政和镇财政按1∶1比例分担（其中市属非财政全额供养事业单位人才补贴资金由市财政承担）
2	副高级职称或博士（不分正副高级的高级职称人才按副高级标准补贴）	20万元/人	分5年等额发放	
3	硕士	6万元/人	分3年等额发放	
4	中级职称或上年度在我市缴纳个人所得税不低于3万元（限定用人单位范围）	6万元/人	分3年等额发放	

续表

序号	条件类别	最高补贴额度	补贴方式	资金来源
5	初级职称或全日制本科（限定用人单位范围）	2.2万元/人（限定范围内企业）	分2年等额发放	由镇财政全额承担（其中市属非财政全额供养事业单位人才补贴资金由市财政承担）
6		4.4万元/人（市级“倍增计划”试点企业）		

注：1至4项按东府办〔2018〕106号文件精神执行，不可重复申请。

新引进人才综合补贴每人限申领一次。符合条件的新引进人才可申领最高补贴额度的40%，符合条件且具有我市户籍的新引进人才可申领最高补贴额度的100%。

3. 新引进人才按“就高从优不重复”的原则享受镇财政有关人才政策待遇，重复部分予以核减。

（二）实施特色人才引进补贴项目。引进高层次人才，由镇财政对符合条件的特色人才进行补贴。

1. 本方案所称的特色人才是指按《东莞市特色人才特殊政策实施办法》认定、评定的高层次人才，具体分特级人才、一类人才、二类人才、三类人才、四类人才共五大类。申领特色人才补贴须同时符合以下条件：

（1）2017年1月1日后认定或评定的我市特色人才；

（2）在我镇自主创业满1年或与我镇用人单位（党政机关、财政全额供养的事业单位除外）签订3年及以上劳动合同并在该单位缴纳社会保险满1年或依法纳税满1年。

2. 特色人才补贴方式和标准。特色人才补贴一次性发放，每人限申领一次，具体标准如下：

（1）特级人才补贴 12 万元；

（2）一类人才补贴 10 万元；

（3）二类人才补贴 8 万元；

（4）三类人才补贴 6 万元；

（5）四类人才补贴 4 万元。

3. 特色人才补贴不能与本方案中由镇财政承担的补贴同时申领。

（三）实施博士及博士后建站补贴项目。对 2017 年 1 月 1 日之后经批准在我镇设立的博士后科研流动站、博士后科研工作站（含分站）、广东省博士工作站、博士后创新实践基地的单位给予一次性建站补贴。标准为：

1. 设立博士后科研流动站的单位补贴 20 万元；

2. 设立博士后科研工作站的单位补贴 20 万元；

3. 设立广东省博士工作站的单位补贴 12 万元；

4. 设立博士后创新实践基地的单位补贴 8 万元；

5. 设立博士后科研工作分站的单位补贴 8 万元。

博士后科研工作分站、博士后创新实践基地经批准设立工作站的，按博士后工作站的补贴标准补齐差额部分。

（四）实施条件准入类人才入户补贴项目。

1. 条件准入类人才入户须同时符合以下两个条件：

（1）在桥头镇内就业、经商的非本镇户籍人员；

（2）无参加国家禁止的组织及其活动，无刑事犯罪记录。

2. 人才准入条件

符合基本条件，年龄在 50 周岁以下（符合条件准入的表彰奖励类人才，不作年龄限制），达到以下准入条件之一的，可提出入户申请：

（1）具备初级以上专业技术职务资格；

（2）具备国家注册执业资格；

（3）具备高级工以上国家职业资格；

（4）具备全日制普通高等教育本科以上学历；

（5）受聘于我市社会工作岗位的社工人才；

（6）具备中级工国家职业资格或国家承认的非全日制本科以上学历、全日制普通高等教育大专学历的人才，且在莞参加社会养老保险满 3 年；

（7）具备全日制普通高等教育大专以上学历应届毕业生；

（8）广东省内职业学校、技工院校具备中级工以上国家职业资格的学制教育应届毕业生；

（9）来莞创业、就业，且未在国（境）外入籍或定居的留学人员；

（10）最近连续三个纳税年度内，在莞累计缴纳工资薪金个人所得税 6000 元以上；

（11）在莞登记注册并合法经营 1 年以上、依法纳税、吸纳就业 5 人以上并按规定参加社会保险 6 个月以上的初创企业的法定代表人；

（12）符合条件准入的表彰奖励类人才；

（13）博士后研究员。

3. 条件准入类人才入户奖励办法

（1）全日制普通高等教育大专学历应届毕业生一次性给予 1000 元/人的安家补贴；

（2）初级职称、中级职称、全日制普通高等教育本科学历一次性给予 2000 元/人的安家补贴；

（3）副高级职称、正高级职称、硕士、博士一次性给予 10000 元/人的安家补贴。

4. 生活待遇

（1）有需要通过条件准入类人才入户政策落户到桥头镇的各类

人才，有关部门按照市人力资源和社会保障局制定的相关政策，帮助办理入户手续；

（2）通过条件准入类人才入户政策落户到桥头镇的，可协助在子女入学方面提供学位。

5. 已申请东莞市新时代创新人才引进培养补贴，以“就高从优不重复”的原则，则不能再享受桥头镇 2019 年条件准入类人才入户补贴。

三、组织保障

东莞市人力资源和社会保障局桥头分局负责新引进人才综合补贴、特色人才补贴、博士及博士后创新平台建站补贴的申报、受理、审核、公示等工作。

东莞市财政局桥头分局负责落实有关镇财政资金预算安排。根据《东莞市新时代创新人才引进培养实施方案》（东府办〔2018〕106 号）的要求，中级职称或上年度在我市缴纳个人所得税不低于 3 万元以上条件的新引进人才综合补贴资金由镇财政与市财政按 1∶1 比例分担，具体拨付流程和拨付时间按市文件要求执行；特色人才培养补贴、博士及博士后创新平台建站补贴、全日制本科及初级职称人才综合补贴、人才入户补贴资金由镇财政全额承担。

四、申报和审核

本方案所涉及补贴的具体申报时间、申报材料、申报流程，由东莞市人力资源和社会保障局桥头分局另行向社会公布。

五、监督管理

各申请人、企业要严格按规定申请补贴。对于弄虚作假、欺骗或以不正当手段骗取补贴资金的，经查实后，取消申请资格，对已拨付的财政补贴资金予以追缴；构成犯罪的，依法追究刑事责任。

对协助申请个人、企业弄虚作假、欺骗或以不正当手段骗取补贴资金的相关单位工作人员，将依据镇有关干部管理规定进行处理，如涉及违纪违法的由纪检和司法部门依法追究其责任。

六、其他事项

（一）本方案由东莞市人力资源和社会保障局桥头分局负责解释。

（二）本方案自发布之日起实施，有效期至 2021 年 12 月 31 日。